O que estão falando sobre
*Uma história das florestas brasileiras:*

"A história das florestas é dos temas mais fascinantes e menos explorados na literatura. Robert Pogue Harrison produziu um belo trabalho sobre as florestas como uma sombra da civilização, mostrando como projetamos nelas todas as nossas ansiedades e os nossos preconceitos. A floresta é um lugar das bruxas e dos bandidos, um espaço onde muitas vezes nos perdemos, onde perdemos inclusive a própria noção de tempo e espaço.

Mas e as florestas brasileiras, algumas das mais importantes do mundo? O único e monumental trabalho que registro na memória é o do escritor estadunidense Warren Dean, que descreveu a destruição da mata atlântica no seu clássico *A ferro e fogo*.

Felizmente, surge enfim uma ampla história das florestas brasileiras pelas mãos de Zé Pedro de Oliveira Costa, que as visitou muitas vezes por força de seu trabalho e também pela admiração que tem por elas.

Agora já temos uma obra de referência sobre o que de mais valioso e internacionalmente reconhecido o Brasil possui: suas florestas. Conhecê-las não só é um trabalho que amplia nosso horizonte como estimula nosso desejo de preservá-las para as novas gerações."

*Fernando Gabeira*
Jornalista e escritor

"A determinação de Zé Pedro em proteger as florestas e os macacos é notável e vem de décadas, com resultados admiráveis.

Estivemos juntos na Califórnia, ainda nos anos 1970, quando ele já escrevia esta história e me falava, com entusiasmo, de sua pesquisa e da necessidade de cuidarmos das nossas florestas.

Zé Pedro trabalhou pela criação de n_____idas brasileiras, desde as 'mais pequenas' até as _____ pre ligado nos primatas, que ele chama ca_____

e cuja presença é, segundo ele, um indicador da boa qualidade de uma floresta. Seu livro nos ensina o que é preciso fazer para continuar a protegê-los.

Este texto primordial comprova que, desde a chegada dos europeus, nossa relação com as matas sempre foi de destruição, sem compromisso com as gerações futuras e à custa do sacrifício de muitos, principalmente de povos indígenas.

Este livro é uma baliza importante na árdua luta pela proteção do que ainda resta de nossas florestas."

*Sonia Braga*
Atriz e produtora

"Zé Pedro de Oliveira Costa traz seu formidável conhecimento, experiência e paixão para o que é, ao mesmo tempo, uma revisão histórica abrangente das florestas brasileiras e um apelo convincente por sua conservação. Descrições vívidas de diversos biomas florestais fluem suavemente nas formas multifacetadas como as florestas e os seus habitantes foram percebidos, explorados, elogiados e sucessivamente assaltados. Um livro repleto de histórias sobre pessoas, plantas e primatas cuja sobrevivência está ligada a essas florestas e ameaçada a cada árvore que se perde.

Há, porém, um otimismo subjacente, iluminado pela legislação ambiental progressista que está na constituição do Brasil e alimentado pela ação de líderes ambientais que, junto com o autor, se recusam a desistir. Uma leitura obrigatória para quem se preocupa com o Brasil, com a biodiversidade e em como melhorar o mundo."

*Karen Strier*
Presidente da Associação
Internacional de Primatologia

# UMA HISTÓRIA DAS FLORESTAS BRASILEIRAS

Zé Pedro de Oliveira Costa

Copyright © 2022 Zé Pedro de Oliveira Costa

Todos os direitos reservados pela Autêntica Editora Ltda. Nenhuma parte desta publicação poderá ser reproduzida, seja por meios mecânicos, eletrônicos, seja via cópia xerográfica, sem a autorização prévia da Editora.

EDITORA RESPONSÁVEL
Rejane Dias

ASSISTENTE EDITORIAL
Samira Vilela

PREPARAÇÃO DE TEXTO
Samira Vilela

REVISÃO
Julia Sousa
Rejane Dias

PROJETO GRÁFICO
Diogo Droschi

DIAGRAMAÇÃO
Guilherme Fagundes

PESQUISA ICONOGRÁFICA
Maria Eduarda Oliveira
Vera Severo

FOTO DE CAPA
Sebastião Salgado

Terra indígena Yanomami, Amazonas, 2018. O Pico Guimarães Rosa, com 2.105 metros de altitude, é uma das montanhas da Serra do Imeri. A cordilheira se formou há cerca de 65 milhões de anos, quando parte da crosta terrestre se elevou na região na forma de picos ou *inselbergs* (montanhas que parecem ilhas que brotam da floresta).

FOTO DE FOLHA DE ROSTO
Carl F. P. Von Martius et al, Flora brasiliensis, 1840-1906

FOTO DE DEDICATÓRIA
Paul Gustave Doré, 1863

FOTO DE COLOFÃO
Léon-Jean-Joseph Dubois, 1823

---

**Dados Internacionais de Catalogação na Publicação (CIP)
(Câmara Brasileira do Livro, SP, Brasil)**

---

Costa, Zé Pedro de Oliveira
    Uma história das florestas brasileiras / Zé Pedro de Oliveira Costa. -- Belo Horizonte, MG : Autêntica, 2022.

    Bibliografia.
    ISBN 978-65-5928-139-8

    1. História 2. Biologia 3. Biomas - Brasil 4. Florestas - Brasil 5. Meio ambiente I. Título.

22-99473                                                   CDD-634.90981

---

Índices para catálogo sistemático:

1. Florestas brasileiras : Ciências florestais 634.90981

Eliete Marques da Silva - Bibliotecária - CRB-8/9380

 GRUPO **AUTÊNTICA**

**Belo Horizonte**
Rua Carlos Turner, 420
Silveira . 31140-520
Belo Horizonte . MG
Tel.: (55 31) 3465-4500

**São Paulo**
Av. Paulista, 2.073 . Conjunto Nacional
Horsa I . Sala 309 . Bela Vista
01311-940 . São Paulo . SP
Tel.: (55 11) 3034 4468

www.grupoautentica.com.br
SAC: atendimentoleitor@grupoautentica.com.br

Apresentação ...... 11

Prefácio ...... 13

**CAPÍTULO I**
## PINDORAMA ...... 17

A natureza antes da chegada dos colonizadores ...... 17
Vegetação brasileira ...... 20
Florestas ...... 25
    Floresta amazônica ...... 26
    Mata atlântica ...... 35
    As matas pluviais do interior e as matas ciliares ...... 43
Cerrado ...... 45
Caatinga ...... 50
Pantanal ...... 54
Campos ...... 59
    Campos sulinos ...... 59
    Campos de altitude ...... 61
Zona costeira ...... 63
    Praias, restingas e mangues ...... 64
    Baías, ilhas e corais ...... 67
Ilhas oceânicas ...... 68
    Arquipélago de Fernando de Noronha ...... 68
    Atol das Rocas ...... 70
    Arquipélago de São Pedro e São Paulo ...... 74
    Arquipélago de Trindade e Martim Vaz ...... 74
Árvores ancestrais ...... 76

**CAPÍTULO II**
## MANEIRAS DE VER A NATUREZA BRASILEIRA ...... 83

A natureza na visão dos indígenas ...... 84
A natureza na visão da literatura ...... 89
A natureza na visão dos viajantes naturalistas ...... 93

A natureza na visão das comunidades tradicionais ... 98
A natureza na visão da pintura ... 101
A natureza na visão da culinária ... 105
A natureza na visão da cultura do povo ... 108
A natureza na visão da música ... 111
A natureza na visão da juventude ... 116
A natureza na visão socioeconômica ... 119

**CAPÍTULO III**

# A OCUPAÇÃO DAS FLORESTAS ... 123

A ocupação do território pelos indígenas ... 124
O ciclo do pau-brasil ... 128
O ciclo da cana-de-açúcar ... 133
A ocupação do território pelo gado ... 139
O ciclo do ouro ... 142
O extrativismo vegetal ... 147
O ciclo da borracha ... 150
O ciclo do café ... 153
Tempos modernos ... 160
   Potencial de destruição ... 172
   Ações de conservação ... 175
   Mar brasileiro ... 179

**CAPÍTULO IV**

# A LEI E A FLORESTA ... 183

Sistema Nacional de Unidades de Conservação (SNUC) ... 190
Parque Nacional Montanhas do Tumucumaque ... 196
Área de Proteção Ambiental da Serra da Mantiqueira ... 198
Reserva de Desenvolvimento Sustentável de Mamirauá ... 199
Reserva Extrativista do Lago do Cuniã ... 201
Complexo de Áreas Protegidas de Abrolhos ... 202
Reservas Particulares do Patrimônio Natural (RPPN) ... 204
Convenções internacionais ... 206

## CAPÍTULO V
# POR QUE CONSERVAR 211

Natureza urbana 217
Serviços ecossistêmicos 220
Questões amazônicas 221
Afluentes e foz do rio Amazonas 227
Grande Reserva Mata Atlântica 234
Matas do Iguaçu e de Misiones 236
Como refazer uma floresta 239
Mudanças climáticas 242
Problemas de conservação da biodiversidade 245
Antropoceno – A Era do Homem 252

## CAPÍTULO VI
# COMO PRESERVAR 255

Áreas prioritárias para a conservação 256
Operação Primatas 258
Mata de Caratinga 261
Corredores ecológicos 265
Comunicação e educação ambiental 271
Quanto preservar 277
Teoria do Macaco 281

Posfácio 287

---

### ANEXOS 289

**Anexo A: Convenções internacionais** 291

Convenção para a Proteção da Flora, da Fauna e
das Belezas Cênicas Naturais dos Países da América (1948) 291
Programa O Homem e a Biosfera (1971) 291
Declaração de Estocolmo sobre o
Meio Ambiente Humano (1972) 292

Convenção do Patrimônio Mundial Natural
e Cultural (1972) ... 293

Convenção sobre Zonas Úmidas de Importância
Internacional – Ramsar (1971-1975) ... 294

Convenção das Nações Unidas sobre o Direito
do Mar – CNUDM (1982) ... 295

Comissão Mundial sobre Meio Ambiente
e Desenvolvimento (1983) ... 296

Convenção Sobre a Diversidade Biológica (1992) ... 296

Convenção-Quadro das Nações Unidas sobre
Mudanças do Clima (1992) ... 298

**Anexo B: Legislação brasileira** ... 299

Primeiro Código Florestal de 1934 ... 299

Código Florestal de 1965 ... 302

Constituição Cidadã de 1988 ... 303

Novo Código Florestal de 2012 ... 304

Agradecimentos ... 307

Referências ... 309

*Vão estas mal traçadas linhas aos senhores
Dom Quixote de la Mancha e seu fiel escudeiro
Sancho Pança, cavaleiros maiores da natureza.*

# Apresentação

Quando conheci o Zé Pedro, em 1980, ele trabalhava na Secretaria Especial do Meio Ambiente como primeiro gestor da Estação Ecológica da Jureia, localizada no litoral sul do estado de São Paulo. À época desenhava, em grandes mapas, as propostas de criação das áreas de proteção ambiental da Mantiqueira, de Corumbataí-Botucatu-Tejupá, de Cananéia-Iguape-Peruíbe e de Guaraqueçaba, que juntas somam mais de 2 milhões de hectares. Antes disso, em 1977, já tinha proposto e alcançado a criação dos parques estaduais de Ilhabela e da Serra do Mar, este com mais de 300 mil hectares, a maior área de proteção integral da mata atlântica.

A trajetória de Zé Pedro como criador de áreas protegidas prosseguiu alta como o voo de um jaburu: ele criou o sistema brasileiro de Reservas da Biosfera do Programa O Homem e a Biosfera da UNESCO, que abrange mais de 150 milhões de hectares; enfrentou a oposição das três forças militares pela criação do Parque Nacional Montanhas do Tumucumaque, com 3,7 milhões de hectares, o maior da Amazônia brasileira; propôs e alcançou a criação dos grandes mosaicos de áreas protegidas oceânicas nos arquipélagos de São Pedro e São Paulo e de Trindade e Martim Vaz, com mais de 90 milhões de hectares; participou e acompanhou a implantação do Programa de Definição das Áreas Prioritárias para a Conservação da Biodiversidade, modelo brasileiro para a conservação do planeta; e implantou o Sistema de Sítios do Patrimônio Mundial Natural da UNESCO do país, além de ter contribuído ativamente na construção do capítulo sobre meio ambiente da Constituição brasileira de 1988.

Para Russell Mittermeier, Zé Pedro transformou a escala de proteção da natureza no Brasil ampliando significativamente a dimensão das áreas protegidas cuja criação liderou ou das quais participou. Paulo Nogueira-Neto, brincando, o chamava de "espaçoso", mas o apoiava em tudo. Entre nós ambientalistas, acredito que seja um dos mais realizadores na busca pela proteção da cada vez mais ameaçada biodiversidade brasileira. Seu método visionário de preservação, que considera os biomas por inteiro, é uma das principais contribuições à ciência ambiental no Brasil, tendo sido adotado pelos principais conservacionistas do país e fora dele. Um exemplo é sua defesa pela implantação de corredores ecológicos como forma mais eficiente de mitigar os efeitos deletérios das mudanças climáticas na natureza, os quais, neste livro, reivindica com vigor.

Estas páginas, aliás, só poderiam ter sido escritas por alguém com vivência e trajetória de trabalho tão eficazes. Resumem uma experiência de muitas décadas de esforço criativo e frutífero, revelando-se documento indispensável para o conhecimento da história da destruição de nossas florestas. É um registro contundente, repleto de informações consistentes e fundamentadas para alcançarmos o nível de civilidade necessário neste país, que apresenta saídas e soluções. Por meio de uma linguagem simples e acessível, para ser compreendida por mais pessoas, Zé Pedro resume a história ambiental de nossos biomas e indica o que de melhor se pode fazer para salvar o que deles restou.

Zé Pedro é uma referência essencial para todos que se dedicam à sustentabilidade, à biodiversidade e procuram uma visão cosmopolita planetária. Sua inquestionável sensibilidade, aliada a uma capacidade de realizar, escrevem importante capítulo nesta trajetória por um mundo e um Brasil mais sustentáveis.

**Fábio Feldmann**
Ambientalista, político e cofundador
da Fundação SOS Mata Atlântica

# Prefácio

*Não há pecado sob as palmeiras.*
**Goethe**

Florestas luxuriantes, animais exóticos, beleza, aventura. A ideia de Paraíso. Assim era vista a região tropical, contida entre os paralelos das constelações de Câncer e Capricórnio, pela Europa culta do século XVI. Era o desconhecido, o inesperado, o perigoso e o fascinante; as forças incontroláveis da natureza, a exuberância, o fantástico.

Em termos científicos, chama-se "tropical" a região da Terra onde pelo menos uma vez ao ano os raios do sol atravessam a atmosfera em perfeita perpendicular. Trata-se de uma região de temperaturas elevadas e, em geral, de muita umidade, cuja população apresenta pele, olhos e cabelos mais pigmentados.

O clima afeta as expressões idiomáticas; "sombra e água fresca", por exemplo, só poderia ter surgido nos trópicos. Para que a sombra seja acolhedora e suave, é preciso que haja bastante calor; para que se tenha uma boa sombra e um bonito brilho entre as folhas, é preciso que haja muita luz.

Nos países do Norte, tropical também significa, pejorativamente, região pouco desenvolvida, pouco culta, embora se saiba que a civilização europeia teve origem em regiões mais quentes. Significa, ainda, recanto primitivo de natureza preservada e acolhedora, mito idílico, terra de estrelas reluzentes, luxuriante jardim.

É no mundo tropical, quente e úmido, que as mais diversas formas de vida evoluem com maior rapidez, sendo a água e o sol os elementos principais da criação e manutenção da vida. O mundo tropical é o berçário da vida na Terra. Um hectare de floresta tropical contém centenas de vezes mais espécies de plantas e animais do que um hectare de floresta temperada.

Na Europa, quanto mais ao sul do continente, o clima se aquece em relação à sua região central e nórdica. O comportamento humano também muda; é a *siesta* do espanhol, o passionalismo do italiano, a cultura mestiça do português, o fatalismo do turco. As pessoas se adaptam ao clima e à natureza e criam, em função desses elementos, formas diferentes de viver. E desse modo se desenvolveram as relações entre os homens e a vegetação no território brasileiro.

Este livro se refere a todas as formas de vegetação natural do país, sintetizadas no título como florestas. Aqui serão tratados também o cerrado, a caatinga, o pantanal, os campos nativos, a região costeira e o mar, considerados biomas.[1] Os capítulos que se seguem baseiam-se na dissertação de mestrado apresentada pelo autor à Universidade da Califórnia, em Berkeley, em 1979. À época, durante a ditadura militar, não havia condições de ser publicada no Brasil por retratar a realidade daquele período, o que contrariava o discurso oficial do governo.

---

[1] Um bioma é uma unidade geográfica cujas características específicas são definidas pelo macroclima, pela fisionomia, pelo solo e pela altitude, os quais sofrem os mesmos processos de formação da paisagem, resultando em uma diversidade de flora e fauna próprias.

Corte esquemático da Cordilheira dos Andes, no Equador, por Alexander von Humboldt, 1807. A imagem mostra o vulcão Chimborazo e as diferenciações das formas vegetais em função da altitude e do clima. À esquerda está o oceano Pacífico, e à direita, após um corte do desenho na baixada do Amazonas, o Atlântico. A imagem foi retirada dos estudos de Humboldt realizados principalmente na Amazônia e nos Andes, que resultaram em uma nova concepção da natureza. A inter-relação entre clima, vegetação, temperatura, umidade, qualidade do solo e altitude por ele comprovada, mas que não era compreendida até então, deu início aos estudos que resultaram no conceito de ecologia. Fonte: Leibniz-Institut für Länderkunde/Wikimedia Commons.

Em Roraima, o céu escurece com a chuva tropical sobre o rio Auaris, na Reserva Florestal do Parima, junto à terra indígena Yanomami. O vapor que sobe e se confunde com as copas das árvores é resultado das chuvas de horas anteriores, revelando o permanente movimento das águas. Foto por Sebastião Salgado, 2018.

# CAPÍTULO I
# PINDORAMA

## A NATUREZA ANTES DA CHEGADA
## DOS COLONIZADORES

> *Creí y creo aquello que creyeron*
> *y creen tantos santos y sábios teólogos que allí,*
> *en la comarca, es el Paraíso terrenal.*
> **Cristóvão Colombo,**
> "Carta ao Papa Alexandre VI"

No princípio eram os indígenas, as *anta*, as *onça*, os *mico*, os *inhambu*, os *tucano*, as *arara*, os *pindó*, os *ibirapitanga*, os *jequitibá*, os *urucueiro*, os *tarumã*, o ar limpo e, quando não chovia, o céu muito azul. O silêncio das matas tem muito ruído. Um pio comprido aqui, um bater de asas ali, um galho que cai mais adiante, o zumbido dos insetos e, por toda parte, "fontes murmurantes", vento assobiando e, de repente, o estrondo do trovão. Essa era a terra desejada: Pindorama, em tupi-guarani, "terra das palmeiras".

Estima-se que cerca de 5 milhões de indígenas viviam aqui antes da chegada dos europeus, subdivididos em muitos povos, com línguas e organização social diferentes. Tinham suas leis, seus caminhos. Além da caça e da pesca havia a roça de mandioca, que logo iria se casar tão bem com o feijão.

Viviam da natureza, mas não eram tantos em relação ao tamanho do território e estavam longe de ameaçar seu equilíbrio. Silvícolas no sentido literal do termo, faziam parte dessa natureza, e suas atividades de subsistência eram equivalentes às das demais espécies.

Quando os europeus aqui chegaram, muitos deles acreditaram ter descoberto o Paraíso. A fascinante beleza das terras de primavera constante, de clima ameno e, segundo Cristóvão Colombo, cujo "odor tão bom e suave de flores e árvores da terra que era a coisa mais doce do mundo" (HOLANDA, 1977). A nudez dos índios, como Adão, cercados de árvores de doces frutos encimados por pássaros multicoloridos com sua cantoria harmoniosa, teve ação irresistível sobre os marinheiros acostumados aos rigores do clima europeu.

Segundo Sérgio Buarque de Holanda em seu livro *Visão do Paraíso* (1977), esse pensamento justificaria as descrições de Colombo: quando sua imaginação deslumbrada lhe apresentava as terras descobertas sob aspectos paradisíacos e, ainda mais, quando pretendia que nelas ou por elas seria dado ao gênero humano regenerar-se à espera do Dia do Juízo Final, "[...] acreditava que, num sítio daquelas partes, se encontrava o próprio horto onde o Senhor colocara o primeiro homem".

Nem os portugueses, menos visionários do que os espanhóis, conseguiram resistir à fábula. Na verdade, o Paraíso vinha aliar a religião à cobiça. As mesmas lendas que povoavam as imediações do "horto das delícias" de monstros como as amazonas e maravilhas como a fonte da eterna juventude, também descreviam essas terras como possuidoras de muitas riquezas.

As amazonas que habitavam os arrabaldes do Éden, no extremo do mundo, possuíam muito ouro. Primeiro, foram avistadas no Caribe. O melhor conhecimento da região fez com que fossem se distanciando até que Francisco de Orellana as colocasse definitivamente na grande floresta que guarda seu nome: a floresta amazônica era suficientemente grande e desconhecida para abrigar muitos mistérios, como o dessas mulheres guerreiras e o do Eldorado.

Se a flora tropical contribuiu com seus jardins naturais para essa visão mítica, na verdade, foi a predisposição de encontrar o Paraíso idealizado pelos europeus que fez com que eles vissem e ouvissem o que mais se adaptava a essa vontade fantasiosa. Assim, foram feitas descrições de borboletas que se transformavam em beija-flores e outros acontecimentos maravilhosos. O cajueiro ou a bananeira foram tomados como a árvore do bem e do mal. A designação científica da bananeira é *Musa paradisiaca*. A flor do maracujá foi descrita como a "flor da paixão" (em francês, *fruit de la passion*, e em inglês, *passion fruit*) por conter desenhos que lembram os martírios de Cristo (a coroa de espinhos e os pregos). Também despertou admiração a chamada sensitiva, pequena planta que se contrai ao ser tocada. Sua denominação científica, *Mimosa pudica*, carrega forte dose de moralismo.

Os papagaios eram tidos como aves paradisíacas dada a beleza de sua plumagem, o fato de saberem imitar a voz humana e a atribuída longevidade. Seriam descendentes dos anjos que, depois da revolta de Lúcifer, se viram com ele despejados da celeste mansão. Como, porém, tivessem acompanhado o antigo amo só por costume, não por sedição, sofreram menor castigo. "Convertidos agora em pássaros, receberam como domicílio uma ilha milagrosa onde amargavam apenas a mágoa de não contemplar a face do Senhor. Além disso, não tinham outro padecimento e podiam entoar hinos à glória e majestade de Deus" (HOLANDA, 1977). Essa ilha milagrosa faz parte dos mitos irlandeses do século XV e recebe o nome de Hy Brazil, que significa ilha afortunada, e está relacionada à crença do Paraíso Terrestre.

De todo o imaginário dessa época, uma conjectura mostrou-se real: a de que a nova terra era infinitamente grande. Para os europeus, o novo continente e todas as descobertas ampliavam muito seu horizonte, reduzindo a Europa ao seu tamanho relativo. Foi então que se teve a primeira visualização global do planeta, ainda imóvel no centro do universo, com o sol, a lua e as estrelas girando em seu entorno, como descrito por Ptolomeu.

Segundo Charles Darwin:

> A Terra parece ter derramado toda sua riqueza de cores e formas com as flores e também com os animais, em particular com os pássaros, as borboletas e outros insetos, que em grandes quantidades dão vida às fragrantes florestas de plantas. Sim! É

no Brasil, e em nenhum outro país, onde se encontra aquele paraíso ocidental, lugar de esperanças de nossa terra, com a qual sonhávamos já em tempos remotos (DARWIN, 1972).

O tamanho da Terra podia ser medido pelos dias de navegação, e concluiu-se que os mares cobriam uma superfície maior do planeta do que os continentes. Mesmo pensando ter descoberto uma ilha, Pedro Álvares Cabral fez com que Pero Vaz de Caminha escrevesse ao venturoso rei de Portugal a carta que contém a notícia inaugural da vegetação de nossa terra, datada de primeiro de maio de 1500: "Traz ao longo do mar em algumas partes grandes barreiras, delas vermelhas, delas brancas, e a terra por cima toda chá e muito formosa. Pelo sertão nos pareceu, do mar, muito grande, porque a estender os olhos não poderíamos ver senão terra e arvoredos, que nos parecia muito longa terra".

## VEGETAÇÃO BRASILEIRA

*Do que a terra, mais garrida,*
*Teus risonhos, lindos campos têm mais flores.*
*Nossos bosques têm mais vida,*
*Nossa vida no teu seio mais amores.*
**Hino Nacional Brasileiro**

A vegetação, cantada em verso e música, presente no hino e na bandeira nacionais, foi primeiro estudada de forma metódica e abrangente por Carl Friedrich von Martius e Johann Baptist von Spix, que chegaram ao Rio de Janeiro com a comitiva da princesa Leopoldina, em 1817. Von Martius deu início à elaboração da *Flora brasiliensis* (1840-1906), cujos quarenta volumes representam a documentação mais completa sobre a botânica da região. Das viagens realizadas no início do século XIX por Von Martius e Auguste de Saint-Hilaire, entre outros, resultaram estudos que serviram de base à fitogeografia no Brasil.

Os trabalhos de Alexander von Humboldt referentes à fitogeografia, executados em grande parte na América do Sul, formularam a teoria em que se baseou a classificação da vegetação do país. Ele observou a relação entre a destruição das florestas e as mudanças do clima, entre as temperaturas e as diferentes formações vegetais. Localizou o equador magnético e encontrou estratos geológicos de restos fósseis de plantas e animais, que entendeu serem precursores extintos das formas de vida moderna.

Do final do século XVIII ao século XIX, também merecem atenção os trabalhos de botânica de Alexandre Rodrigues Ferreira, líder da primeira expedição científica que adentrou os rios amazônicos, e Frei José Mariano da Conceição Veloso, primeiro biólogo brasileiro. Muitos outros estudiosos dedicaram-se à nossa vegetação. Comete-se aqui a injustiça de não os citar a todos, à exceção de Luiz Felipe Gonzaga de Campos.

Imagens da expedição à Amazônia conhecida como "Viagem Filosófica", liderada pelo biólogo Alexandre Rodrigues Ferreira ao final do século XVIII. À esquerda, máscara-elmo de porco-do-mato da extinta etnia Jurupixuna, confeccionada em fibra vegetal e com entrecasca pintada. A peça data do século XVIII e se encontra na Academia de Ciências de Lisboa. À direita, taioba, planta bulbosa, alimentar, distribuída por todo o Brasil. Além do naturalista Alexandre Ferreira, integraram a expedição o jardineiro botânico Agostinho do Cabo e os desenhistas Joaquim José Codina e José Joaquim Freire. Fonte: Reprodução/Universidade de Coimbra; Brasiliana Iconográfica/Wikimedia Commons.

Mapa dos biomas brasileiros.
Fonte: IBGE, 2019.

  É o estudo de Gonzaga de Campos, *Mappa florestal do Brasil*, publicado em 1912, que vai nortear a primeira parte deste trabalho. O *Mappa florestal* pretendia servir de base para a criação de reservas florestais, sendo "floresta", para ele, uma síntese de todos os tipos de formação vegetal nativa fundamentais para a proteção da biodiversidade. A ideia de preservação de florestas sempre foi intuito prioritário de ecólogos e pessoas preocupadas com seu valor. Assim, Gonzaga de Campos propõe um começo para que cientistas possam aprofundar a pesquisa da flora e da fauna de nossos ecossistemas, encontrando novos extratos de uso medicinal e outros.

  Hoje, é de conhecimento comum que os biomas brasileiros agrupam ecossistemas e vegetação nas seguintes categorias: florestas, cerrado, caatinga, pantanal, pampa, vegetação costeira e ilhas oceânicas.

Primeiro mapa florestal do Brasil, baseado em informações colhidas no início do século XX, por Luiz Felipe Gonzaga de Campos. Imagem retirada da publicação homônima *Mappa florestal do Brasil* (1912), que orientou os primeiros capítulos deste livro. Fonte: Domínio público/Acervo Museu Paulista (USP) via Wikimedia Commons.

## Áreas das matas e campos por estado

| Estados | Área (km²) | Matas (km²) | Campos e outras formações (km²) | Porcentagem das áreas de matas sobre as totais |
|---|---|---|---|---|
| Acre | 192.000 | 192.000 | 0.000 | 100 % |
| Amazonas | 1.832.800 | 1.683.427 | 149.373 | 91,85 % |
| Pará | 1.220.000 | 921.954 | 298.046 | 75,57 % |
| Maranhão | 340.360 | 145.368 | 194.992 | 42,71 % |
| Piauí | 231.180 | 62.419 | 168.761 | 27 % |
| Ceará | 157.660 | 67.951 | 89.709 | 43,1 % |
| Rio Grande do Norte | 56.290 | 14.314 | 41.976 | 25,43 % |
| Paraíba | 52.250 | 19.087 | 33.163 | 36,53 % |
| Pernambuco | 95.260 | 32.521 | 62.739 | 34,14 % |
| Alagoas | 30.500 | 8.525 | 21.975 | 27,95 % |
| Sergipe | 21.840 | 8.970 | 12.870 | 41,07 % |
| Bahia | 587.500 | 215.436 | 372.064 | 36,67 % |
| Espírito Santo | 39.120 | 29.942 | 9.178 | 76,54 % |
| Rio de Janeiro | 44.350 | 35.981 | 8.369 | 81,13 % |
| São Paulo | 250.000 | 161.750 | 88.250 | 64,7 % |
| Paraná | 180.340 | 160.350 | 19.990 | 83,37 % |
| Santa Catarina | 110.320 | 86.789 | 25.531 | 78,67 % |
| Rio Grande do Sul | 283.410 | 89.132 | 194.278 | 31,45 % |
| Minas Gerais | 607.940 | 278.619 | 329.321 | 45,83 % |
| Goiás | 640.580 | 179.362 | 461.218 | 28 % |
| Mato Grosso | 1.554.300 | 606.799 | 947.501 | 39,04 % |
| **Total do Brasil** | **8.528.000** | **5.000.696** | **3.527.304** | **58,63 %** |

Fonte: CAMPOS, Luiz F. G. de. *Mappa florestal do Brasil*. Rio de Janeiro: Tipografia da Diretoria do Serviço de Estatística, 1912. Trata-se da mesma tabela encontrada na imagem anterior.

# FLORESTAS

> *Minha terra tem pitanga,*
> *Cajá-manga e cambucá.*
> *Minha terra tem palmeiras*
> *Onde canta o sabiá.*
> **João de Barro** e **Alberto Ribeiro**,
> "Minha terra tem palmeiras"

Conjunto contínuo de árvores em que as copas se entrelaçam, cobrindo uma grande extensão de território, formam uma floresta. Muitas vezes, nelas há várias camadas de vegetação, quase como se fossem andares de um edifício.

Existem no Brasil duas formações florestais principais: a floresta amazônica e a mata atlântica. Algumas formações florestais folhosas que ocupam área menor constituem, em geral, uma transição entre as florestas principais e outras formas de vegetação. Podem também estar situadas ao longo de cadeias montanhosas isoladas

Selva junto ao rio Amazonas, no Pará. Imagem publicada em *Flora brasiliensis* (1840-1906), de Carl F. P. von Martius. Fonte: British Museum/Wikimedia Commons.

que captam águas das chuvas, possibilitando o aparecimento de florestas pluviais. Também podem, ainda, serem consequência da umidade que se deve à presença de cursos de água; neste último caso, recebem a denominação de matas ciliares ou veredas.

Essas matas abrigam enorme variedade de flora e fauna. Quentes e úmidas, são os ambientes mais propícios à evolução da vida terrestre. No entanto, todas essas inter-relações entre espécies vegetais e animais podem significar ecossistemas extremamente vulneráveis. Isso porque o rompimento de um elo dessa cadeia pode acarretar um grande desequilíbrio e até o seu desaparecimento.

## ■ Floresta amazônica

> *Cenários imensos, que se estendiam com*
> *a presença do rio por toda parte, refletiam-se*
> *com estranha fascinação no espírito da gente.*
> *A floresta era uma esfinge indecifrada.*
> **Raul Bopp**, *Cobra Norato*

Esse extenso bioma, a maior floresta tropical do planeta, estende-se dos Andes, onde alcança os 5 mil metros de altitude, até o Atlântico, passando por nove países. A área que ocupa no Brasil é pouco menor que a metade do território nacional.

Os troncos das árvores são retos, com copa apenas na parte mais alta. Os troncos de muitas espécies se alargam na base devido a um afloramento antecipado das raízes, chamadas de tubulares, em ângulo que pode ultrapassar 45 graus, o que dá grande estabilidade a essas árvores. As raízes, em geral, não são muito profundas. A vegetação principal chega a uma altura média de 30 metros. São comuns, entretanto, as árvores emergentes, cujas copas ultrapassam seu teto e podem atingir mais de 50 metros de altura.

É uma floresta de folhas largas, de folhagem perene. Possui grande variedade de espécies, de formação muito homogênea, deixando passar pouca luz, o que faz com que seja pouco densa junto ao chão. Espécies epífitas, como orquídeas, trepadeiras e samambaias, são numerosas; já as palmeiras são pouco comuns. O clima é tropical úmido, com temperaturas elevadas praticamente constantes e muita chuva.

Com a elevação da Cordilheira dos Andes no período Terciário, há milhões de anos, formou-se uma barreira montanhosa que serve de escudo às nuvens carregadas de umidade presentes na parte oriental da América do Sul. Essa umidade provém do Atlântico e é, também, produzida pela própria floresta. Especialmente na curvatura em forma de "meia ferradura" dessa cordilheira, em cuja parte mais ocidental está a cidade de Quito, represa um manto permanente de nuvens que condensam uma alta umidade permanente. Essa é a principal razão da existência da floresta amazônica.

Grandes rios, riachos, lagoas, a floresta e o clima formam um conjunto indissociável em que cada elemento interage com o todo, apoiando-se e equilibrando-se. O mesmo ocorre com as florestas e os animais, ou com as águas e a vida aquática.

Distribuindo-se por um território tão extenso e com grandes transformações topográficas e climáticas, essa floresta apresenta tal variedade de ecossistemas que resulta em enorme variação de sua biodiversidade. Vários autores denominam de hileia amazônica a parte mais homogênea desse conjunto denso e úmido, que ocorre na imensa baixada de sua bacia hidrográfica, cuja porção maior se encontra em território brasileiro. Tal área não inclui as florestas temperadas, que a sucedem ao escalar os Andes, nem as florestas mais secas de sua transição para o cerrado.

Nessa grande planície, cerca de 90% da floresta está em áreas não inundáveis e recebem a designação de mata de terra firme. Nas regiões inundáveis pelas cheias, a vegetação recebe a designação de mata de várzea. A floresta que cobre regiões constantemente inundadas, o igapó, fica na transição entre os rios e a mata de várzea. Aí, a altura das árvores diminui e a densidade e a variedade de espécies aumentam. Surgem as palmeiras, como o açaí e o buriti, e forma-se o espesso sub-bosque, que, para quem vê a floresta dos rios, dá a impressão de um conjunto impenetrável. Há ainda a designação de igarapé, constituído por um braço longo de um pequeno curso d'água ou um canal. São estreitos, têm pouca profundidade e correm pelo interior da mata.

Nessa imensa baixada escorrem os gigantescos volumes de água de seus extraordinários rios. Quando as cheias chegam, os rios transbordam, ocupando as margens. Ao encontrar as árvores das margens, a velocidade das águas diminui e, em função disso, as partículas sólidas que carregam se sedimentam, formando pequenas elevações contínuas, que ocupam as duas margens, chamadas diques marginais. Atrás desses diques, após a baixada das águas, ficam represadas lagoas que são características dessa paisagem.

O professor Aziz Ab'Saber, na década de 1970, nos dizia que havia identificado tantos ecossistemas nesse bioma que chegavam a cerca de 40 conjuntos de classificações diferenciadas de variedades genéticas. Hoje, levando em conta as variações decorrentes das diferentes altitudes, que escalam as cordilheiras, e estudos mais aprofundados, poderemos contar um número ainda maior de especializações. Em contrapartida, não é possível entender a dinâmica desse fabuloso conjunto vegetal se não considerarmos, também, sua bacia hidrográfica como um todo.

Decorrência de suas descomunais variedades de vida e enorme extensão, aí está concentrado o maior repositório de biodiversidade do planeta. Desde que se tornou conhecida, a floresta amazônica sempre foi um mito, um símbolo de grandiosidade, uma área selvagem, um paraíso preservado, de impenetrabilidade e dimensão difíceis de serem absorvidas. Aí sofriam grandes mazelas os seringueiros que a ela foram atraídos para extrair a borracha. Por suas altas temperaturas e umidade, além de insetos e animais peçonhentos, foi considerada um ambiente hostil. Euclides da Cunha a chamou de "inferno verde". A floresta amazônica é, no imaginário da humanidade, a grande manifestação da vida selvagem.

A fauna que abriga é composta por um número impressionante de seres vivos. São conhecidas 1.300 espécies de aves, 427 de mamíferos, 378 de répteis, 3.000 de peixes, 400 de anfíbios, mais de 100 animais invertebrados e 40.000 espécies vegetais, segundo um dos levantamentos realizados no início do século XXI. Cerca de 15% da biodiversidade do planeta se encontra nessa região. Os maiores animais são a anta, a onça-pintada, o jacaré e as serpentes, em especial a sucuri, também conhecida como anaconda, símbolo especial de truculência. Sua fauna aquática é fantástica e está cada dia mais ameaçada pela destruição de seu habitat e pela poluição, especialmente a do mercúrio dos garimpos. A introdução de espécies exóticas também ameaça muitas classes de peixes. Em perigo também está a sobrevivência do boto-tucuxi e a do boto-cor-de-rosa, este último o maior golfinho de água doce do mundo. O folclore nacional atribui ao boto-cor-de-rosa a paternidade de muitas crianças ribeirinhas: a lenda diz que, em noites de lua cheia, o boto sai das águas e se transforma num homem garboso que enfeitiça as moças com sua sedução. Apesar de alguns esforços em contrário, os botos da Amazônia estão sob risco de extinção.

A Amazônia brasileira detém 93 espécies de macacos identificadas, das quais 16 estão ameaçadas e 3 a um passo de serem consideradas extintas. Notório é o caso do sauim-de-coleira, um pequeno e lindo primata que pesa menos de meio quilo, exclusivo da região de Manaus, que vem sendo gradativamente ameaçado pelo crescimento da cidade, pela destruição das florestas e pela invasão de outras espécies a seu habitat. Muitos estudiosos se preocupam com essa espécie criticamente ameaçada, e já existe há anos um plano de ação para salvá-la da extinção. Após diversas campanhas, o sauim-de-coleira tornou-se símbolo da cidade de Manaus, e desde 2018 está na mesa da Presidência da República a minuta de um decreto para se criar a Reserva Biológica do Sauim-de-Coleira, com 11 mil hectares, sem que nada avance.

É importante lembrar que um projeto consistente de proteção da biodiversidade da floresta amazônica não pode dispensar uma visão integrada de sua bacia hidrográfica, sendo necessária a harmonização

Sauim-de-coleira, espécie de primata ameaçada que só existe no entorno de Manaus. Fonte: Whaldener Endo, 2009/ Wikimedia Commons.

de ações entre os diversos países que a compõem. O que ocorre nas cabeceiras dos rios que estão na Bolívia, no Peru, no Equador e na Colômbia afeta a Amazônia brasileira com poluição, espécies invasoras, assoreamentos, enchentes e muitos outros agravantes.

Todas essas nações devem encarar, em conjunto, a tarefa de impedir a queima da floresta. Os combustíveis fósseis são hoje os maiores responsáveis pelo efeito estufa. Já a fumaça liberada pelas queimadas é também um importante contribuinte da emissão de carbono que acumula-se no ponto mais alto da atmosfera, formando uma calota escura que retém o calor refletido da terra.

O aquecimento de 1,5 graus do planeta, que está próximo de ser alcançado, é suficiente para que várias espécies de plantas e animais sofram com a adaptação a esse "novo clima". Alguns animais se deslocam para locais com clima mais aproximado ao que estão ajustados, o que resulta em perdas biológicas irreversíveis, já que outras espécies, sem condições de adaptabilidade, estão sendo inexoravelmente extintas. As mudanças climáticas são o principal alerta para a extinção de espécies, um grave problema que já está ocorrendo, o qual trataremos com mais detalhes adiante. A erosão e o assoreamento do leito dos rios é outro problema grave resultante do desmatamento, cujas consequências, como as inundações, que destroem lavouras e prejudicam fortemente a circulação de embarcações, principal meio de transporte da região.

As espécies vegetais mais conhecidas da Amazônia, além da seringueira, são a castanheira, o açaí, o guaraná e o cupuaçu, cujos frutos nos trazem tantas alegrias. Louvadas por sua madeira, objeto de forte cobiça, temos a copaíba, o mogno, a maçaranduba, os ipês, as sapucaias, o pau-amarelo e o pau-rosa aromático. Destacam-se por seu porte os angelins e a sumaúma, e por sua beleza, os buritis e a conhecida vitória-régia, flor símbolo dessa floresta.

Pena não caber aqui, em detalhes, as centenas de etnias autóctones que habitam há milênios a Amazônia, de modo de vida tão relacionado à floresta que não é possível destacá-las da natureza. Elas *são* a floresta! Algumas, ainda isoladas, vivem em condições primitivas quase não mais existentes em outro rincão, sublimes resquícios do alvorecer da humanidade e que merecem especial atenção e respeito.

Vitória-régia mostrando suas largas folhas e linda flor, que é um dos símbolos da Amazônia. Só se desenvolve em águas mansas. Fonte: Roberto Vasconcelos, 2012/Wikimedia Commons.

32 UMA HISTÓRIA DAS FLORESTAS BRASILEIRAS

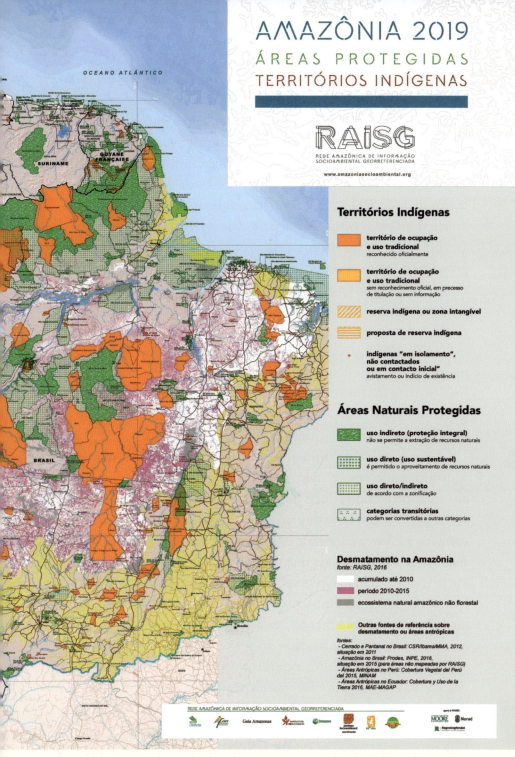

Mapa da bacia amazônica mostrando as áreas protegidas e os territórios indígenas demarcados em 2019. Fonte: RAISG, 2019.

Estudos recentes apontam que, ao longo dos milênios habitando essa região, realizaram inúmeros feitos. Domesticaram muitas espécies de plantas, espalhando suas sementes por setores dessa bacia hidrográfica em que não existiam originalmente, dando à humanidade ervas medicinais e alimentícias indispensáveis à nossa sobrevivência. Subindo os Andes, nas bordas da floresta são encontradas mais de 100 variações da batata, boa parte delas cultivadas hoje em todos os continentes, para citar apenas um exemplo.

Na região de transição da Amazônia para a caatinga aparecem grandes coqueiros-babaçu, entremeados a outras árvores, e matas de galeria formadas por palmeiras-carnaúba, que compõem paisagens de caráter especial. A transição para o cerrado se dá através de uma floresta mais seca. A mata é mais baixa, atingindo uma média de 20 metros de altura, os troncos mais finos e as copas menores. Quase 60% das plantas perdem as folhas nas épocas mais secas para preservar alguma umidade; estas são chamadas de caducifólias. Já as plantas epífitas, muito abundantes nas áreas úmidas, aqui estão ausentes.

Com a perda da umidade, a floresta vai paulatinamente se transformando em cerrado. Essa transição não ocorre de forma abrupta; pelo contrário, é lenta e se estende por um vasto território. Seguindo o leito dos rios em direção às suas cabeceiras no cerrado, a floresta se reparte em corredores naturais que avançam pelo território. À medida que ficam mais secas, vão se estreitando até se transformarem em matas ciliares, que acompanham os rios, formando galerias, enquanto a umidade possibilite. O maior ou menor desenvolvimento dessa floresta de transição depende acentuadamente da qualidade do solo.

Márcio Souza, escritor e cientista social manauense, publicou, em 2019, a instigante *História da Amazônia*, com informações importantes sobre essa região. Entre suas principais reivindicações está a necessidade de conhecer melhor o que chama de "Civilização da Mandioca", da qual falaremos um pouco mais nos próximos capítulos.

## ■ Mata atlântica

> *Na mata virgem quase nunca se tem perspectivas, mas a vegetação é tão majestosa e variada, e seus efeitos tão pitorescos que nelas nunca me aborreci.*
> **Saint-Hilaire**, *Viagem à província de São Paulo*

Todo o litoral leste do Brasil, de Natal a Porto Alegre, era coberto pela mata atlântica. No Nordeste, a mata estava sobre planícies costeiras. No Sudeste e Sul, cobria escarpas abruptas próximas à costa, avançando até o Planalto Central. A mata atlântica se estendia, no Nordeste, por uma faixa de 200 quilômetros de largura. Essa faixa se alargava por 300 quilômetros, quando acompanhava os vales do Rio Doce e do Jequitinhonha e, mais ao sul, galgando o planalto, atingia a barranca do rio Paraná. Foi essa longa fachada verde do Brasil que extasiou os primeiros navegadores que aqui chegaram.

Mata atlântica, floresta primária entre Jacareí e Guararema, no estado de São Paulo. Imagem publicada em *Flora brasiliensis* (1840-1906). Fonte: Brasiliana Iconográfica/Wikimedia Commons.

Ainda hoje, a mata atlântica pode ser vista em todo seu esplendor nos trechos onde subsiste, cobrindo as escarpas do mar. Várias regiões do nordeste e sul de Minas Gerais, onde essa floresta já desapareceu, ainda guardam a designação de Zona da Mata.

É uma floresta de troncos retos, de altura média de 20 a 30 metros. Não apresenta árvores emergentes em sua constituição mais densa, na região costeira, nem alargamentos na base dos troncos, que aqui são mais grossos. A queda das folhas nas estações mais secas pode atingir de 10 a 30% de suas espécies, que são quase tão variadas quanto na floresta amazônica. Ao norte, inclusive, há muitas delas em comum a essas duas florestas. A mata atlântica é bastante densa, e são constantes os sub-bosques e epífitas. As trepadeiras também são comuns, mas não muito numerosas, e há grande variedade de palmeiras. O clima é tropical úmido, mas, no alto da Serra do Mar, passa a ser temperado com umidade elevada.

A presença do mar e da serra são importantes na caracterização do clima. As montanhas servem de muralha aos ventos alísios, que, ao encontrá-las carregados de vapores, se condensam em nuvens.

A beleza das paisagens recobertas pela mata atlântica sempre foi bastante louvada. Sua presença junto ao mar tropical, cobrindo montanhas que podem chegar a 3.000 metros de altitude, guardam riqueza de fauna e flora: flores, frutas saborosas, florescências delicadas, avencas, manacás, orquídeas raras, infinidade de palmeiras, cantos suaves de seus inúmeros pássaros, borboletas, cascatas, ilhas paradisíacas, praias de areia macia e águas mornas e claras, pequenas enseadas, piscinas naturais rodeadas de pedras, bromélias e samambaias, que sempre encantou a todos.

A suavidade de suas paisagens compõe algumas das imagens mais representativas da identidade do Brasil. As grandes falésias vermelhas e brancas do Nordeste, debruçadas sobre o mar, foram descritas por Caminha, e a paisagem da Baía de Guanabara, os cânions cobertos por araucárias do Sul, a Serra da Mantiqueira e as Cataratas do Iguaçu são patrimônio mundial natural, a maioria já listada pela UNESCO.

Bromélias características da mata atlântica. Fonte: Badu Dias, 2016/Wikimedia Commons.

Trata-se de um dos ecossistemas mais ricos em biodiversidade de plantas e animais. A maioria dos animais nativos originários ainda habita a região, embora grande parte esteja ameaçada de extinção.[2] Correm especial perigo os animais maiores ou de topo da cadeia alimentar, como a anta e a onça-pintada.

40% dos mamíferos da mata atlântica são endêmicos, assim como a maioria das borboletas, répteis, anfíbios e aves. Suas aves mais conhecidas são o papagaio, a arara, o jacu, o macuco, a jacutinga, a araponga, os múltiplos beija-flores, o tucano e o sabiá.

Das 23 espécies de macacos que hospeda, 17 correm o risco de desaparecer.[3] Duas espécies dos pacíficos muriquis, os maiores macacos da América, carecem de esforços intensos para serem preservadas. Entretanto, a região acolhe uma crescente população de

---

[2] Para mais informações, ver: https://bit.ly/3dZbnES. Acesso em: 16 dez. 2021.

[3] Os macacos ameaçados da mata atlântica são duas espécies de muriqui, três de bugios, três de macacos-prego, três de guigós, quatro de micos-leões e duas de sagui-da-serra.

micos-leões-dourados: em 1980, após serem reduzidos a menos de 400 indivíduos, a espécie foi condenada à extinção em seu habitat. Em 2017, graças a diversos esforços para preservá-la, chegaram a 3.700 indivíduos na natureza. Veio então a febre-amarela, que reduziu a população para cerca de 2.000 indivíduos. É árduo o trabalho de mais de quarenta anos de manutenção e reintrodução realizado por especialistas para evitar que esse animalzinho se desvaneça. Hoje, o mico-leão-dourado ilustra a nota de 20 reais e tornou-se símbolo da conservação de espécies no Brasil.

No Nordeste, a transição entre a floresta atlântica e a caatinga caracteriza a região chamada agreste. No Centro-Sul, essa formação é conhecida como cerradão. Sua aparência é de manchas de cerrado. Muitas vezes, no entanto, é difícil traçar o limite entre a mata atlântica e o cerradão, pois a transição, na natureza, pode se dar de forma gradual e quase imperceptível.

Esses fatos parecem apontar uma dedução geral muito importante: "Enquanto as condições climáticas são muito favoráveis, as qualidades do solo pouco mostram a influência; piorados os elementos da umidade e clima, começam a prevalecer como determinantes dos tipos de floresta a qualidade de solo" (CAMPOS, 1912).

As matas dos pinheirais do Sul do país já foram tratadas como uma categoria independente. Por suas características comuns, porém, vieram a ser consideradas parte da mata atlântica. Situada no planalto meridional dos estados de São Paulo até o Rio Grande do Sul, é a única formação brasileira de característica subtropical onde predomina clima temperado quente, com chuvas uniformes durante quase todo o ano. Ao sul, essa floresta se inicia a 600 metros de altitude, nunca chegando ao nível do mar. Ao norte, só aparece em lugares ainda mais altos, podendo formar "ilhas" nos altos maciços do Rio de Janeiro e de Minas Gerais. Essa característica levou Auguste Saint-Hilaire a comparar essa espécie a um termômetro. Há geada onde aparecem as araucárias, e em muitas noites de inverno as temperaturas podem aí cair abaixo de zero.

É uma floresta aberta, de chão quase limpo, em que predomina o pinheiro-do-paraná, a araucária, com seus troncos retos, que se abrem em forma de cálice apenas na parte superior. Podem atingir até 50 metros de altura e 2 de diâmetro. Não é uma floresta homogênea, estando quase sempre associada às espécies da mata atlântica mais próxima ao mar. Suas duas subespécies mais comuns são o pinheirinho e a erva-mate, além de muitas epífitas.

Os pinheirais eram a paisagem típica do Sul do país. Devido à excessiva extração madeireira, porém, estão quase extintos. Os poucos exemplares que subsistem em São Paulo e Minas Gerais estão nas serras mais elevadas, onde, associados aos campos de altitude, compõem belíssimas paisagens. Também encontramos raros remanescentes no planalto nos estados do Paraná e de Santa Catarina.

É interessante lembrar que o gênero araucária é comum apenas à América do Sul e à Nova Zelândia. Trata-se de uma árvore antiquíssima que demonstra que, em um passado muito remoto, essas ilhas e este continente estiveram unidos.

Na mata atlântica estão situadas a maioria das capitais brasileiras. A área abrangida por seu território original concentra cerca de 70% da população do país: nela se desenvolveram os ciclos econômicos do pau-brasil, que deu nome à nossa terra, da cana-de-açúcar e do café. À sombra de suas árvores foi dado o grito de nossa independência, e suas paisagens abrigam importantes monumentos de nossa história.

A primazia na ocupação do país, a qualidade dos solos, a concentração demográfica ao longo de cinco séculos, tudo isso fez com que tanto a devastação quanto a preocupação com a conservação se concentrassem na mata atlântica até tempos recentes. Ela é considerada internacionalmente uma das duas florestas tropicais mais ameaçadas do mundo. Posteriormente, o descalabro que ocorre na Amazônia passou a tomar todas as atenções. A legislação colonial relativa às florestas se dirige principalmente

Acima: mata de araucárias junto a campos de altitude em Minas Gerais. Imagem publicada em *Flora brasiliensis* (1840-1906). Fonte: Brasiliana Iconográfica/Wikimedia Commons.

Abaixo: mata de araucárias característica do Paraná, com troncos retilíneos, ameaçadas de extinção pelo excesso de derrubadas para a utilização de sua madeira e para o plantio de café e soja. Fonte: Sergio Valle Duarte, 1982/Wikimedia Commons.

a essas matas, a maior parte dos dados culturais acumulados, as "fontes murmurantes", dela vêm. Os primeiros parques nacionais também foram criados em seu território.

Entre as ações modernas para sua proteção, a que tem mostrado melhor resultado é o Atlas da Mata Atlântica, apresentado anualmente à opinião pública pela Fundação SOS Mata Atlântica juntamente com o Instituto Nacional de Pesquisas Espaciais (INPE). O Atlas divulga, desde 1990, tanto a evolução da devastação da floresta quanto da sua recomposição. Embora reste apenas 12,5% da área primitiva que ocupava em 1500, os números divulgados são animadores: até agora, temos casos de estagnação da derrubada em alguns estados e representativa queda do corte nos demais, salvo algumas exceções.[4] O censo mais recente mostrava um aumento da devastação no estado de São Paulo, onde até então vínhamos colecionando vitórias. É preciso fazer muito mais. É fundamental que esse Atlas mostre, com urgência, a mata atlântica se regenerando e seus corredores ecológicos se recompondo em crescente velocidade.

Além das araucárias, destacam-se, pelo tamanho, os jequitibás, majestosos gigantes. Muitas são as madeiras de qualidade que estão praticamente em extinção; jacarandás, canelas, ipês e perobas fizeram fama desde o primeiro século do descobrimento. Frutos como caju, mangaba, pitanga, abacaxi, maracujá, uvaia e cambuci também são louvados há séculos. Sem esquecer as fabulosas jabuticabas, símbolo de brasileirismo, que só existem por aqui. A primavera, que tomou o nome de *bougainville*,[5] é a flor mais conhecida da mata atlântica, entre muitas outras de rara beleza e suave perfume.

---

[4] Há que se chamar a atenção para esses números comparativos. Muitas vezes temos a regeneração de mata secundária em áreas mais declivosas, abandonadas pela agricultura por serem impróprias à mecanização. E ainda se derruba áreas de mata atlântica primária no país.

[5] Referência a Louis Antoine de Bougainville, que dela deu conhecimento ao mundo.

Área remanescente da mata atlântica em contraponto à sua cobertura original: em 2013, o território correspondia a apenas 12% do que tínhamos antes da colonização do Brasil. Fonte: ISA, 2013.

## ■ As matas pluviais do interior e as matas ciliares

*Olha que chuva boa, prazenteira,*
*Que vem molhar minha roseira.*
*Chuva boa, criadeira,*
*Que molha a terra, que enche o rio,*
*Que limpa o céu, que traz o azul.*
**Tom Jobim**, "Chovendo na roseira"

Há uma grande região entre a floresta amazônica e a mata atlântica, ocupada pelo cerrado e pela caatinga, que vai do sudoeste ao nordeste do país, onde as características climáticas se intercalam entre chuvas de estação e secas. No extremo nordeste, onde o continente avança muito sobre o Atlântico, as secas podem se prolongar por mais de um ano.

Muitas são as serras e elevações que ocorrem no planalto e no Nordeste. Opondo-se aos ventos que podem trazer alguma umidade, suas encostas retêm as nuvens, mesmo que poucas, que aí derramam suas águas. Formam-se, assim, ilhas de florestas no interior de regiões mais áridas. A existência de cadeias montanhosas no entorno do pantanal produz áreas onde chove mais, cobertas por florestas extensas e exuberantes. As chuvas aí ocorrem em razão da elevada umidade típica da região. Essas são as matas pluviais do interior, que terão características semelhantes às das grandes formações florestais que lhes sejam mais próximas, amazônicas ou de mata atlântica.

Há outro tipo de formação florestal que aparece na região mais seca entre as duas florestas. Quando a chuva diminui e a seca se prolonga, a mata se limita a uma faixa que acompanha os rios como cílios, por isso chamadas de ciliares. Nas encostas, a vegetação enfraquece e se transforma em cerrados ou campos. Ao longo dos veios d'água surgem as matas de galeria. Esse é o conjunto de vegetação que acompanha os rios da maior parte do Brasil central, também chamadas de veredas.

Mata ciliar na Bahia que acompanha o curso dos rios em biomas mais secos. Imagem publicada em *Flora brasiliensis* (1840-1906). Fonte: Brasiliana Iconográfica/Wikimedia Commons.

De modo geral, pode-se dizer que a largura das pestanas das matas beira-rio é proporcional ao volume de água das correntes. As matas ciliares ainda podem aparecer sob forma de capões, em geral próximos às cabeceiras dos córregos, formando ilhas alongadas no meio dos campos. É uma vegetação semelhante à da mata virgem. Um tipo belíssimo de formação é o dos buritizais, que muitas vezes formam extensas florestas ciliares. O buriti é uma marca da paisagem do cerrado. Seu fruto é muito apreciado por muitas espécies animais, principalmente as araras, que se abrigam ao anoitecer no tronco oco dessas palmeiras. As matas ciliares levam a sabedoria cabocla a dizer que a mata é mãe d'água.

Nessas áreas mais abertas é mais fácil visualizar a fauna que as caracteriza. Quem quiser saber mais sobre alguns dos pássaros mais conhecidos de nossa fauna, ouça "Passaredo", de Chico Buarque. Aí vai encontrar, entre outros, juritis, pintassilgos, saíras, inhambus, patativas, macucos, cuitelos, jacus, quero-queros, tico-ticos, bem-te-vis, rolinhas, andorinhas, bicudos, uirapurus, colibris...

# CERRADO

*Oh! Seriema de Mato Grosso [...]*
*Tenho saudade do teu cantar.*
**Mario Zan** e **Nhô Pai**,
"Seriema de Mato Grosso"

Os cerrados ocupam os planaltos e as chapadas do Centro-Oeste brasileiro, formando um quinto do território do país. O clima é mais seco em comparação ao das florestas, com estações de chuva bem marcadas. No período de seca, muitas árvores perdem as folhas, e a vegetação fraca e rasteira adquire um tom entre dourado e palha. Aqui e ali aparecem manchas de árvores baixas, de três a cinco metros de altura, troncos e galhos tortuosos, copas irregulares, casca geralmente espessa e rachada e folhas duras.

Três magníficos buritis, característicos do cerrado e carregados de cocos, por Adrien Taunay, 1827. O artista acompanhou a excursão do Barão de Langsdorff pelos sertões brasileiros entre 1821 e 1829. Em primeiro plano, pessoas caminham por uma trilha carregando varas de cana-de-açúcar e peixes. Fonte: Reprodução/Adrien Taunay.

Paisagem do Parque Nacional da Chapada dos Veadeiros, típica do cerrado, com seus buritis e campos. Fonte: Luiz Claudio Marigo, 2007/Tyba.

As raízes, e mesmo os caules subterrâneos, podem se desenvolver em arbustos que não passam de um metro de altura. Enfiam-se pela terra em busca de água e chegam a atingir vinte metros de profundidade. Formando tubérculos para a acumulação da umidade, a vida quase se torna subterrânea. O aparelho vegetativo aéreo procura resistir à transpiração excessiva, adquirindo folhas coriáceas ou cobrindo-se de pelos ou de feltro. Quanto mais forte a seca, mais a parte mole dos troncos se transforma em um tecido ávido de água. Por isso, nos cerrados desenvolvem-se plantas de tecidos semelhantes ao couro; em prazos mais ou menos curtos, dá-se a queda das folhas.

Essa vegetação submetida a altas temperaturas entra em combustão natural com facilidade, e o incêndio se alastra. Aqui, o fogo é um elemento importante, pois, sendo comum, atua no desenvolvimento das plantas. Existem, também no cerrado, variações de vegetação consideráveis devido à sua ampla distribuição e diferenciações de clima e altitude. Diversas são as classificações desses ecossistemas; entre as mais conhecidas, os campos cerrados, de onde vem o nome da cidade de Campo Grande, capital do estado do Mato Grosso do Sul. Esses podem ser considerados campos limpos ou sujos. No segundo caso, a vegetação será semiarbórea entremeada com distanciamento entre as gramíneas.

O cerrado pode ser classificado também como cerrado ralo, típico ou denso. Em todos esses casos, são características as matas de galeria, que acompanham os cursos d'água. "[...] o buriti é das margens, ele cai seus cocos na vereda – as águas levam – em beiras, o coquinho as águas mesmo replantam; daí o buritizal, de um lado e do outro se alinhando, acompanhando, que nem que por um cálculo" (ROSA, 1963).

São característicos dos cerrados os chapadões, amplos platôs de terra entrecortados por rios e riachos de calha profunda, as quais, em algumas regiões do Brasil central, o sertanejo chama de vão. Geralmente a vegetação dessas chapadas é mais baixa ou campestre, e nas encostas que descem para as baixadas mais úmidas dos rios, torna-se mais densa. Nas áreas de maior altitude do cerrado podem ocorrer campos rupestres, que são bastante especiais e possuem características biológicas diferenciadas das anteriores.

A vegetação do cerrado abriga alguns animais comuns às áreas florestadas e à caatinga, como a onça-pintada, a anta e o bugio, mas a maior parte de sua fauna é autóctone. Alguns dos animais símbolos dessa vegetação são a ema e o lobo-guará. Por seus campos e pastagens, abriga várias espécies de cervídeos, dos quais o mais conhecido é o veado-campeiro, que habita o Parque Nacional da Chapada dos Veadeiros, um dos mais belos do Brasil.

Nesse parque, a variação de altitude é maior do que mil metros, o que oferece amostras bem diferenciadas da vegetação do cerrado. Em vários trechos, exibe seu subsolo composto principalmente de cristais. Muitas de suas cachoeiras rebrilham refletindo a luz do sol nas águas e, ao mesmo tempo, em seus cristais. Seu ponto de maior altitude é o Pico do Pouso Alto, com 1.676 metros, que é também o ponto mais elevado do planalto central. É divisor das águas da bacia amazônica, do rio Paraná e do rio São Francisco. Em função disso, hoje muitos chamam o cerrado de "caixa d'água do Brasil".

Ema, a maior ave das Américas, característica do cerrado. Fonte: Roberta Farenzena, 2019/ Wikimedia Commons.

Lobo-guará, característico do cerrado, ameaçado de extinção. Fonte: Jonathan Wilkins, 2013/ Wikimedia Commons.

Vem do cerrado a flor que se tornou, por decreto, o símbolo do Brasil: o ipê-amarelo. De tonalidade forte, amarelo ouro, floresce no inverno e nos revela uma beleza estonteante quando suas árvores perdem todas as folhas, transformando-se numa massa de cor amarelo vivo, semelhante ao da bandeira do país. Esse mesmo decreto, de 1961, designou o pau-brasil como árvore símbolo nacional. Outro decreto alçou o sabiá-laranjeira em ave símbolo do país. Esse pássaro é festejado no dia cinco de outubro, dia nacional das aves.

Ipê-amarelo do cerrado, flor símbolo do Brasil em sua plena inflorescência, que ocorre nos meses de julho e agosto. Fonte: Andrey Sartori, 2018/Wikimedia Commons.

# CAATINGA

> *Tudo em "vorta" é só beleza,*
> *"Céu" de azul e a mata em flor.*
> **Humberto Teixeira** e **Luiz Gonzaga**, "Assum preto"

Este bioma ocupa 10% do território do país. É a vegetação característica do sertão nordestino, onde chove muito pouco e com maior irregularidade. Essa irregularidade é o fator que mais influi sobre a vegetação. O clima aqui é chamado de tropical semiárido. É o único bioma exclusivamente brasileiro.

A caatinga é uma vegetação de arbustos de densidade variável. Em algumas regiões o solo é quase descoberto, com poucos e espaçados indivíduos. A vegetação se adapta ao clima. Na estação das águas, é mata verde. Na seca, a vegetação parece estar morta – perde todas as folhas e torna-se um emaranhado de varas espinhentas, de aspecto agressivo e hostil. Daí vem o nome "caa" + "tinga", que significa mata branca em tupi-guarani, aspecto de seus troncos e galhos durante a seca. Os solos são empedrados e areientos, às vezes íngremes, o que favorece o escoamento e a aridez dessa região, compondo paisagens de caráter especial.

Há muitos cactos de tipo colunares e rasteiros. As folhosas têm ramos muito próximos da base, talvez para evitar o excesso de luz, e se parecem muito com arbustos. Por isso, quando a densidade da vegetação é grande, a caatinga é impenetrável. Há muitas plantas suculentas, que guardam água dentro dos troncos e das folhas. A caatinga possui quase duas vezes mais espécies vegetais por hectare do que a floresta amazônica. Por outro lado, é um dos biomas que detém a menor quantidade de áreas protegidas do Brasil, e quase metade dessa vegetação já foi dizimada. Euclides da Cunha nos diz em *Os sertões*:

> As fortes tempestades que apagam o incêndio das secas, em que
> pese à revivescência que acarretam, preparam de algum modo
> a região para maiores vicissitudes. Desnudam-na rudemente,
> expondo-a cada vez mais desabrigada aos verões seguintes;

Paisagem típica da caatinga durante a seca, com suas cactáceas verdes e plantas sem folhas em terreno árido. Fonte: NiaziGamer/Wikimedia Commons.

> sulcam-na numa molduragem de contornos ásperos [...]. O regime decorre num intermitir deplorável, que lembra um círculo vicioso de catástrofes (Cunha, 1947).

As caatingas têm séries de adaptação, pois vivem parte do ano em clima úmido e outra parte, em geral mais longa, em tempo seco. As árvores, sem caules, têm galhos que chegam a ser tão tortuosos quanto no cerrado, porém as cascas não são cortiçadas, mas lisas, como nas matas. Para diminuir a transpiração, as folhas, que são menores, subdividem-se em folíolos minúsculos, e quando imprescindível, caem, que é a característica mais generalizada de toda essa vegetação.

> A caatinga seca e desolada torna-se verdejante, em alguns meses, até que a época de estiagem a faça retornar ao opressivo panorama anterior, que lhe justificou o epíteto de *Silva horrida*, a que se referiu o naturalista Carl von Martius (Monteiro; Kaz, 1994).

> E ao tornar da travessia, o viajante pasmo não vê mais o deserto. Sobre o solo, que as amarílis atapetam, ressurge triunfalmente a flora tropical. É uma mutação de apoteose. Os mulungus rotundos, à borda das cacimbas cheias, estadeiam a púrpura das largas flores vermelhas, sem esperar pelas folhas [...], adensam-se

Caatinga verde no tempo das chuvas em terreno pedregoso na região de Xiquexique, Rio Grande do Norte. Fonte: Diogo Sergio, 2014/Wikimedia Commons.

os icozeiros pelas várzeas, sob o ondular festivo das copas dos ouricuris [...] os umbuzeiros alevantam dois metros sobre o chão, irradiantes em círculos e galhos numerosos [...] O umbuzeiro é a árvore sagrada do sertão. Sócia fiel das rápidas horas felizes e longos dias amargos dos vaqueiros. Representa o mais frisante exemplo da adaptação da flora sertaneja (Cunha, 1947).

Há poucos animais na caatinga, e muitos têm hábitos noturnos. Muitas espécies praticamente desapareceram, como a onça-pintada e a ema, cujos bandos ainda podem ser vistos nas áreas de transição desse bioma. Persistem alguns macacos, como o sagui-do-nordeste e a forma regional do macaco-prego, além de gambás, cuícas, morcegos e pequenos roedores, como o mocó, de carne muito apreciada.

Outros animais característicos da caatinga e ameaçados de extinção são os tatus, especialmente o tatu-bola, e duas espécies de aves endêmicas: a arara-azul-de-lear e a ararinha-azul. Esta última,

Ararinha-azul-de-lear, a menor das araras brasileiras, característica de uma região próxima a Canudos, no interior da caatinga da Bahia. Foi considerada extinta na natureza no ano 2000, quando existiam apenas poucos espécimes em cativeiro. Em 2012, foi iniciado um programa de cooperação internacional para a reintrodução da ave no meio ambiente. Para isso, criou-se um centro de educação ambiental – uma estrutura própria para a reintrodução da espécie – e duas novas áreas protegidas no local de sua ocorrência original. A primeira etapa do programa consistiu na aclimatação e soltura de cinquenta aves. A soltura é feita por fases, tendo a primeira delas ocorrido em junho de 2022. Fonte: Age Fotostock/Easypix Brasil.

depois de intenso declínio populacional, deixou de ser encontrada na natureza em 2000.

Trabalho intenso tem sido desenvolvido para reintroduzir na natureza a ararinha-azul. Atualmente existem, no mundo todo, apenas 180 indivíduos em cativeiro. 52 deles foram trazidos ao Brasil e, depois de um processo de adaptação em sua área de origem, soltos na natureza. Para isso foi construído o Centro de Reprodução e Reintrodução das Ararinhas-Azuis na cidade de Curuçá, área de procedência dessa espécie, não muito distante de Canudos, onde viveu o beato Antônio Conselheiro.

Num passado não muito distante, a caatinga foi muito mais verde, com matas nas chapadas, nas serras e ao longo dos rios.

Mas as árvores foram cortadas à exaustão para se obter madeira e lenha para combustível e construção de linhas de trem. E a terra foi explorada sem cuidado, utilizada para pastoreio extensivo de gado caprino. Hoje a caatinga já é considerada "área pré-desértica" por muitos estudiosos.

Como vimos, a transição entre a caatinga e a floresta atlântica recebe a denominação de agreste. É um trecho amplo da mata que se mistura de forma gradual à vegetação da caatinga e, conforme o clima, privilegia as espécies resistentes à seca que passam a predominar.

Estudos recentes indicam forte probabilidade de um aumento das secas com as mudanças climáticas, o que poderá transformar o clima desse sertão de semiárido em árido, com as consequências decorrentes.

## PANTANAL

*Eu queria ser banhado por um rio como um sítio é.*
*Como as árvores são. Como as pedras são.*
*Eu fosse inventado de ter uma garça*
*E outros pássaros em minhas árvores.*
**Manoel de Barros**, "Caderno de aprendiz"

O pantanal é a maior planície inundável do planeta. É uma zona de campo úmido, característica do Brasil, situada nas divisas dos estados do Mato Grosso e Mato Grosso do Sul. Faz parte de uma entidade maior, o Grão Chaco, compartilhado com a Bolívia e o Paraguai. É uma vasta depressão, cujas altitudes variam entre 100 e 200 metros acima do nível do mar.

Em alguns setores, a topografia do pantanal assemelha-se a uma mesa de bilhar. Sua principal característica, devido às baixas declividades, é a drenagem lenta, que faz com que as regiões mais baixas fiquem alagadas.

A quantidade de chuva que cai não é pequena, mas a mudança do tempo seco para o chuvoso é muito acentuada, o que caracteriza o clima da região. No período de outubro a março, a chuva é abundante, mas durante os outros seis meses, as precipitações são insignificantes; muitos córregos secam e a vegetação sofre.

É algo semelhante ao que acontece no Nordeste. A diferença essencial provém da configuração do solo. No Nordeste, a caraterística é o declive das calhas e dos planos de escoamento, que produz um intenso regime torrencial. Nas planícies do pantanal, o escoamento se dá em plano de mesmo nível, constituindo reservatórios de equilíbrio perfeito. A pequena velocidade com que as águas se movem é a razão das subidas e descidas da massa líquida nas calhas principais, que formam as conhecidas lagoas mostradas em todos os cartões postais da região.

As enchentes oscilam de quatro a cinco metros de altura em média. Como a topografia é bastante homogênea, grande parte da superfície fica alagada durante cerca de seis meses. É o que determina a formação de campos nas regiões que são inundadas, e de matas ou vegetação de cerrado nas pequenas elevações esparsas, formando ilhas verdes em meio a um mar de água doce. No tempo

Vista aérea de matas, lagoas e campos depois de as águas baixarem no pantanal na região de Nhecolândia, Mato Grosso do Sul. Fonte: Andre Dib, 2017/Pulsar Imagens.

seco, essas ilhas de vegetação mais alta destacam-se por entre os campos e lagoas, criando paisagens de indescritível formosura. Para alguns, lembram a configuração dos parques ingleses.

A concentração da água propicia a presença de variada fauna aquática, que atrai grande quantidade de pássaros. Na região de entremeio das matas e campos, as diversas espécies de fauna nativa podem ser facilmente avistadas; é o caso de onças, antas, jacarés e capivaras. Tendo sorte, o visitante poderá avistar também o cervo-do-pantanal, que está ameaçado de extinção. Os ninhais, construídos no alto das maiores árvores, onde se assentam centenas de casais de aves de cores variadas, como colhereiros, garças e tuiuiús, são característicos dessa paisagem e configuram uma de suas manifestações mais belas.

Há que se louvar o trabalho da bióloga Neiva Guedes, que coordena, desde 1990, o Projeto Arara-Azul, responsável pela proteção do maior psitacídeo da América ameaçado de extinção. Sua atuação se tornou referência para a proteção de outros psitacídeos:

Mata do pantanal ao longo do rio Paraguai. Imagem publicada em *Flora brasiliensis* (1840-1906). Fonte: Brasiliana Iconográfica/Wikimedia Commons.

Cervo-do-pantanal, espécie ameaçada de extinção. Fonte: Fabio R. S., 2017/Wikimedia Commons.

"Neiva elevou a população da ave de 1.500 para cerca de 5.000 indivíduos", relata Roberto Klabin, fundador do Refúgio Ecológico Caiman de ecoturismo no pantanal.[6]

Durante mais de trezentos anos, o pantanal foi ocupado por fazendas de gado de corte de enormes dimensões. Esse gado, criado de forma extensiva, mesclado à fauna local, trouxe poucos problemas para a conservação dessa imensa área úmida. Recentemente, porém, a subdivisão dessas fazendas por herança em mais de uma geração e a introdução de monoculturas intensivas têm agredido com velocidade acelerada esse paraíso, ameaçando cada vez mais sua integridade.

O Parque Nacional do Pantanal, criado em 1981, está situado no centro da região onde ocorrem os maiores alagamentos. Em 2000, foi listado pela UNESCO como patrimônio mundial natural e declarado como reserva da biosfera pelo Programa O Homem e a Biosfera, da mesma instituição, abrangendo as áreas

---

[6] Para mais informações, ver: https://bit.ly/3saSXtb. Acesso em: 17 dez. 2021.

mais preservadas e significativas do pantanal brasileiro. Também é reconhecido como Sítio Ramsar pela Convenção Internacional de Ramsar, que protege áreas úmidas de importância planetária.

Essa reserva da biosfera, que abrange cerca de 40% da área de nosso pantanal e parte do cerrado cabeceiras acima, incentiva a criação de importantes corredores ecológicos em toda essa região, mas sua implementação tem sido solapada pela ala retrógrada do agronegócio que domina esses estados. A minuta de decreto para a criação de um mosaico de áreas protegidas de grande importância no entorno desse parque nacional, por exemplo, está engavetada na presidência da República. O pantanal é o bioma brasileiro com o menor percentual de áreas protegidas, apesar de sua fama, beleza e riscos de destruição, que só fazem aumentar.

É essencial que se alcance a integração de trabalhos de conservação entre brasileiros, bolivianos e paraguaios que compartem o mesmo ecossistema. Existem extensas áreas protegidas já criadas no *chaco* boliviano, algumas limítrofes ao nosso país, que devem ser consideradas num esforço conjunto. Afinal, os ambientes naturais não se delimitam pelos limites políticos. Em 2009, criou-se a Fundação SOS Pantanal, que tem mostrado serviço na proteção desse conjunto no lado brasileiro.

Um grande assoreamento já ocorre na bacia do rio Taquari, situado no centro do pantanal, em consequência da construção de mais barragens em sua parte alta. Tal fato acarretou o alagamento permanente de milhões de hectares, com sérios impactos ao ambiente e à economia local, dividindo áreas conservadas ao norte do rio Paraguai daquelas que estão ao sul.

Entre as maiores dificuldades para se proteger o pantanal da devastação está a questão da qualidade da água de seus rios, cujas cabeceiras se encontram fora de sua área plana e úmida e alcançam longa distância pelo cerrado mato-grossense acima. Uma delas, situada no estado de Goiás, corre ao longo de grandes plantações de soja que recebem forte quantidade de agrotóxicos, o que contamina os rios e prejudica o equilíbrio natural desse paraíso.

## CAMPOS

*E já sentiram das campinas orvalhadas*
*O cheiro doce da frutinha muzambê.*
**Folclore brasileiro**

Temos campos, chamados de várzeas ou inundações, que são formados por gramíneas e ervas, comuns a todo o território brasileiro. Aparecem com maior largueza ao longo e na foz do rio Amazonas, na bacia do Araguaia-Tocantins e na bacia do Paraguai, onde adquire características próprias e é conhecido como pantanal. Além dessas existem inúmeras outras formações campestres também importantes no Brasil.

### Campos sulinos

Os campos da região Sul do Brasil são prolongamentos dos pampas argentinos, que adentram o território gaúcho e vão até as encostas da Serra Geral ao norte do Rio Grande do Sul, cobertas pelas áreas mais meridionais da mata atlântica. A transição entre esses campos e a mata se faz de maneira gradual.

Denominados pampas,[7] termo quéchua que significa região plana, abrangem grande parte do território do estado do Rio Grande do Sul, do Uruguai e do nordeste da Argentina. Seu clima, em geral frio e úmido, apresenta altas temperaturas no verão, podendo chegar a 35 graus. No inverno, os campos podem ficar cobertos por geadas ou mesmo neve. A precipitação anual é de 1.200 milímetros, com chuvas concentradas nos meses de inverno.

A vegetação predominante é de gramíneas nativas. Os terrenos planos e as coxilhas, de relevo suave e ondulado, são colonizados por espécies pioneiras campestres, que formam uma vegetação do tipo savana aberta. Ocorrem ainda campos de cobertura

---

[7] Para mais informações, ver: https://bit.ly/3GWeadQ. Acesso em: 16 fev. 2022.

Vista aérea dos campos sulinos, os pampas, com suas matas ciliares. Ao fundo, o Cerro do Jarau. Fonte: Maurício Simonetti, 2020/Pulsar Imagens.

gramíneo-lenhosos e manchas de florestas que perdem as folhas no inverno. Nesses encraves de vegetação relacionadas à mata atlântica ocorrem duas espécies de bugios.

O pampa é um ecossistema abundante em biodiversidade, contando com espécies endêmicas, raras e ameaçadas. Suas áreas mais baixas abrigam banhados e lagoas que são procuradas como local de pouso pelas aves migratórias. Cerca de 40% de seus mamíferos são endêmicos, assim como a maioria de suas borboletas, répteis, anfíbios e aves.

São comuns os patos e marrecos, sendo que o símbolo da maior área brasileira protegida da região, a Estação Ecológica do Taim, é o cisne-de-pescoço-preto. Essa área de 32 mil hectares é reconhecida como um sítio Ramsar e está situada junto à lagoa Mirim, já na fronteira uruguaia.

A paisagem característica dos pampas nativos, com campos cobrindo infindas extensões de planícies onduladas, em diferentes matizes de verde, mesclado, às vezes, com o amarelo e o laranja, é de uma beleza extraordinária. Várias são as espécies de orquídeas, begônias, bromélias nativas, há muito tempo comercializadas como plantas ornamentais devido à sua formosura. O brinco-de-princesa, flor-símbolo do Rio Grande do Sul, está entre suas mais belas manifestações.

O sobrepastoreio e o plantio extensivo têm causado problemas de erosão que resultam na desertificação em grande parte desse ecossistema de solo frágil e arenoso. Entretanto, tem relevância na região a iniciativa chamada "Aliança do Pastizal", que lá atua há duas décadas e envolve proprietários de terras brasileiros, uruguaios e argentinos. Dedicam-se a uma produção certificada e sustentável de carne.

## ■ Campos de altitude

Outro tipo de campo são os de grande altitude, característicos de serras como as da Mantiqueira e do Espinhaço. Conhecidos como campos rupestres, ocorrem também nas chapadas mais elevadas, como a Diamantina, na Bahia; dos Veadeiros, em Goiás; e dos Guimarães, no Mato Grosso. São campos limpos, de vegetação rala, baixa e pouco variada. O solo é quase sempre pouco espesso, cheio de pedregulhos ou mesmo rochoso. Em geral, não são extensos. Saint-Hilaire, no início do século XIX, já descreveu as diferenciações dos campos de altitude da floresta atlântica daqueles que ocorrem no cerrado.

Múltiplas são as espécies de plantas floríferas que enfeitam essas paisagens, especialmente durante a primavera, formando um tapete multicolorido esfuziante. Graças às altitudes, à menor densidade do ar e à pouca umidade, a luminosidade nesses campos é especialmente translúcida, o que empresta a essas flores um brilho especial. As sempre-vivas estão entre as mais conhecidas dessas espécies.

A palavra "rupestre" designa a vegetação que cresce nas rochas, os arbustos rupestres, e as gravações pré-cabralinas existentes nas rochas, as inscrições rupestres. A vegetação viceja na crista das montanhas, em seus pontões rochosos. Esses campos de altitude são remanescentes de áreas mais amplas que foram tomadas pela floresta ou pelo cerrado na última deglaciação. Podem, inclusive, ter estado interligados, mas foram desconectados quando a vegetação de clima mais quente galgou a montanha em busca de sua aclimatação. Assim, estão isolados nos picos mais elevados há pelo menos 10 mil anos antes do presente, o que possibilitou o desenvolvimento de endemismos. Funcionam como uma espécie de ilha dentro das matas e cerrados.

Uma vez rompida a vegetação nativa mais densa que o circunda e protege, são invadidos por espécies alienígenas que rapidamente os descaracterizam. Muito ameaçados, merecem ser cuidados com grande atenção.

Campo rupestre de altitude com vegetação característica de gramíneas e arbustos na Serra do Cipó, Minas Gerais. Fonte: Hector Bottai, 2017/Wikimedia Commons.

## ZONA COSTEIRA

> *O patrimônio natural contido na zona costeira do Brasil pode ser qualificado como de grande valor ambiental, apresentando recursos altamente valiosos tanto do ponto de vista ecológico quanto socioeconômico. Contudo, esse patrimônio encontra-se sob crescente risco de degradação.*
> **Ana Paula L. Prates** *et al*, *Panorama da conservação dos ecossistemas costeiros e marinhos no Brasil*

O Brasil possui uma faixa costeira de 10.800 quilômetros ao longo de seu litoral. Nossos ecossistemas costeiros e marinhos abrigam ampla variedade de seres vivos. Propiciam alimento e a manutenção do clima. As áreas úmidas que estão relacionadas, em grande parte, aos ambientes costeiros, são de grande importância para a produção marinha e estão reduzidas a menos de 50% de sua área original.

Praia característica da região costeira do sudeste da mata atlântica em Ubatuba, litoral norte de São Paulo. Fonte: João D'Andretta, 2020/Wikimedia Commons.

Essas áreas estão sob a influência das marés e das correntes marinhas. As águas que banham o litoral do Norte e Nordeste são quentes, enquanto as do Sudeste e Sul são frias. Aí há estuários, banhados, costões, praias, lagunas, manguezais e marismas com grande diversidade de flora e fauna. Há, também, recifes coralinos, bancos de areia submersos, ilhas, cadeias de montanhas submersas com picos que podem aflorar em ilhas ou estar a alguns metros abaixo da superfície, pradarias marinhas e bancos de algas calcárias, entre outros ambientes.

Temos a corrente marinha que corre ao norte do Brasil, indo do Rio Grande do Norte em direção às Guianas, e a corrente que segue desse estado até o sul do país, onde encontra a corrente das Malvinas que vem do sul, formando uma convergência subtropical.

Nossas costas são frequentadas e habitadas por muitas espécies de cetáceos. Entre eles estão as baleias franca e jubarte, uma espécie de toninha, o boto-cinza e o peixe-boi-marinho, todos ameaçados de extinção. Destes últimos, só restaram algumas centenas de indivíduos em populações residuais, não contínuas, no litoral entre o Amapá e a Paraíba. Das sete espécies de tartarugas marinhas que existem, cinco vivem em águas brasileiras. Os nutrientes nessa área são de grande importância para a manutenção das aves que habitam somente essa região e dependem desses recursos para se alimentar.

## ■ Praias, restingas e mangues

A palavra restinga, de origem espanhola, é usada para designar os depósitos de origem marinha que ocorrem como barras e barreiras arenosas, formadas ao longo das planícies litorâneas. Mas ela tem muitos outros significados, entre os quais o de vegetação que cobre as planícies litorâneas, em seu sentido mais amplo [...]. Do ponto de vista geomorfológico, a restinga é a parte mais próxima da linha de costa da planície litorânea; formada por faixas paralelas de areia depositadas sucessivamente pelo mar. Na realidade, a vegetação de restinga é um complexo de diferentes tipos de vegetação (LEITE, 2007).

A restinga é formada principalmente por espécies da mata atlântica que se adaptaram ou se transformaram para resistir às condições diferenciadas do solo e à salinidade do mar. Quanto mais distantes da costa, maior a presença de nutrientes no chão e, consequentemente, maior a quantidade de espécies presentes na mata que se avizinha até se transformar na floresta que lhe dá origem. A faixa de vegetação presente entre a restinga e o mar, que segue nas praias até o ponto mais alto das marés, é chamada de jundu e se caracteriza por uma vegetação ainda mais resistente à salinidade, composta por bromélias, cordões de praia com suas flores arroxeadas e alguns tipos de gramíneas. É uma região sob forte influência das marés, com uma flora diversificada.

> Para nós, o jundu nada mais é do que um esforço da mata virgem para se apoderar do terreno conquistado pelo mar, o que efetivamente tem alcançado, porém, com perda completa de seu caráter de mata virgem, pois teve que adaptar-se às condições novas, tão diversas das da serra de onde se origina (CAMPOS, 1912).

Os mangues ou manguezais se desenvolvem em consequência do represamento das correntes lodosas que, na foz dos rios, sob a ação do encontro com as águas salgadas e suas marés, deixam depositar o sedimento finíssimo carregado de matéria orgânica, chamado de tijuco. As plantas mais altas são arbustos que podem chegar a vários metros de altura, podendo desenvolver formações arbóreas. São comuns a todo o litoral brasileiro, do Oiapoque, no Amapá, à cidade de Laguna, em Santa Catarina.

Os mangues são importantes berçários da vida marinha. Suas águas calmas e ricas em nutrientes permitem a desova com maior segurança para o desenvolvimento dos filhotes, além de abrigar variadas espécies de crustáceos e moluscos. São base importante para a alimentação das populações nativas que formaram vilas de pescadores às fozes dos rios. Terra dos guaiamuns, ostras e mexilhões, atrai aves que se alimentam de sua rica biodiversidade.

Jundu, vegetação que se aventura pelo solo arenoso das praias, na Praia do Juncal, Maranhão. Fonte: Maria Z. M. Silva, 2019/Wikimedia Commons.

Manguezal exibindo suas raízes características durante a maré baixa. Estão entre os principais berçários de reprodução da vida marinha e necessitam ser protegidos. Abaixo da linha de maré, as raízes estão cobertas de ostras, importante fonte de alimento para as populações tradicionais da região. Fonte: Josmar Junior Rodrigues Cortez, 2016/Wikimedia Commons.

## ■ Baías, ilhas e corais

Nas ilhas oceânicas, os ecossistemas são extremamente frágeis devido ao seu isolamento. Já as ilhas costeiras apresentam o mesmo tipo de vegetação da costa continental a que estão mais próximas, com matas, campos, restingas, manguezais e jundus.

A maior ilha costeira brasileira é a de São Sebastião. Situada no litoral norte do estado de São Paulo, tem 330 quilômetros quadrados e mais de 1.100 metros de altitude, sendo toda ela altamente declivada, com a fragilidade geológica decorrente. Inteiramente coberta pela floresta atlântica, teve 90% de seu território transformado em Parque Estadual em 1977. Destaca-se nessa região o arquipélago dos Alcatrazes, localizado a mar aberto, conjunto costeiro mais distante do continente, que, por seu isolamento, serve de local de reprodução a diversas espécies de aves. A área também abriga colônias de palmeiras jerivá, que se agarram a seus costões com notável beleza, e uma rica diversidade de fauna marinha. Desde 2016, está protegido como um refúgio de vida silvestre.

Expressivas são as baías de Guanabara, da Ilha Grande, de Camamu e a de Todos os Santos, que abraçam várias ilhas cobertas pela mata atlântica, com muitas palmeiras destacando-se em suas aflorações pedregosas. Dotadas de grande beleza cênica, a maioria dessas áreas sofre com a acentuada poluição de suas águas.

As lagoas costeiras também são muito especiais, sendo as mais notáveis a dos Patos, no Rio Grande do Sul, e o conjunto da Ilha de Marajó, situado à foz do rio Amazonas. Todo o litoral do Norte abriga um corredor contínuo de manguezais bastante preservados, incluindo a ilha de São Luiz, onde está situada a capital do Maranhão. Aí a grande variação das marés forma reentrâncias na topografia, cujos manguezais, quase florestas pelo seu tamanho, são muito produtivos e abastecem populações tradicionais centenárias.

Na foz do Amazonas ocorre a maior descarga de água doce do planeta, o que faz com que a região detenha imponderável variedade de espécies de flora e fauna submersas, em grande parte ainda desconhecidas. Ali também se situa um extenso recife de coral de profundidade. A conformação da topografia submersa da foz do Amazonas, com grande variação de altitudes, pressupõe uma fantástica variedade genética que necessita de mais estudos e de ações de conservação.

A barreira coralina dos Abrolhos, que avança pelo mar no sul da Bahia, é o maior conjunto de corais do Atlântico Sul, tendo grande importância na alimentação e reprodução da vida marinha. Durante os meses de julho a novembro, recebe crescente população de baleias jubarte que ali vão para se reproduzir.

## ILHAS OCEÂNICAS

> *E tem a bioluminescência do mar. São como bilhões de pirilampos. Tudo brilha. Um golfinho passa e você vê o contorno dele percorrendo essa longa trilha de luzes... É a coisa mais linda que você pode imaginar. E eu acordava à noite, olhava para fora e via cinquenta dourados ao redor do bote, pareciam bandejas de prata flutuando lentamente no oceano. Era impressionante.*
> **Steven Callahan**,
> *À deriva: setenta e seis dias perdidos no mar*

### ■ Arquipélago de Fernando de Noronha

Situado a 540 quilômetros do Recife, este arquipélago integra o território do estado de Pernambuco. É formado por uma ilha principal, que detém 90% de sua área, e 18 ilhas menores, além de rochedos isolados. Sua área total é de 18,4 quilômetros quadrados. O arquipélago é o que restou do topo emerso de um vulcão, que se formou a 4.000 metros de profundidade. Charles Darwin descreveu a paisagem da ilha principal quando passou por lá em fevereiro de 1832:

> A ilha inteira é coberta de vegetação, mas devido à seca do clima, não tem aparência luxuriante. A meio caminho da montanha, grandes rochas em forma de coluna, sombreadas por árvores semelhantes a loureiros e enfeitadas com outras árvores, com flores rosadas, mas sem nenhuma folha, dão um efeito agradável àquela parte do cenário mais próxima de nós (DARWIN, 1972).

Essa vegetação natural se assemelhava à do agreste nordestino, ou seja, à zona de transição entre a mata atlântica e a caatinga. Pouca coisa restou dessa vegetação após a ação predatória iniciada no fim do século XIX, quando ali se implantou um presídio. A procura por lenha e material de construção para os presidiários e seus descendentes, que continuam a habitá-la, devastou a maior parte de sua flora original.

A vegetação atual é composta predominantemente por espécies arbustivas e herbáceas, na sua maioria invasoras, que foram trazidas da América do Sul. As poucas espécies arbóreas nativas apresentam

Vista aérea da Ilha de Fernando de Noronha, de origem vulcânica. Ao fundo, seu pico mais elevado. Fonte: Snowsurf/Wikimedia Commons.

característica caducifólia, ou seja, que perdem as folhas durante a seca. Em geral, encontra-se árvores nas áreas mais elevadas e arbustos nas superfícies mais planas. Na enseada do Sudeste há uma pequena área de vegetação de mangue, de grande relevância ambiental por ser considerada a única em ilhas oceânicas do Atlântico Sul.

Subsistem ali algumas plantas, aves e enormes riquezas de vida marinha, com espécies que não ocorrem em nenhum outro local. O turismo é a atividade econômica predominante e tem sido explorado de forma excessiva, constituindo a maior ameaça ao equilíbrio ambiental desse arquipélago.

Parte da ilha principal, junto a todas as demais, que abrangem grande área de mar, foram transformadas em parque nacional, e a qualidade de sua vida marinha é excepcional. Muitas espécies, com grande representatividade numérica, atraíam a pesca submarina, hoje proibida. Delas destacam-se os golfinhos-rotadores, endêmicos, que, como o próprio nome diz, giram em torno de si mesmos quando deslocam-se em grande velocidade. É a espécie símbolo desse arquipélago.

## Atol das Rocas

Atol é uma ilha oceânica em forma de anel, com estrutura coralina, que abriga uma lagoa em seu interior. O planisfério de Cantino,[8] de 1502, já registrava a existência do Atol das Rocas.[9] O primeiro mapa da região surgiu apenas em 1852, tendo sido reconhecida como um atol em 1858. Ao final do século XIX, um farol foi construído na ilha que leva esse nome. A região integra a cadeia de montanhas submersas de Fernando de Noronha, de

---

[8] Uma das mais antigas cartas náuticas que representam os descobrimentos marítimos portugueses. Seu nome vem de Alberto Cantino, que o obteve clandestinamente em Portugal em 1502.

[9] Para mais informações, ver: https://bit.ly/3p5gIjo. Acesso em: 09 jan. 2022.

Imagem aérea do Atol das Rocas mostrando o anel de rochas da cratera do vulcão extinto que o delimita.
Fonte: Image Science and Analysis Laboratory, NASA – Johnson Space Center/Wikimedia Commons.

origem vulcânica, e caracteriza-se por um conjunto de montes submarinos que se elevam acima do sopé continental. É especialmente importante por sua alta produtividade biológica, servindo como local de abrigo, alimentação e reprodução de diversas espécies marinhas e de aves.

Com 7,2 quilômetros quadrados, é composto por um anel de recifes situado a 260 quilômetros a nordeste de Natal. Só duas de suas ilhotas, a ilha do Farol e a ilha do Cemitério, são cobertas por uma escassa vegetação rasteira. Esse anel, resultado da cratera de um vulcão, forma uma piscina natural que abriga especial variedade de vida aquática e de vegetação submersa. Nele se reproduzem três espécies de tartarugas marinhas.

O Atol das Rocas, o único do Atlântico Sul e um dos menores do mundo, com 35.000 hectares, foi designado como uma Reserva Biológica em 1979, além de ter sido listado, juntamente com Fernando de Noronha, como sítio do patrimônio mundial natural da UNESCO em 2003 sob o título de Ilhas Oceânicas Brasileiras.

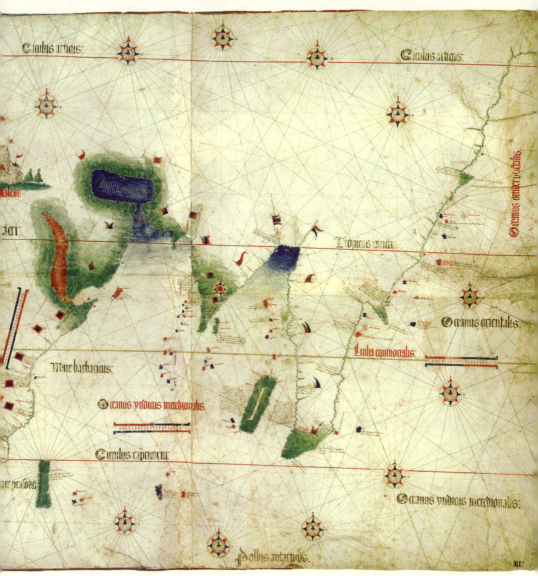

Planisfério de Cantino, uma das mais antigas cartas náuticas que representam os descobrimentos marítimos portugueses. Seu nome vem de Alberto Cantino, que obteve o documento clandestinamente em Portugal, em 1502. Trata-se de um dos mais preciosos documentos cartográficos de todas as eras. Fonte: Biblioteca Estense Universitaria/Wikimedia Commons.

## ■ Arquipélago de São Pedro e São Paulo

Os rochedos que conformam o arquipélago de São Pedro e São Paulo receberam este nome porque, no século XVIII, a nau capitânia *São Pedro*, parte de uma frota portuguesa, colidiu à noite contra um de seus rochedos durante uma tempestade. O casco foi destroçado, e a nau *São Paulo*, parte da mesma frota, salvou a todos os náufragos.

Em sua viagem a bordo do *Beagle*, em 1832, Charles Darwin as descreveu como ilhas rochosas peladas, sem vegetação. Formam a única exposição do manto abissal acima do nível do mar em território brasileiro que integra a Grande Cordilheira Central do Atlântico, formada por erupções vulcânicas decorrentes da separação da América do Sul e da África. O arquipélago está no processo de ascensão, com taxa anual de soerguimento de 1,5 milímetros. Integra o estado de Pernambuco e dista 627 quilômetros do arquipélago de Fernando de Noronha.

Não dispõe de nenhuma forma de vegetação acima das águas do mar, mas possui riquíssima flora e fauna submersas. Foi designado como um grande mosaico de áreas protegidas, juntamente com o arquipélago de Trindade e Martim Vaz, em 2018.

## ■ Arquipélago de Trindade e Martim Vaz

As ilhas Trindade e Martim Vaz compõem o ponto mais oriental de uma cadeia de montanhas submersas que se estende de Martim Vaz até o continente, no estado do Espírito Santo, em área próxima à cidade de Vitória. Por esse motivo, a região também é conhecida como Cordilheira Vitória-Trindade.

Com 8,2 quilômetros quadrados e situada a 1.160 quilômetros do continente, a Ilha da Trindade é o ponto marítimo habitado mais distante do território brasileiro. A base de pesquisa da Marinha que lá existe abriga, em média, 40 pesquisadores. Seu

Rochas do arquipélago de São Pedro e São Paulo, parte assomada da grande cordilheira submersa do Atlântico Central. Fonte: Canindé Soares, 2017/Wikimedia Commons.

ponto mais alto é o Pico de São Bonifácio, a 625 metros acima do nível do mar, e sua topografia apresenta desenvolvimentos espetaculares.

Trata-se de uma ilha de formação vulcânica, como Fernando de Noronha, embora sua vegetação seja bem menos espessa. Era coberta por uma vegetação de campo e arbustiva-arbórea. Em 1916, foram introduzidos carneiros, cabritos e porcos que, ao se reproduzirem, degradaram a vegetação a ponto de deixar o solo nu e fortemente erodido nas áreas mais íngremes. Esses animais foram todos abatidos e retirados pela Marinha do Brasil no final do século XX, período em que se iniciou a recuperação de sua flora. A parte mais elevada da ilha ainda preserva uma vegetação mais alta, com florestas de samambaias que crescem como árvores e podem atingir até seis metros de altura.

A 48 quilômetros a leste da ilha da Trindade está o grupo Martim Vaz, formado por três pequenas ilhas desabitadas, com área total de 2,5 quilômetros quadrados. A maior dessas ilhas tem apenas escassa vegetação de macegas e arbustos. A vida marinha

Vista aérea da Ilha da Trindade, com seus elevados pontões rochosos ao fundo e a praia das tartarugas em primeiro plano. Fonte: Simone Marinho, 2010/Wikimedia Commons.

de todo o arquipélago é extremamente variada e o utiliza como local de descanso, nidificação e reprodução. Em 2018, foi ali criado um grande mosaico de áreas protegidas com o intuito de conservar seus ricos valores biológicos.

## ÁRVORES ANCESTRAIS

> *De dentro da mata atlântica, eu olhava pro alto e via as copas daquelas árvores enormes, se abrindo gigantescas, como se fossem abóbadas de uma catedral.*
> **Tom Jobim**

A Amazônia e a mata atlântica, apesar da devastação pela qual passaram e passam, guardam alguns exemplares de árvores que, pelo seu elevado porte, impressionaram os primeiros exploradores. Na Amazônia, a sumaúma e a castanheira sempre foram consideradas as maiores entre as grandes árvores juntamente com os ipês, o mogno, a maçaranduba e a andiroba. As castanheiras se destacam no dossiê da floresta como árvores emergentes, e seu delicioso fruto garantiu que fossem em grande parte preservadas, podendo ser encontradas em várias localidades dessa enorme região.

Em 2018, pesquisadores da Universidade Federal dos Vales do Jequitinhonha e Mucuri (UFVJM), analisando imagens de satélite do norte do Pará, fornecidas pelo Instituto Nacional de Pesquisas Espaciais (INPE), descobriram árvores ainda maiores. Na Floresta Estadual do Paru, uma reserva de 3 milhões de hectares, situada às margens do rio Jari, que divide os estados do Amapá e do Pará, foram identificadas novas informações: um grupo de angelins-vermelhos cujos indivíduos mais altos tangenciam os 90 metros de altura, o que corresponde a um edifício de 30 andares. Trata-se das árvores mais altas conhecidas até o momento em todo o país.

O angelim-vermelho é uma árvore pioneira, de casca marrom-avermelhada e escamosa, que ocorre em todo o norte da floresta amazônica. O maior exemplar desse grupo atingiu 8,5 metros de circunferência, medidos à altura do peito de um homem. Estima-se que tenha entre 400 e 600 anos de idade. Há uma maravilhosa sumaúma, já centenária, no Jardim Botânico do Rio de Janeiro, e outra gigante no Museu Emílio Goeldi, em Belém do Pará.

O pesquisador botânico Ricardo Cardim, em seu livro *Remanescentes da mata atlântica: as grandes árvores da floresta original e seus vestígios* (2018), nos conta histórias e mostra fotos de árvores incrivelmente grandes e altas. Entre todas, destaca-se o jequitibá-rosa, árvore símbolo da mata atlântica e dos estados do Espírito Santo e de São Paulo, fator que já nos dá uma ideia de sua área de distribuição. A maior delas é visível da rodovia BR-101, que liga o Rio de Janeiro à Bahia. Encontra-se em Camacã, a cerca de 80 quilômetros ao sul do município de Itabuna, e tem 48 metros de altura e 4,5 de diâmetro. Infelizmente, essa espécie encontra-se entre as ameaçadas de extinção, e pouco se faz para sua manutenção.

Os jequitibás-rosa mais conhecidos estão no Parque Estadual da Vassununga, à beira da rodovia Anhanguera, a cerca de 250

Angelim-vermelho da Amazônia, no norte do Pará, a mais alta árvore conhecida no Brasil, com cerca de noventa metros de altura, o equivalente a um edifício de trinta andares. Fonte: Fernando da Rosa, 2013/Wikimedia Commons.

Jequitibá no Parque Estadual da Vassununga, São Paulo. Maior espécie de árvore da mata atlântica, podendo chegar a sessenta metros de altura. Está ameaçada de extinção. Fonte: Sturm/ Wikimedia Commons.

*Árvores que nasceram antes de Cristo*, com seus troncos amazônicos gigantes abraçados por muitos homens. Imagem publicada em *Flora brasiliensis* (1840-1906). Fonte: Brasiliana Iconográfica/Wikimedia Commons.

quilômetros ao norte da cidade de São Paulo. Chegam a 40 metros de altura, e os troncos, a mais de 12 metros de circunferência. Há um conjunto majestoso dessas árvores, o maior existente, com cerca de mil hectares, no interior de uma fazenda no município de Cajuru. O estado de São Paulo, no entanto, titubeia há décadas em reconhecê-lo como uma área protegida, medida que se constituiria em um importante passo para a recuperação da espécie.

Para nossa felicidade, perdura também um imenso exemplar do pau-brasil, descoberto há pouco, em uma área de reserva de um assentamento de reforma agrária no município de Itamaraju, no sul da Bahia. Esse indivíduo apresenta um tronco de 7 metros de circunferência. Cá e lá se veem remanescentes magníficos dessas árvores. A mais alta delas, um jequitibá com 64 metros de altura, está localizado em Ubatã, na Bahia.

Da vegetação de araucárias que cobria a maior parte dos territórios do Paraná e de Santa Catarina, hoje praticamente

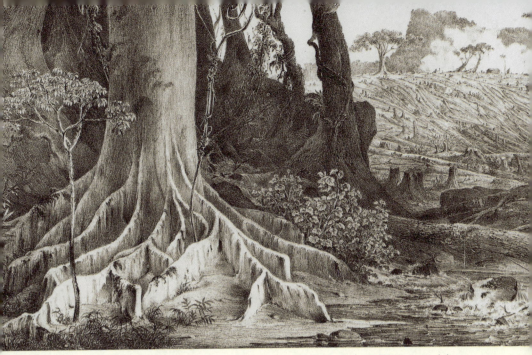

Uma das árvores gigantes que resistiram na mata atlântica até o início do século XIX, representada junto à floresta já abatida para o plantio do café em São João Marcos, província do Rio de Janeiro. Imagem publicada em *Flora brasiliensis* (1840-1906). Fonte: Brasiliana Iconográfica/Wikimedia Commons.

desaparecidas, nos restaram algumas árvores majestosas. "A maior delas, conhecida como 'Pinheirão', está em São Joaquim, em Santa Catarina, e no seu oco é possível acomodar, com folga, dois cavalos. Apresenta uma altura de 39 metros e circunferência de tronco de 10,23 metros" (CARDIM, 2018). No Rio Grande do Sul encontra-se um exemplar com mais de 44 metros de altura.

Saint-Hilaire, nosso distinguido viajante naturalista, escreveu no início do século XIX:

> Árvores gigantescas, incendiadas pelo pé, tombavam com fragor, quebrando outras ainda não atingidas pelo fogo. Depois, sobre o chão em cinzas onde fora a mata virgem, os destroços dos galhos e dos troncos reduzidos a carvão. E tudo isso o sertanejo faz para colher alguns alqueires de milho, arriscando-se pela falta de precaução a perder uma floresta, como se sem floresta fosse possível haver cultura (agricultura) (SAINT-HILAIRE, 1954).

Chefes Tupinambás com os corpos adornados por plumas. Vale destacar que o desenho, feito a partir de uma descrição, não representa a realidade da arte plumária indígena brasileira: a própria postura dos dois personagens expressa mais os requebros de um cortesão europeu do que de um indígena. Imagem publicada em *Duas viagens ao Brasil* (1557), de Hans Staden.

CAPÍTULO II

# MANEIRAS DE VER A NATUREZA BRASILEIRA

> *A natureza não tem preferências, e*
> *o homem, a despeito de todo seu gênio,*
> *para ela não vale mais do que milhões de*
> *espécies que a vida terrestre produziu.*
> **Jean Rostand** citado por **Lenoble**,
> *História da ideia da natureza*

Múltiplas são as maneiras dos homens de ver a natureza, tanto historicamente como por grupos sociais culturalmente diferenciados. Robert Lenoble, filósofo e pesquisador francês, escreveu um importante livro intitulado *História da ideia da natureza* (1969), no qual expõe com clareza esses conceitos e sua evolução. O homem primitivo já buscava entender a natureza, suas mensagens, seus significados, assim como os gregos, que registraram muito do que sabemos hoje.

A filosofia grega coloca a natureza como uma realidade apartada da humanidade, algo a ser racionalmente compreendido. Classifica suas essências em terra, fogo, água e ar. Aristóteles organiza a primeira listagem de seres vivos, e já no domínio de Roma, Plínio, "o Velho", escreve sua *História natural* (77-79 d.C.), o maior trabalho da Antiguidade sobre a natureza, cujas ideias prevalecerão até o século XVIII.

O cristianismo coloca o homem no centro da criação e a Terra no centro do universo. Copérnico e Galileu libertam o planeta, que passa a revolucionar e girar em torno do sol.

O Século das Luzes e a mecanização buscaram entender os mecanismos naturais e, por intermédio deles, assumir o domínio da natureza. A industrialização e a expansão demográfica colocam o homem no limiar do esgotamento dos recursos e das mudanças climáticas.

Múltiplas são as ideias de natureza que se interagem. Aqui vão algumas visões brasileiras sobre nossas florestas e sobre como a natureza tropical influencia nossa cultura.

## A NATUREZA NA VISÃO DOS INDÍGENAS

> *Beleza felina elástica, selvagem [...]*
> *Inserida no verso-universo da mata.*
> **Carlos Drummond de Andrade**,
> *Mata atlântica*

Os povos indígenas habitavam o Brasil milênios antes da chegada dos colonizadores, em 1500, e seus descendentes seguem embrenhados nas florestas ou nas cidades. É difícil generalizar o que seria a visão da natureza para todos os povos indígenas que habitam nosso país, mas algumas características são comuns entre as suas 305 etnias.[10] Para eles, não existe diferença entre as plantas, os animais, os rios, as montanhas e os seres humanos. Os indígenas conversam com a natureza; todos os elementos têm nome e personalidade.

São muitos os pensadores indígenas, de muitos povos diferentes. Vários já publicaram livros, como Ailton Krenak e Davi Kopenawa, para citar apenas dois dos autores mais conhecidos. Em suas falas e depoimentos, o que se percebe é que o espaço habitado pelas sociedades indígenas se constrói a partir de sua experiência cotidiana de enorme contato com os diversos seres desse espaço, que não são vistos como seres apartados dos humanos.

Também não há distinção entre técnica, tecnologia e crenças. Se, por exemplo, um indígena vai construir uma canoa, antes de

---

[10] IBGE – Instituto Brasileiro de Geografia e Estatística. Censo Brasileiro de 2010. Rio de Janeiro: IBGE, 2012. Disponível em: https://bit.ly/3Jb4uPb. Acesso em: 22 dez. 2021.

Selva tropical brasileira com grupo de indígenas, por Johann Moritz Rugendas, 1830. Fonte: Age Fotostock/Easypix Brasil.

derrubar a árvore ele explica para ela o que vai acontecer. Esse diálogo faz parte da técnica de construção, e sem ele a canoa não funcionará bem. A mesma coisa se dá na caça em busca de alimento. Antes de abater a presa, o caçador conversa com o animal.

Sylvia Caiuby Novaes, antropóloga e pesquisadora da Universidade de São Paulo (USP) que contribuiu com informações para este texto, acompanhou um indivíduo do povo Bororo em uma visita ao zoológico de São Paulo. Ela relata que o homem ficou muito tempo conversando com um macaco. Emitia sons semelhantes aos do animal, que eram nitidamente correspondidos. Era uma conversa. Os dois se entendiam.

Os povos autóctones mantêm com a fauna e a flora a mesma relação que mantêm entre as pessoas. Os indígenas não "vivem em harmonia com a natureza", como costumamos afirmar; eles *são* a natureza. É uma relação simbiótica, sem distinção.

Maloca Yanomami com sua grande cobertura circular, que abriga todas as famílias da aldeia Watoriki, no Território Indígena Yanomami. Fonte: Marcos Amend, 2021/Pulsar Imagens.

Davi Kopenawa, escritor e xamã da etnia Yanomami, explica "o quanto estamos unidos e dependentes em termos culturais, naturais e espirituais, de que tudo está vivo e interconectado, por isso, o xamanismo aponta para a necessidade de se respeitar, promover e fomentar esse substrato espiritual, cultural e ecológico" (DANNER; DORRICO, 2018).

O xamanismo é um conjunto de manifestações, ritos e mitos religiosos que traduzem a origem do universo de um povo. Através de transes místicos, os xamãs, que têm poder de cura, fazem a intermediação entre a vida na Terra e a dimensão sobrenatural. Em algumas etnias em que o xamanismo está presente, como os Yanomami, os Yawanawá, os Huni Kuin e tantos outros povos da Amazônia, e mesmo de outras regiões do país, os xamãs também têm a possibilidade de se transformar em diferentes animais.

No caso dos Bororo, por exemplo, quando uma pessoa morre, sua alma se transforma em um animal durante um tempo. O conceito de transformação é muito importante para os povos indígenas: um elemento se transforma em outro, que se transforma em outro, e assim sucessivamente.

Os povos indígenas também influenciaram boa parte da visão de natureza dos ribeirinhos, que se estabeleceram às margens dos rios da Amazônia desde o ciclo da borracha. Aqueles que foram deslocados da construção da Usina Hidrelétrica de Belo Monte, no rio Xingu, tiveram que passar por tratamento psiquiátrico, porque enlouqueceram ao serem arrancados de sua terra.

Ailton Krenak, ambientalista e filósofo da etnia Krenak, é originário da região do Rio Doce, em Minas Gerais, que seus parentes chamam de *Watu*, meu avô. Os 600 quilômetros da bacia do rio foram afetados pelo desastre de Mariana, em 2015, quando os dejetos da barragem da mineradora Samarco mataram a vida que nele existia. "O rio e todo o ecossistema ficaram doentes. Acabaram os peixes, morreram as plantas. Temos que entender que esse organismo maravilhoso da Terra, ele não é bobo, ele é inteligente e tem uma potência fantástica. A potência dele é incalculável. Então esse organismo vivo, inteligente, ofendido com a nossa grosseria, pode apagar a gente, e nós não faremos falta nenhuma" (KRENAK; MAIA, 2020).

O que está debaixo da terra afeta todos os outros elementos, e por isso deve ser respeitado. Não é concebível uma exploração como a do garimpo, legal ou ilegal, que altera de forma violenta o ecossistema. Pensadores indígenas afirmam que o encantamento da mercadoria é o elemento propulsor da relação predatória e desrespeitosa entre homens e natureza. O ocidente transformou a natureza em mercadoria, algo separado da vida humana e com o qual se lucra.

A visão da natureza dos povos indígenas que vivem nas terras brasileiras, com seus seres reais e os muitos mitos que habitam nossas matas, influenciaram e seguem influenciando a cultura popular: o Anhangá é o protetor dos animais; a arruda é utilizada para tirar o mau-olhado; a bravura é representada pela onça; a persistência, pelo jabuti; a paciência, pelo bicho-preguiça; a sabedoria, pelo macaco. Seu conhecimento, sua cultura, seus nomes e adjetivos se confundem com a floresta e seus animais. Com a colonização, muitos desses mitos se mesclaram a elementos da cultura africana e europeia.

O Boto é o Don Juan que assusta as moças com seu canto em noites de luar, e aparece em diversas canções folclóricas. A Cucura é nossa árvore do bem e do mal. O Curupira, menino de cabelos vermelhos com os pés virados para trás, é o gênio protetor das florestas que castiga aqueles que a destroem, e sua figura se confunde com a de Ci, mãe dos matos na Amazônia. Macunaíma, herói de nossa gente, é um preguiçoso criador de belezas. A Mãe d'Água, a Iara dos indígenas ou a Iemanjá dos africanos, é a sereia brasileira. Matita Perê é a coruja ao mesmo tempo severa e brincalhona. Boiaçu é a cobra grande, perigosa e respeitada. Rudá é o deus do amor. O fruto do Tucumã guarda a noite. A Saracura é a ave dançarina que defende a roça e a casa, e o Uirapuru é aquele que dá sorte nos negócios e no amor.

# A NATUREZA NA VISÃO DA LITERATURA

*Vai azulão, azulão companheiro, vai.*
*Vai ver minha ingrata.*
**Folclore brasileiro**

A poesia é uma das muitas maneiras de expressão que captam e transmitem nosso entendimento da natureza. Os poetas pensam livremente, e em suas obras é legítimo sonhar a paisagem. E se essa forma nos parece menos precisa que a científica, ela tem o mérito de ser mais ousada e criativa.

Na formação cultural do ocidente, coincidem as primeiras tomadas de consciência de nação com a chegada dos ideais barrocos. Esse modo de expressão encontrou na natureza tropical um incentivo de formas voluptuosas, uma luxúria e uma abundância de cores que reforçou suas concepções. Afirmam os bons críticos que esse é um marco profundo em nossa formação cultural artística.

Os textos literários, influenciados pelas descobertas de Galileu – que, com seu telescópio, descobriu os anéis de Saturno e as luas de Júpiter –, voltavam-se para o céu e as estrelas. No *Sermão da sexagésima* (1655), Padre Antônio Vieira pregava que "todas as estrelas estão por sua ordem; mas é ordem que faz influência, não é ordem que faça lavor. Não fez Deus o céu em xadrez de estrelas".

Não se poderia aqui descuidar da advertência de Sérgio Buarque de Holanda, através da observação de Von Stein: "Ao ouvir a palavra natureza, o homem dos séculos XVII e XVIII pensa imediatamente no firmamento; o do século XIX pensa numa paisagem" (HOLANDA, 1971). No século XIX, uma paisagem é entendida como sendo um estado d'alma.

Cláudio Manuel da Costa, advogado, minerador, poeta e conspirador pela liberdade na Inconfidência Mineira, em 1789, nos deixou textos que mantêm toda sua força. Ali, já lastimava a devastação das florestas e a destruição da paisagem em prol dos interesses econômicos, como demonstra em seu "Soneto VII Onde estou?":

Onde estou? Este sítio desconheço;
Quem fez tão diferente aquele prado!
Tudo outra natureza tem tomado;
E em contemplá-lo tímido esmoreço.

Uma fonte aqui houve; eu não me esqueço
De estar a ela um dia reclinado:
Ali em vale um monte está mudado
Quanto pode dos anos o progresso!

Árvores aqui vi tão florescentes,
Que faziam perpétua a primavera
Nem troncos vejo agora decadentes.

Na segunda metade do século XIX, sob os auspícios do romantismo, Olavo Bilac (1957) ainda falará de estrelas. Mas são outras as metáforas que elas inspiram, e o autor assim finaliza seu poema sobre a via láctea:

E eu vos direi, amai para entendê-las
Pois só quem ama pode ter ouvidos
Capaz de ouvir e de entender estrelas.

Gonçalves Dias (1928) se deixará influenciar pelas ideias do "bom selvagem" de Rousseau em seus escritos sobre os indígenas. Ou então assumirá o ponto de vista do colonizador em poemas ufanistas como sua "Canção do exílio":

Nosso céu tem mais estrelas,
Nossas várzeas têm mais flores,
Nossos bosques têm mais vida,
Nossa vida mais amores.

No século XX, na poesia moderna, temos a narração épica de Cecília Meireles (1953) sobre a Inconfidência Mineira em seu livro *Romanceiro da Inconfidência*:

E está cheio de ouro o papo
das codornas e perdizes.
[...]
Arapongas, papagaios,
passarinhos da floresta.
Essa lassidão do tempo
entre embaúbas, quaresmas,
cana, milho, bananeiras.
[...]
O que é nosso, vão levando...
E o povo aqui sempre pobre![11]

Raul Bopp (1931), poeta modernista, autor de *Cobra Norato*, obra maior sobre a Amazônia, nos contempla com um trecho embebido de louvor à natureza:

Um dia ainda eu hei de morar nas terras do Sem-Fim.
Vou andando caminhando, caminhando;
me misturo rio ventre do mato, mordendo raízes.
Depois faço puçanga de flor de tajá de lagoa
e mando chamar a Cobra Norato.
– Quero contar-te uma história:
Vamos passear naquelas ilhas decotadas?
Faz de conta que há luar.
A noite chega mansinho.
Estrelas conversam em voz baixa.
O mato já se vestiu.
Brinco então de amarrar uma fita no pescoço
e estrangulo a cobra.

Ainda sobre a literatura no século XX, grandes escritores, ensaístas e romancistas brasileiros se inspiraram na natureza em suas

---

[11] Trechos retirados dos poemas "Romance III ou do caçador feliz", "Romance XXI ou das ideias" e "Romance XXXI ou de mais tropeiros", respectivamente.

Boiada sendo conduzida por dois vaqueiros no período da seca do cerrado, em caminho que corta o Parque Nacional Grande Sertão Veredas, em Minas Gerais. Criado em homenagem a Guimarães Rosa, o parque é uma feliz junção entre literatura e conservação da natureza. Fonte: Thpelin, 2007/Wikimedia Commons.

obras: Euclides da Cunha descreve a caatinga; Graciliano Ramos, o sertão nordestino; Guimarães Rosa, o sertão e o cerrado mineiros; Jorge Amado, os cacauais baianos; Érico Veríssimo, os campos e pampas gaúchos; Márcio Souza e Milton Hatoum, a selva dos seringais na Amazônia; entre muitos outros.

Guimarães Rosa (1963) foi um dos grandes garimpadores dessa cultura. É difícil dizer se a imponência de seu *Grande sertão: veredas* provém da precisão de sua escrita, do ouvido inteligente ou do seu olhar para a poesia. Em sua obra se encontram diversas formulações do povo sertanejo:

> Eu quase que nada não sei, mas desconfio de muita coisa.
> [...]
> Perto de muita água tudo é feliz... Buriti quer dizer tudo azul, e não se aparta de sua água, carece de espelho.
> [...]

Palmeira, todas as palmas tão lisas, tão juntas, fechavam um coberto, remedando choupá de índio. Assino que foi de avistarem umas assim que os bugres acharam ideia de formar suas tocas [...]
Era mês de macuco ainda passear solitário

Na Península Ibérica, Fernando Pessoa (1960) faz abstrações de uma natureza mais próxima e palpável em seu livro *O guardador de rebanhos*:

Eu nunca guardei rebanhos,
mas é como se os guardasse.
Minha alma é como um pastor,
conhece o vento e o sol
e anda pelas mãos das estações
a seguir e a olhar.

## A NATUREZA NA VISÃO DOS VIAJANTES NATURALISTAS

> *[...] parecia-nos ter-se renovado o quadro*
> *da criação do mundo diante de nossos olhos...*
> **Johann B. von Spix** e
> **Von Martius**, *Viagens pelo Brasil*

Inúmeros viajantes que visitaram o Brasil nos deixaram interessantes relatos que contribuem para a compreensão de nossa história. As primeiras notícias científicas sobre nossa natureza devem-se aos holandeses, que, no início do século XVII, realizaram as primeiras descrições da vegetação e da fauna da mata atlântica e da caatinga do Nordeste. Antes disso, o que temos de mais significativo são as informações dadas por José de Anchieta e Gabriel Soares de Sousa.

Entre os cientistas de maior destaque está o holandês Guilielmus Piso, naturalista que apresentou os primeiros relatos com rigor técnico

*Negros caçadores e de um naturalista voltando para a cidade*, por Jean-Baptiste Debret, 1835. Fonte: Brasiliana Iconográfica/Wikimedia Commons.

de nossas espécies, com descrições acompanhadas de interessantes desenhos. Mas essa estreita janela de luz logo se apaga, e só vamos encontrar novas imagens descritivas de nossas paisagens por ocasião da "Viagem Filosófica", expedição realizada à Amazônia sob a liderança de Alexandre Rodrigues Ferreira, já no final do século XVIII. Alguns dos desenhos dessa excursão foram realizados com traços primitivos, porém são de importante caráter documental.

Portugal, em muitos períodos de sua dominação colonial, ciente do potencial econômico de sua maior possessão, proibiu a vinda de estudiosos estrangeiros ao Brasil com o objetivo de garantir o sigilo das informações e o monopólio sobre suas riquezas. Mas a presença da corte portuguesa no Rio de Janeiro transformou essa realidade, e desde então vários naturalistas vieram ao país. Foi principalmente depois da Independência que os viajantes cientistas passaram a chegar com maior frequência, uma vez que o crescente desenvolvimento da ciência europeia aumentava a curiosidade em relação ao Novo Mundo.

Verdade é que essas expedições tinham, muitas vezes, mais a ver com o apetite de lucro econômico do que com o científico. É interessante verificarmos como o detalhamento das funções comerciais do país coteja as informações de viagem: na obra de William Scully, por exemplo, que esteve no Brasil em 1860, há tabelas dos volumes e preços das mercadorias passadas pelos nossos principais portos.

Porém, se boa parte das expedições teve dupla finalidade, alguns viajantes naturalistas fizeram aqui trabalhos de notável importância para o conhecimento de nosso mundo. Suas publicações causaram impacto e começaram a revelar o Brasil para a comunidade científica mundial, servindo de ponto de partida para os estudos de nossas flora e fauna e para firmar a imagem do país que perdura até hoje.

Entre os trabalhos de maior destaque, comecemos pelo primeiro, de autoria do príncipe Maximiliano de Wied-Neuwied, da Renânia, que aqui esteve entre 1815 e 1817. Em seu livro *Viagem ao Brasil*, traduzido para diversas línguas, descreveu várias espécies até então novas para a ciência. Na década seguinte, quando retornou ao país, afirmou que "aqui um paisagista teria motivos para aperfeiçoar o seu pincel, diante da rica vegetação dos trópicos e das cenas campestres de uma natureza sublime".

A mais notável dupla de visitantes foi formada por Carl Friedrich von Martius e Johann von Spix, que nos visitaram no começo do século XIX. Coletaram cerca de 9 mil espécies vegetais e animais, que foram levadas para o Museu de História Natural de Munique. Von Martius deu início à pesquisa que resultou na publicação da *Flora brasiliensis*, a coleção mais completa de informações sobre a vegetação brasileira, com mais de 10 mil páginas. Esse alemão foi o primeiro a sintetizar e organizar as diferentes fisionomias das formações florestais brasileiras, notando inclusive como as plantas se acomodam de diferentes maneiras nos diferentes ecossistemas.

Outro naturalista que aqui esteve no século XIX e deixou interessantíssimo trabalho foi Auguste de Saint-Hilaire. À ocasião, já manifestava preocupação em registrar, nas regiões que visitava, as formações botânicas com sua vegetação primitiva, fazendo considerações sobre a possibilidade de sua conservação. Seus relatos dos costumes das gentes que conheceu por onde passou são importantes fontes da forma de vida dos brasileiros nesse período, tudo contado com clareza e franca simpatia pelo nosso povo. Coletou mais de 7 mil espécies, das quais 4 mil eram desconhecidas até então.

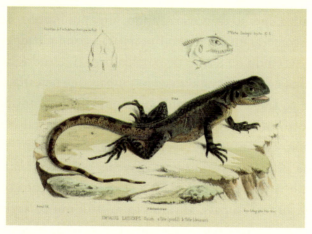

Lagarto por Francis de la Porte, c. 1850-1857. A obra faz parte dos relatos da expedição realizada na América do Sul, por ordem do governo francês, entre os anos de 1843 e 1847. Fonte: Biodiversity Heritage Library/ Wikimedia Commons.

Ratão-do-banhado, identificado no rio Guaíra, por Adrien Taunay, 1826. Fonte: Adrien Taunay/Wikimedia Commons.

O Barão de Langsdorff era o cônsul da Rússia no Rio de Janeiro quando decidiu liderar uma longa expedição científica pelo interior do Brasil, que durou, entre idas e vindas, de 1821 a 1829. Acompanharam-no o alemão Johann Moritz Rugendas e os franceses Hercule Florence e Adrien Taunay, três excelentes artistas que nos deixaram imagens basilares para o conhecimento de nossa terra. Florence, além de pintor, foi um pioneiro da fotografia e da fotoacústica no registro do som dos animais. Reporta-se que Taunay faleceu afogado no rio Guaporé, enquanto Langsdorff enlouqueceu na floresta ao final da excursão.

O dinamarquês Peter Wilhelm Lund, que aqui chegou em 1825, é considerado o pai da paleontologia e da arqueologia no Brasil. Entre suas descobertas figura o "Homem de Lagoa Santa", importante fóssil encontrado em Minas Gerais que comprova a presença humana no local há mais de 10 mil anos. Ainda em Lagoa Santa, descobriu mais de 12 mil fósseis. Fixou residência no local, onde faleceu em 1880. No mesmo sítio, os estudos sobre queimadas realizados pelo dinamarquês Eugenius Warming construíram os fundamentos da ecologia vegetal.

A natureza dos trópicos reservou para os europeus várias experiências novas, e os cientistas que nos visitaram deixaram descrições que revelam sua admiração pela beleza natural de diversas paisagens. Em seu diário de viagem, quando passou pelo Rio de Janeiro em 1832, Charles Darwin escreve sobre a baía de Guanabara:

> Durante esse dia fiquei particularmente impressionado com uma observação de Humboldt, que se refere com frequência "ao leve vapor, que, sem modificar a transparência do ar, torna seus matizes mais harmoniosos e suaviza seus efeitos". Aí está um aspecto que jamais observei nas zonas temperadas. A atmosfera, vista através de uma curta distância de meia milha ou de três quartos de milha, era perfeitamente translúcida, mas a uma distância maior todas as cores se dissolviam em uma belíssima serração, de cor cinza pálido, misturada com um pouco de azul (DARWIN, 1972).

Inspirado por sua visita ao mundo tropical, Darwin escreve o seguinte epílogo em seu livro *A origem das espécies* (1859): "Existe grandeza nessa visão da vida, com seus variados poderes e que foi originalmente modelada pelo criador através de poucas formas ou de uma única forma; e isso, enquanto este planeta prosseguiu em seu ciclo, de acordo com a lei fixa da gravidade. A partir de um início tão simples, evoluíram e ainda evoluem formas das mais belas e maravilhosas".

## A NATUREZA NA VISÃO DAS COMUNIDADES TRADICIONAIS

> *Deixa a cidade formosa morena*
> *Linda pequena e volte ao sertão*
> *Beber a água da fonte que canta*
> *E se levanta no meio do chão [...]*
> *Volta pra vida serena da roça*
> *Da velha palhoça do alto da serra.*
> **Ari Pavão** e **Pedro de Sá Pereira**, "Chuá, chuá"

O Brasil abriga um grande número de comunidades descendentes de indígenas, negros e europeus que vivem em contato direto com o ambiente natural, em relativo isolamento, e dele retiram seu sustento. Nessa economia dita de subsistência, cada coletividade se adapta ao meio de acordo com suas condicionantes. São grupos que vivem mais próximos ou mais isolados das chamadas sociedades urbanas, a depender das condições geográficas, da topografia e da facilidade de locomoção.

A simplicidade e a precariedade de instrumentos mescladas ao conhecimento sobre a natureza resultam em um estilo de vida que pode ser classificado como sublime e que merece distinguido respeito por sua cultura, sua dignidade, seu saber. São eles os seringueiros da Amazônia, os vaqueiros do Nordeste e do Brasil central, os pantaneiros, os caiçaras, os sertanejos, os catadores de coco do

Tradicional festa popular de Nossa Senhora do Livramento realizada anualmente em Iporanga, no vale do rio Ribeira de Iguape, em São Paulo. Foto por Clayton F. Lino, 2007.

Maranhão, os gaúchos e tantos outros. Entre eles distinguem-se os quilombolas, descendentes de povos escravizados que vivem em áreas isoladas, aos quais se definiu legislação especial de proteção.

No Centro-Sul e Sudeste, a maioria desses grupos sociais estão abrigados justamente nas áreas que não foram passíveis de utilização ou já abandonadas pela agricultura de grande escala. Áreas que coincidem com os remanescentes de vegetação nativa que ali permaneceram pelo mesmo motivo. Essas populações, com organização social de razoável complexidade, detêm conhecimentos muitas vezes desconhecidos pelos cientistas. O domínio sobre os diferentes tipos de ervas, corantes e xaropes, por exemplo, é de grande importância para a população, sendo utilizado tanto em preparos medicinais quanto em receitas culinárias exclusivas e saborosas.

Cada povo tem seus líderes, seus tocadores de sanfona, seus bons carpinteiros, seus mestres em cestaria, seus exímios pescadores, seus trapaceiros. Há o dono da venda, o cachaceiro, a moça solteira mais bonita, a mulher mais prendada. Muitas têm um louquinho que é do cuidado de todos. Entre vacas e bezerros há acordos e pelejas, afetos e desafetos, compadrios e malquerenças, perdão e mágoa, luxos e amores. Em resumo, vivenciam as mesmas dores e alegrias que Honoré de Balzac soube ilustrar tão bem em sua comédia humana.

Sociedades tradicionalmente patriarcais, esse caráter vem dando lugar a uma nova composição ainda não estabilizada. Em relação ao meio ambiente, muitos aderem às causas de proteção ou, quando podem, tiram proveito disso, seja abrindo pousadas ou oferecendo serviço de guia a áreas de grande beleza cênica. A grande maioria desses indivíduos também tem uma visão utilitária da natureza: sabem o período certo da pesca de cada espécie de peixe; conhecem o comportamento dos animais e a forma mais eficiente de caçá-los; consultam o tempo nas nuvens, nas estrelas e nos ventos para decidir quando iniciar uma plantação; observam a lua para definir o melhor período para o corte das madeiras.

O Conselho de Defesa do Patrimônio Histórico, Arqueológico, Artístico e Turístico do Estado de São Paulo (CONDEPHAAT), por proposição de um de seus mais sábios diretores, o professor Carlos Alberto Cerqueira Lemos, realizou, na década de 1980, o tombamento de três vilas caiçaras no litoral do estado. Embora seu objetivo fosse preservar a cultura dos povos que ali habitavam e proteger seu território da especulação imobiliária, os resultados não foram plenamente alcançados, pois os moradores das cidades terminaram por comprar muitas casas nessas vilas, descaracterizando a simplicidade que lhes era característica. Ao menos esses grupos não foram simplesmente expulsos de seus locais de origem, como ocorreu com a maioria das comunidades tradicionais expelidas pelas residências de lazer dos turistas. A lei do Sistema Nacional de Áreas Protegidas, aprovada em 2000, criou categorias que contemplam a presença dessas comunidades e que vem obtendo considerável sucesso.

Quando surgem oportunidades, é comum que os mais jovens abandonem suas comunidades para buscar, nas cidades, meios mais prósperos de vida. Mas são fortes os laços afetivos, e muitos costumam voltar para as festas tradicionais das vilas, como o reisado, o festejo de São João ou a dança de São Gonçalo.

Embora ainda não haja muitas publicações sobre essas comunidades, o interesse em estudá-las tem aumentado. Um dos trabalhos mais conhecidos é o livro *Regiões culturais do Brasil* (1960), de Manuel Diégues Jr. Outro Diegues, o professor Antonio Carlos publicou sua *Enciclopédia caiçara* (2004), que reúne dados importantes sobre o modo de vida desses povos.

Traços comuns entre essas comunidades e os povos indígenas são a vivência na floresta e a relação íntima com a natureza, que os elevam ao status de detentores da alma do Brasil. Produzem sua própria música, tem seus próprios dizeres, fabricam artesanato utilitário e, mais recentemente, também decorativo, além de manterem a dignidade e a alegria que despertam, sobretudo naqueles que vivem sufocados nas grandes cidades, o desejo de aderir a essas culturas mais descontraídas.

## A NATUREZA NA VISÃO DA PINTURA

> *Nunca o homem inventará nada*
> *mais simples nem mais belo do que uma*
> *manifestação da natureza.*
> **Leonardo da Vinci**

A natureza brasileira foi inicialmente retratada por desenhos ou croquis, como os que ilustraram os livros publicados, logo após a descoberta do país, por André Thevet, Jean de Léry e Hans Staden. Essas obras mostraram à Europa uma realidade mesclada de fantasias e observações locais que causaram grande impacto, especialmente as cenas de canibalismo dos indígenas.

Os primeiros documentos eruditos de nossa paisagem couberam aos holandeses, que se instalaram no Nordeste, por trinta anos, nas primeiras décadas do século XVII. Frans Post e Albert Eckhout, em especial, produziram os primeiros retratos de

*Flora e fauna brasileiras*, por Candido Portinari, 1934. Direito de reprodução gentilmente cedido por João Candido Portinari.

qualidade plástica da América. Mostram uma paisagem belíssima composta por animais exóticos e árvores frutíferas desconhecidas até então, povoada por brancos, negros e indígenas. Mostram também as plantações de cana, os engenhos de açúcar e seu modo de produção. São documentos preciosos de nossa realidade no primeiro período da colonização.

Temos uma série de pinturas que retratam a natureza, especialmente a paisagem recortada da baía de Guanabara com o Corcovado e o Pão de Açúcar, da época da missão francesa, trazida quando aqui chegou Dom João VI. Relatam os críticos que as paisagens de Nápoles, com o Vesúvio, e as do Rio de Janeiro, com o Pão de Açúcar, são as mais documentadas na arte.

De grande beleza e importância documental são os desenhos aqui realizados por Rugendas e Debret na primeira metade do século XIX. O conhecimento de nossos costumes e de nossa flora

Ilustração dos modos de pesca dos Tupinambás, nus, em rios e alagados. Utilizam arco e flecha e timbó, planta anestésica cujo sumo deixa os peixes paralisados. Imagem publicada em *Duas viagens ao Brasil* (1557), de Hans Staden.

seriam incompletos sem essas valiosas contribuições. Nessa época nasceu o escultor francês Auguste Rodin, que afirmou que "a arte é a contemplação, é o prazer do espírito que penetra a natureza e descobre que a natureza também tem alma".

Inúmeros pintores, nacionais e estrangeiros, concentraram o olhar em nossas matas e animais desde então. A série de livros O Brasil dos Viajantes, organizada pela professora Ana Belluzzo, da Universidade de São Paulo (USP), e publicada no quinto centenário da chegada de Cabral, é um importante documento sobre esse período.

Entre os pintores nacionais que trataram desse tema do final do século XIX ao início do XX destacam-se Eliseu Visconti, Benedito Calixto e Clodomiro Amazonas. Já no modernismo, são notáveis as obras de Tarsila do Amaral, José Pancetti, Cândido Portinari e Frans Krajcberg, para lembrar apenas alguns.

*Índia Tarairiu Tapuia* (1641), *Índio Tarairiu Tapuia* (1643), *Homem mestiço* (c. 1643) e *Mulher mameluca* (1641), principais representações dos brasileiros do século XVII e de todo o período colonial. Retirados de um conjunto de oito grandes retratos de Albert Eckhout feitos em cenários pernambucanos a partir de 1640. Fonte: National Museum of Denmark/Wikimedia Commons.

# A NATUREZA NA VISÃO DA CULINÁRIA

*Bota castanha de caju,*
*um bocadinho mais.*
*Pimenta malagueta,*
*um bocadinho mais.*
**Dorival Caymmi,** "Vatapá"

Os vários cientistas que visitaram a Amazônia ficaram muito impressionados com peculiaridades locais e nos deixaram interessantes relatos de costumes culinários.

Em seu livro *História da alimentação no Brasil* (1967), Câmara Cascudo relata que aqueles que atravessaram a Amazônia no século XIX provaram um dos pratos mais refinados da região e louvaram seu sabor. A receita é de macaco cozido com bananas.

> Toma-se um macaco, tira-se a cabeça e põe-se a ferver em água e sal, com uma dúzia de bananas-da-terra com casca; estando a carne cozida, refogam-se duas colheres de farinha de trigo em outro tanto de manteiga de vaca, e antes de corar, ajunta-se uma xícara de vinho branco, com duas colheres de açúcar e uma de sumo de limão; tendo fervido um pouco, deita-se-lhe a carne sem ossos e cortada em pedaços; deixa-se dar mais uma fervura e despeja-se tudo sobre as bananas descascadas e postas inteiras sobre um prato, e serve-se (Cascudo, 1967).

Outros pratos genuinamente brasileiros, como o pato no tucupi, feijão com maniçoba e uma infinidade de peixes, tanto de água doce como salgada, também começaram a ter seus ingredientes cientificamente classificados pelos viajantes no século XIX. Hoje, muitos desses peixes são objetos de captura para alimentação de subsistência ou venda comercial em larga escala.

A nutrição brasileira recebe enorme dádiva da natureza tropical, fato que também foi documentado pelos primeiros europeus que aqui desembarcaram, como os holandeses trazidos por Maurício de Nassau, que nos deixaram imagens fabulosas de nossos frutos. Há o maracujá, o caju, o abacaxi, o mamão, a goiaba, a graviola, a pitanga, o cupuaçu, o amendoim, o cajá, a pitomba, o tamarindo e a maravilhosa jabuticaba, louvada como característica principal desta terra. Nos anos 1930, "Boneca de piche", composição de Ary Barroso, ganhou fama na voz de Carmen Miranda: "Da cor do azeviche, da jabuticaba, boneca de piche, é tu que me acaba". Há ainda o jambu, o cará, a abóbora, o inhame e, é claro, a mandioca, que compõe a base da nossa alimentação.

A raiz da mandioca (*Manihot esculenta*), planta originária do Brasil que nos alimenta desde tempos imemoriais, é um de nossos principais patrimônios. O vocábulo "mandioca" deriva do tupi "mandi-ó" ou "mani-oca", significando coágulo, em referência ao tubérculo alimentício engrossado que formam suas raízes.

Sua origem se perde na noite dos tempos. Há quem afirme que a mandioca já estava domesticada em nosso continente há pelo

*Negras vendedoras de angu*, por Jean-Baptiste Debret, 1835. A gravura retrata local próximo ao porto do Rio de Janeiro. Fonte: Brasiliana Iconográfica/Wikimedia Commons.

Mandioca e pimenta, dois importantes produtos da cozinha nacional. Fonte: Shijan Kaakkara, 2013; H. Zell, 2010/Wikimedia Commons.

menos 7 mil anos. Os indígenas brasileiros a consumiam diariamente, e chegou a ser citada na carta de Pero Vaz de Caminha ao rei de Portugal. É unânime ser a mandioca originária do Brasil. Ao longo de suas expedições, os bandeirantes iam plantando a raiz para produzir o que chamavam de "farinha de guerra". Na volta, colhiam-nas para garantir sua alimentação.

Os portugueses levaram a mandioca para a África, onde também é importante fonte de alimento. São muitas as suas espécies, e todas se caracterizam pela resistência e pouca exigência de nutrientes do solo. Seu produto contém importante reserva de amido. Sua farinha é base de farofas, pirões, angus. Se torrada, pode ser utilizada para fabricar bolos, tortas, pães, biscoitos. Seu polvilho também é utilizado na confecção de sequilhos, roscas, mingaus, beijus etc. Na produção de pães, costuma-se misturar a farinha de mandioca com a de trigo para reduzir a importação deste cereal. O jesuíta José de Anchieta a chamou de "o pão da terra".

A partir do final do século XX, a inovação da alta culinária fez com que os mais renomados *chefs* brasileiros passassem a valorizar os produtos nativos. Hoje, encontramos verduras, temperos, frutas, peixes e aves autóctones nos mais renomados restaurantes do país, todos apresentados em receitas de grande criatividade e excelente sabor.

# A NATUREZA NA VISÃO DA CULTURA DO POVO

> *Eu hoje estou pulando como sapo*
> *Pra ver se escapo desta praga de urubu.*
> **Noel Rosa**, "Com que roupa?"

A maneira de ver a natureza manifesta pela cultura do nosso povo é especialmente importante; trata-se da mais autêntica expressão da brasilidade. O que a vegetação ensina aos homens é muito vasto: ela dá o que comer, ensina a paciência, revela a beleza, dá o abrigo. A floresta é, também, o primeiro professor de arquitetura: a retidão dos troncos e a estrutura de suas copas são colunas, vigas e abóbadas; a forquilha é o encaixe; as raízes, fundações.

Sabe-se que os indígenas moram no mato. O mato é o mato, e a casa do indígena é o mato trabalhado. A casa de pau-a-pique do caboclo, filho de indígenas com portugueses, é a terra e o mato trabalhado. Indígenas e caboclos são parte do mato. Quando o mato acaba, acaba sua cultura.

Pode-se falar de duas culturas no Brasil: a da importação de valores europeus e norte-americanos, requintada e um tanto deslocada da realidade do país, que estabelece regras para a burguesia local; e a da maioria do povo, mais autêntica e palpável, com profundas ligações com a natureza tropical. A cultura brasileira é, na verdade, uma conjunção de todos esses elementos, mas a abordagem que tratamos aqui é orientada para a cultura popular.

O significado da floresta, seus frutos e animais nos saberes brasileiros é fator extenso demais para uma análise exaustiva. Trataremos apenas de alguns exemplos, lembrando que a cultura é fruto, também, do meio em que se está inserida.

Como fenômeno de linguagem, há no português uma série de expressões vinculadas à natureza. Assim, temos o uso corrente dos dizeres "descascar o abacaxi", significando lidar com uma tarefa difícil; "com quantos paus se faz uma canoa", correspondendo a uma ameaça de surra de porrete; "cada macaco no seu galho",

Puxada de canoa, tradição de pescadores no litoral da região Sudeste. A canoa retratada foi feita da árvore ingá-amarelo, talhada por pescadores na Serra do Mar e puxada até beira-mar. Fonte: Rubens Chaves, 2013/Pulsar Imagens.

que debocha da hierarquia; "estar na moita", referindo-se a quem espera uma oportunidade para aparecer; "jogar verde para colher maduro", fazendo especulações ou testando hipóteses; "liso que nem quiabo" e "amargo como jiló", autoexplicativas.

Interessante é a expressão "quebrar o galho": significa tarefa a ser realizada, ajudar a resolver um problema, fazer um favor a alguém ou improvisar para resolver uma situação, na qual o galho aparece figurativamente como elemento que interrompe alguma meta alcançável. Provavelmente a expressão surgiu na fala de alguém que desbravava os matos ou tinha ido catar lenha.

Outras expressões serão conservadoras, como "pau que nasce torto, morre torto", significando a impossibilidade de inovação no caráter das pessoas. Muitas terão uma pitada maior ou menor de humor. Quando se referem aos animais nativos, a maioria cita virtudes e defeitos que a eles são associados. A sabedoria do macaco,

À esquerda, macaco-aranha por Henry Ogg Forbes, 1894. À direita, periquitão-maracanã, imagem publicada em *Expedition dans les parties centrales de l'Amérique du Sud, de Rio de Janeiro a Lima, et de Lima au Para* (c. 1850-1857), de Francis Castelnau. Fonte: Henry Ogg Forbes; Acervo Arquivo Nacional/Wikimedia Commons.

por exemplo, aparece em "macaco velho não põe a mão em cumbuca". Sua origem vem do fato de que a cumbuca, cabaça esférica e resistente com um furo pequeno no topo, era utilizada para caçar macacos: colocava-se uma banana dentro da cumbuca de forma que a mão do animal entrava facilmente quando vazia; ao segurar a banana, porém, ele não conseguia mais tirá-la, ficando preso na armadilha. A esperteza do papagaio também aparece em "papagaio come milho, periquito leva a fama", assim como a violência da onça em "chegou a hora da onça beber água" e a malandragem de um possível jacaré "em rio que tem piranha, jacaré nada de costas".

Poucos divertimentos ou vícios serão mais característicos de nossa gente e de nossa cultura do que o jogo do bicho. Apostado abertamente quando permitido, ou na clandestinidade desde que foi proibido, essa loteria continua exercendo forte fascínio à maioria dos brasileiros. Nele, os bichos domésticos aparecem junto com os do mato, mais uma vez alinhados à cultura do povo.

O problema de se destruir a natureza não é apenas o consequente e grave desaparecimento da biodiversidade, a piora da qualidade do solo ou o esgotamento da água e a erosão da terra. O que está sendo ameaçada é, também, uma parte importante da sabedoria do povo, cultura preciosa, autêntica e insubstituível.

## A NATUREZA NA VISÃO DA MÚSICA

> *Da alma da mais linda flor, de mais ativo olor,*
> *Que na vida é preferida pelo beija-flor.*
> **Pixinguinha**, "Rosa"

A música brasileira sempre se relacionou profundamente com a natureza. Nossos mais conhecidos autores clássicos não resistiram ao apelo da Mãe Terra. O compositor Carlos Gomes baseou sua mais conhecida ópera, "O guarani" (1870), em nossos indígenas. Villa Lobos também se inspirou em cantos populares ao compor "A floresta do Amazonas" (1958), uma de suas últimas obras, na qual retrata o canto dos pássaros, a dança dos índios, o pôr do sol, a tempestade e o amor. É, em si, um monumento.

Mário de Andrade já dizia que a música é a mais coletivista de todas as artes. Rainha da voz e do rádio, considerada "o rouxinol brasileiro", Dalva de Oliveira fez retumbante sucesso nos anos 1940 e 1950, interpretando inúmeras canções que exaltam as belezas de nossas florestas, como "Olhos verdes", composição de Vicente de Paiva.

> Na graça toda das palmeiras
> Esguias altaneiras a balançar
> Ah! Da cor do mar, da cor da mata
> Os olhos verdes da mulata
> Tão cismadores e fatais, fatais
> E, num beijo ardente e perfumado
> Conserva o travo do pecado
> Dos saborosos cambucás.

Os grandes Noel Rosa e Dorival Caymmi compuseram peças encantadoras. Em "Palpite infeliz", Rosa nos conta que "ao som do samba dança até o arvoredo", e Caymmi, em "João Valentão", afirma que "não há sonho mais lindo do que sua terra, não há", entre inúmeras outras louvações da nossa fauna e flora.

O *boom* da música popular brasileira ocorreu na primeira metade do século XX, com o advento do rádio, e nos mostrou as maravilhas da relação de nossos artistas com a natureza. A década de 1930 assistiu ao nascimento de uma nova expressão: o samba exaltação. Estimulados pelo Estado Novo de Getúlio Vargas, muitos artistas se encaminharam para esse tipo de composição, cujas músicas eram divulgadas pela Rádio Nacional, de propriedade do Estado. Era o momento de glorificar nossas belezas naturais, nossa história. Exaltava-se também a Bahia, origem de nossa nacionalidade. Nossos principais intérpretes celebraram e continuam a exaltar: "Bahia, terra da felicidade!".

Compositor por excelência dos sambas exaltação, o admirável Ary Barroso fez história com "Na baixa do sapateiro", "Os quindins de yayá", "Faixa de cetim" e muitas outras canções. É de sua

Carmen Miranda, uma das maiores intérpretes da música popular brasileira da primeira metade do século XX, nos trajes de baiana estilizada que a caracterizaram. A imagem é um selo de 2009 produzido em homenagem à artista. Fonte: 123RF/Easypix Brasil.

autoria a famosa "Aquarela do Brasil", chamada de segundo Hino Nacional Brasileiro, que fez sucesso no mundo todo e até hoje é tocada como um dos clássicos da música popular internacional.

> Ah! Estas fontes murmurantes
> Onde eu mato a minha sede
> E onde a lua vem brincar,
> Ah! Este Brasil lindo e trigueiro
> É o meu Brasil brasileiro.
> Terra de samba e pandeiro

Dele temos ainda a canção "Rio de Janeiro":

> Ah! Nossas praias são tão claras
> Nossas flores são tão raras
> Isto é o meu Brasil
> Ô, nossos rios, nossas ilhas e matas
> Nossos montes, nossas lindas cascatas
> Deus foi quem criou.

De Belém do Pará vem um dos nossos mais intrigantes artistas, Waldemar Henrique, que nos engrandeceu com sua toada "Uirapuru", popularizando esse pássaro como um dos mais lindos símbolos da Amazônia:

Me contou do lobisomem
Da mãe d'água e do tajá
Disse do jurutaí
Que se ri pro luar
Que caboclo falador!

Muitas lendas se criaram em torno do jurutaí. Uma delas reza que essa ave noturna, de canto triste, se apaixonou pela lua e voou o quanto pôde para alcançá-la. Não conseguindo, acabou caindo de volta na floresta. Então, cantou uma linda canção cheia de amor e tristeza para a lua, que olhou para ele, mas não respondeu. Lágrimas caíram dos olhos do jurutaí, encharcando toda a floresta. Diz-se que foi assim que o rio Amazonas surgiu.

Antônio Carlos Brasileiro de Almeida Jobim, o Tom Jobim, era apaixonado pela natureza. Quando ocorreu a campanha para salvar o mico-leão-dourado, foi um dos mais entusiasmados divulgadores. Foi também o mais destacado compositor da bossa nova, que tomou conta da alma e dos corações brasileiros a partir da década de 1950 e permanece como um dos momentos mais belos, produtivos e líricos da canção popular no país. Tom era particularmente encantado pela mata atlântica, chegando a afirmar que "a coisa mais bonita que eu conheço é a mata atlântica". Ele a conhecia como poucos: descrevia suas grandes árvores, cantando a beleza de suas copas imensas, que formam cúpulas como as de uma imponente catedral. Costumava sentar-se encostado à raiz de uma imensa sumaúma, no Jardim Botânico do Rio, para pensar. Dentre suas canções mais famosas, destaca-se "Águas de março":

É peroba do campo, é o nó na madeira
Caingá candeia, é o matita-pereira [...]
Passarinho na mão, pedra de atiradeira
É uma ave no céu, é uma ave no chão
É um regato, é uma fonte, é um pedaço de pão [...]
É um resto de mato na luz da manhã.

À esquerda, maestro Tom Jobim, principal compositor da bossa nova. À direita, Orlando Silva, o "cantor das multidões", maior intérprete do gênero masculino da música popular brasileira da primeira metade do século XX. Fonte: Domínio público/Acervo Arquivo Nacional; Reprodução.

Outra bela música do folclore popular, famosa também na voz de Fagner, mostra o apelo poético da mata:

> Vocês já viram lá na mata a cantoria
> Da passarada quando vai anoitecer
> E já ouviram o canto triste da araponga
> Anunciando que na terra vai chover.
>
> Já experimentaram gabiroba bem madura
> Já viram as tardes quando vai anoitecer
> E já sentiram das planícies orvalhadas
> O cheiro doce da frutinha muzambê?
>
> Pois meu amor tem um pouquinho disso tudo
> Tem na boca a cor das penas do tiê.

Esta canção inclui observações interessantes sobre os cantos de certos pássaros e sua relação com os elementos da mata. Vale notar, também, que considera os sentidos do homem e sua relação com a natureza. Dos pássaros, pode-se afirmar com segurança, os homens aprenderam a beleza das melodias. As primeiras flautas, porém, podem ter sido construídas com intenção de caça.

A integração do canto de nossas aves ao cancioneiro popular pode ser encontrada em muitas frases musicais. Orlando Silva, o cantor das multidões, um dos mais célebres entre nossos intérpretes, admirado por João Gilberto e tantos outros, traz uma passagem notável na música "Quando a saudade apertar": "O rio ao longe rolando, cigarras cantando, de tarde ao sol pôr". Neste trecho da melodia, percebe-se com clareza a variação tonal do canto dos sabiás.

## A NATUREZA NA VISÃO DA JUVENTUDE

*Yo nací en esta ribera del Arauca vibrador.*
*Soy hermano de la espuma,*
*De las garzas, de las rosas*
*Y del sol [...]*
*Y por eso tengo el alma*
*Como el alma primorosa*
*Del cristal.*
**Pedro Elías Gutiérrez**, "Alma llanera"

Na juventude brasileira que começou a amadurecer com a passagem do milênio, foi despertado um encanto e um desejo de estar na natureza que era raro nas gerações anteriores. Mais e mais vemos rapazes e moças de mochila nas costas, adentrando nossos parques e reservas em trilhas já demarcadas ou ainda selvagens. A contemplação da natureza é uma das atividades intelectuais mais sadias para a manutenção de nosso equilíbrio pessoal. Esse número cresceu exponencialmente a partir de então, em parte, porque finalmente os órgãos responsáveis começaram a entender que essa é uma demanda represada da sociedade. Inegável também é a influência daqueles que, ao visitarem determinada área natural, contam sua experiência com fascínio, encorajando outros, que por sua vez encorajarão outros, e assim por diante. Essa influência pode se dar no boca a boca ou através da internet, que facilita a divulgação da beleza dessas áreas por meio de fotos, vídeos e relatos. A explosão de visitantes a nossas áreas naturais é uma benfazeja realidade.

Para fomentar ainda mais o turismo ecológico, é preciso que as instituições gestoras acelerem a implantação de serviços, abrindo novas trilhas, instalando mirantes nos pontos mais adequados para a visualização de panoramas, criando unidades com informações, vídeos, mapas, sanitários, atendimento de emergência e segurança. Essa atividade irá gerar empregos para os moradores locais, medida fundamental para a manutenção de boas relações entre visitantes e população. A integração dessas ações irá reforçar a proteção das reservas; é assim em todo o mundo, e o Brasil começa lentamente a tomar essa direção, mas ainda temos muito o que melhorar.

Para se ter uma ideia, o Parque Nacional do Iguaçu e o da Floresta da Tijuca recebem, cada um, cerca de dois milhões de visitantes por ano. No da Chapada dos Veadeiros, recebia-se cerca de 20 mil visitantes ao ano em 2000, número que aumentou para 80 mil em 2017. Os recursos arrecadados nessas atividades são importantes para a manutenção e proteção dessas áreas, de forma que as mais visitadas fornecem, também, recursos para outras menos procuradas.

Quem busca experiências tão paradisíacas quanto uma visita às cataratas do Iguaçu pode conhecer o panorama do Pico da Marcela no Parque Nacional da Serra da Bocaina; a Serra do Amolar no coração do pantanal; o Pico da Neblina, ponto mais elevado do país, levado pelos Yanomamis; as cachoeiras fabulosas do Monte Roraima ou da Chapada Diamantina, as mais altas do país em seus respectivos parques nacionais. Outra opção é visitar a caatinga no Parque Nacional Serra da Capivara, no Piauí, com seus fantásticos paredões de pinturas rupestres de mais de 10 mil anos, a coleção mais bem aparelhada à visitação do Brasil. Fernando Pessoa, poeta maior de nossa língua, escreveu: "Às vezes ouço passar o vento; e só de ouvir o vento passar, vale a pena ter nascido".

Existe, também, a maneira dos mais miúdos verem a natureza. Certa vez ouvi uma criança de apenas 10 anos declarar: "Precisamos proteger a Terra com muita urgência, já que é o único planeta onde existe chocolate".

Parque Nacional da Chapada Diamantina com os grandes paredões rochosos que o caracterizam. A cada ano, a região recebe um número maior de visitantes. Fonte: Cleide Isabel, 2013/ Wikimedia Commons.

# A NATUREZA NA VISÃO SOCIOECONÔMICA

*Em nenhum campo a intervenção do*
*capitalismo na economia da terra manifesta a sua*
*eficiência negativa com tanta precocidade e com tanta*
*gravidade como na destruição dos bosques.*
**Emilio Sereni**, *Storia del paesaggio agrario italiano*

Até agora, nos debruçamos sobre visões da natureza de diferentes grupos socioeconômicos e culturais. Os místicos e religiosos a veem como um local sagrado; é o caso de muitas crenças afro-brasileiras, que consideram a terra como a morada de Xangô, de Iemanjá, de Iansã e de tantos outros deuses. Os indígenas não se veem apartados da natureza; eles são a natureza. Populações rurais têm uma visão utilitária da natureza: não notam a beleza da cachoeira, mas principalmente a força de suas águas para construir um moinho de grãos; da mesma forma, a mata é lenha e terra fértil para o plantio do milho ou da mandioca. Essas diferentes interpretações nos confirmam que a beleza das coisas existe no espírito de quem as contempla.

Há, também, a visão capitalista da natureza. Em seu belo livro *Storia del paesaggio agrário italiano* [História da paisagem agrária italiana], de 1961, Emilio Sereni mostra, por meio de pinturas e desenhos, a relação entre o crescimento dos interesses capitalistas na área rural italiana e a aceleração do ritmo do desmatamento em meados do século XVIII. Aqui, a exploração do pau-brasil já foi considerada como semicapitalista. A exploração do café, indubitavelmente destrutiva da natureza, baseou-se na exploração da mão de obra escrava no século XIX e era acumuladora de riqueza. A exploração do agronegócio como hoje se pratica no país é claramente destruidora da natureza, poluindo-a com agrotóxicos pesados, e acumuladora de capital, trazendo poucos benefícios para a população em geral. Como pode, afinal, um país ser um dos maiores exportadores de grãos enquanto boa parte de sua população passa fome?

Embora persistam no Brasil múltiplas visões concomitantes da natureza, a capitalista é a única que a devasta, apropriando-se de terras ao destruir florestas, ampliando o problema climático, utilizando recursos que pertencem a toda a população brasileira em proveito próprio, desrespeitando a Constituição e o Código Florestal para ampliar ganhos particulares em detrimento do interesse coletivo. Ghandi, no seu belo viver, ensinava que "a natureza pode suprir todas as necessidades do homem, menos a sua ganância".

Felizmente, hoje existem ações que visam proteger a natureza mesmo em produções capitalistas, que pregam a utilização sustentável dos recursos naturais e percebem as tendências do mercado consumidor de não mais aceitar produtos vindos de atividades contrárias às leis. Esses exemplos, ainda que poucos, devem ser valorizados, pois são a principal ferramenta para atender as necessidades destas e das futuras gerações.

Canavial, uma das monoculturas que caracterizam a produção agrícola brasileira desde o primeiro século da colonização. Fonte: José Reynaldo da Fonseca, 2007/Wikimedia Commons.

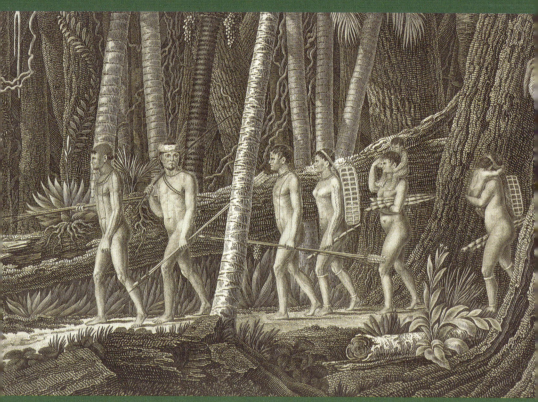

*Os Puris em sua floresta*, por Maximiliano von Wied, 1822. A obra retrata uma família de indígenas caminhando por uma trilha na mata atlântica do Sudeste do Brasil. Fonte: Brasiliana Iconográfica/Wikimedia Commons.

# CAPÍTULO III
# A OCUPAÇÃO
# DAS FLORESTAS

*Sabiá lá na gaiola fez um buraquinho*
*Voou, voou, voou, voou.*
**Hervé Cordovil** e **Mário Vieira**

A travessia do estreito de Bering por hordas de caçadores e coletores, há mais de 20 mil anos, continua sendo a teoria mais consistente sobre a chegada do homem à América, tendo como base os dados conhecidos até então. Os traços asiáticos dos nossos primeiros habitantes são marcantes. Os exames de DNA o provam. Imaginar as transformações pelas quais tiveram de passar esses povos, dos inuítes do ártico aos selvícolas da Amazônia, é um complexo exercício que pode ser apoiado na análise dos vestígios arqueológicos e das informações etno-históricas disponíveis.

Existem ainda muitas lacunas para a reconstrução do processo de expansão do povoamento ao longo do território americano, mas é notável considerar que a espécie humana, em sua curtíssima história de não muito mais de 100 mil anos, tenha se expandido a todos os territórios habitáveis do planeta. Excepcional a capacidade de adaptação que desenvolveu para sobreviver em ambientes tão diferenciados.

Admirável, também, o afloramento concomitante de cidades e civilizações nos últimos 10 mil anos em todos os quadrantes do planeta. É rápida a passagem da idade do fogo à da pedra, do bronze, do ferro, assim como o domínio da agricultura, do pastoreio, da escrita, da indústria e da informática. Podemos então supor que a estabilidade climática, que ocorreu desde o *optimum* climático, entre 6.000 e 5.000 anos antes do presente, tenha propiciado essa fantástica transformação.

## A OCUPAÇÃO DO TERRITÓRIO PELOS INDÍGENAS

> *Não chores, meu filho;*
> *Não chores, que a vida*
> *É luta renhida:*
> *Viver é lutar.*
> *A vida é combate,*
> *Que os fracos abate,*
> *Que os fortes, os bravos,*
> *Só pode exaltar.*
> **Gonçalves Dias**, "Canção do Tamoio"

A hipótese tradicional de que a chegada dos primeiros humanos ao território brasileiro teria ocorrido de 12 a 13 mil anos atrás não se sustenta mais. Isso se deve à identificação de várias datações entre 15 e 20 mil anos antes do presente, tanto no Brasil como em outros países americanos. A presença humana na América do Sul, com datas que sugerem até 50 mil anos atrás, ainda são objeto de acaloradas discussões. A professora Maria Cristina Mineiro Scatamachia, livre docente em Arqueologia na Universidade de São Paulo (USP), colaborou com as ricas informações que veremos a seguir.

A América do Sul foi o último continente a ser ocupado pelo homem. Vale lembrar a advertência do escritor francês François-René Chateaubriand de que "a floresta precede os povos, e o deserto os segue". Em função disso, aqui permaneceram, por milênios, mais florestas do que em qualquer outro rincão do planeta, sujeitas às intempéries, às glaciações e aos caprichos da natureza.

De acordo com essas datas, a presença humana coincidiu com o término da última glaciação, quando, em decorrência do aumento da temperatura e do volume de chuvas, nossas florestas se expandiram por áreas até então cobertas por campos por imposição das temperaturas mais baixas.

Inúmeros registros apontam a existência de uma megafauna, principalmente nas áreas campestres. Os animais mais expressivos e conhecidos são o tigre-dentes-de-sabre, o gliptodonte (uma espécie de tatu gigante, quase do tamanho de um Fusca) e a famosa preguiça-gigante, de mais de dois metros de altura, que teria guardado sua designação indígena original de mapinguari. Diversos fósseis nos dão a dimensão desses animais: o mapinguari, por exemplo, tem sua imagem gravada em pedra na região da Serra da Capivara, no Piauí. Nesse período, o mar não havia se estabilizado no nível em que se encontra hoje, o que pressupõe a possibilidade de rastros de antigas ocupações submersos ao longo do nosso litoral.

Não são muitos os vestígios arqueológicos deixados por nossos ancestrais, especialmente nas áreas de florestas, mais úmidas, onde resquícios se deterioram com mais facilidade, permanecendo apenas os materiais inorgânicos. Assim, grande parte das especulações sobre esses povos indígenas baseia-se na cultura material remanescente, composta basicamente por objetos de pedra, cerâmica e pelas intervenções

À esquerda, crânio ósseo do tigre-dentes-de-sabre disponível no Museu Geológico da Universidade de Wyomin. Acima, perfil representando o tamanho do mapinguari, ou preguiça-gigante. Extintos há cerca de dez mil anos, ambos os animais conviveram com os primeiros indígenas que habitaram a América do Sul. Fonte: James St. John, 2011; Kurzon, 2013/Wikimedia Commons.

CAPÍTULO III · A OCUPAÇÃO DAS FLORESTAS  **125**

antrópicas deixadas na paisagem, como as pinturas rupestres. Além das populações encontradas pelos europeus, relatadas em diferentes períodos da história, temos alguns sítios antigos importantes. Os sambaquis, por exemplo, antigos depósitos formados principalmente por ossos, conchas e pedras, deixados pelos povos originários ao longo de nosso litoral, vão de Santa Catarina ao Espírito Santo.[12] Há, ainda, inúmeras pinturas rupestres, muitas delas milenares, conservadas principalmente nas áreas do cerrado e da caatinga, além das sofisticadas cerâmicas da bacia do rio Amazonas, em especial as da cultura Marajó e Santarém, de grande expressão estética.

Mais recentemente foram identificadas grandes áreas de plantio na bacia do rio Xingu que datam de aproximadamente mil anos, além de cerca de 300 geoglifos – estruturas de terra escavadas no solo representando diferentes figuras geométricas – no Amapá. Tais vestígios indicam a presença humana na região há cerca de 2.200 a 700 anos, e sugerem a existência de densas sociedades pré-cabralinas. Os primeiros relatos das excursões que singraram o rio Amazonas nos contam que havia uma densa população em suas margens, assim como os cronistas que nos visitaram no século XVI descrevem nossos litorais e seus habitantes.

Do litoral sul ao sudeste do país, sabe-se da presença milenar do "Homem do Sambaqui", que data de 7 mil anos antes do presente, tendo sido substituído, há cerca de 2 mil anos, por aguerridos grupos de filiação linguística tupi-guarani. Centenas de etnias, talvez milhares, povoaram nosso território e interagiram com a natureza em acordo com suas diferentes características. Resistiram à colonização pouco mais de 300 etnias, em graus diferentes de contato com a sociedade que se formou após a chegada dos povos estrangeiros. A substituição dos grupos coletores pelos produtores e a implantação da agricultura possibilitou o aumento e a fixação da população. Os

---

[12] Em *História da Amazônia: do período pré-colombiano aos desafios do século XXI* (2009), o escritor Márcio Souza relata a existência de sambaquis ao longo dos rios da baixada amazônica.

principais elementos de cultivo eram as raízes, com forte predominância da mandioca. Muitas vezes também se plantava o milho. Algumas teorias afirmam que a megafauna sul-americana teria sido dizimada pelos caçadores indígenas que aqui chegaram no mesmo período em que esses animais desapareceram. Outras defendem que essa extinção ocorreu ao final da última glaciação. Porém, glaciações anteriores ocorreram sem que esses animais fossem extintos.

Ao se transformarem em agricultores, os indígenas desenvolveram um processo de plantio utilizado até nossos dias. No início do período seco, derrubam uma área de floresta, de cerca de um hectare ou mais, a depender do tamanho do grupo. Então, esperam o início das chuvas para queimar essa madeira, que se transforma em cinzas e serve como adubo. Possíveis pragas são eliminadas nesse processo. Depois de alguns anos de plantio, essas terras começam a perder fertilidade, ficam "cansadas". São então abandonadas, e outra área da floresta é derrubada, e assim sucessivamente.

Não se sabe o quanto de nossas matas foi derrubada dessa maneira. Sabe-se, no entanto, que esses agricultores selecionaram e dispersaram sementes de plantas consideradas úteis, como as castanheiras na Amazônia e a araucária, com seus pinhões, na mata atlântica. Também domesticaram dezenas de outras plantas úteis para a alimentação e para a produção de remédios ou cosméticos, como o urucum e o fruto do jatobá, usados para pinturas corporais vermelha e negra, respectivamente, e para, além de seu uso cerimonial e estético, proteger contra insetos e queimaduras do sol.

Warren Dean, historiador estadunidense considerado um brasilianista, traz diversas informações sobre esse processo em seu notável livro *A ferro e fogo: a história e a devastação da mata atlântica brasileira* (1996). Segundo Dean, boa parte da mata devastada depois da chegada dos europeus seria composta por florestas secundárias, ou seja, áreas anteriormente utilizadas pelos nativos que se recompuseram a partir do despovoamento das florestas, consequência da captura ou do surgimento de doenças que dizimaram por inteiro etnias indígenas. Mais recentemente, o próprio conceito de mata primária brasileira vem sendo relativizado por alguns autores, que consideram que toda paisagem natural foi, de algum modo, visitada ou utilizada por nossos ancestrais.

## O CICLO DO PAU-BRASIL

*Pau brasa, tinta vermelha, vermelho de madeira queimando, carvão incandescido.*
**Zé Pedro de Oliveira Costa**

Os primeiros portugueses que chegaram à costa brasileira, por obra e graça do infante D. Henrique, relatam que os indígenas que aqui viviam chamavam esta terra de Pindorama, terra das palmeiras, dada à abundância dessa espécie no litoral. Pouco depois, durante um curto período, passou a ser chamada pelos portugueses de Ilha de Vera Cruz, Terra de Santa Cruz e mesmo de Terra dos Papagaios, até receber o nome da árvore de madeira cor de brasa, o pau-brasil, na época abundante na mata atlântica, primeiro produto a ser explorado no país.

Segundo Bernardino de Souza (1978a), "nem foi este o primeiro caso de uma mercadoria a apelidar territórios: aqui, o maior espanto para o tempo foi a nomenclatura mística e religiosa, ligada ao símbolo cristão, ceder definitivamente diante da nomenclatura mercantil". A madeira vermelha, madeira de tinta, única riqueza encontrada que podia ser aproveitada de imediato, cunhou de vez o nome Brasil. A técnica de tingir por meio do cozimento do cerne da madeira foi ensinada aos europeus pelos índios, que também cortavam os troncos, aparavam a madeira e a arrastavam até o litoral, carregando os navios em troca de machados, facões ou bugigangas.

Se a exploração econômica foi a principal razão dos descobrimentos, a indústria extrativa era a única que se justificava naquele momento. Esse ciclo econômico começa em 1503 e só termina no século XIX, quando o pau-brasil estava praticamente extinto, o que coincidiu com a descoberta de corantes sintéticos. As árvores de pau-brasil eram encontradas numa larga faixa que acompanha

Atlas náutico do mundo publicado em *Atlas Miller* (1519), de Lopo Homem e António de Holanda. A imagem apresenta animais terrestres e aves em território brasileiro já detalhadamente representado, além de nativos cortando, transportando e armazenando troncos de pau-brasil nas naves que o circundam. Fonte: Bibliothèque Nationale de France/Wikimedia Commons.

o litoral desde o Rio de Janeiro ao Rio Grande do Norte. Perto do litoral, logo rarearam, por isso os indígenas chegavam a entrar de 10 a 20 léguas no sertão atrás delas. Após chegar em Portugal, a madeira era enviada para a Antuérpia, de onde seguia para seus principais consumidores: Inglaterra, Alemanha e Florença.

Em seu livro *Viagem à terra do Brasil*, publicado pela primeira vez em 1578 e traduzido para diversos idiomas, Jean de Léry nos conta dos primeiros contatos dos franceses com nossos indígenas na baía de Guanabara. Em uma passagem célebre, nos presenteia com a transcrição de um diálogo que manteve com um velho tupinambá sobre a voracidade dos estrangeiros pelo pau-brasil:

> — Por que vindes vós outros, maírs e perôs [franceses e portugueses], buscar lenha de tão longe para vos aquecer? Não tendes madeira em vossa terra? Respondi que tínhamos muita, mas

não daquela qualidade, e que não a queimávamos, como ele o supunha, mas dela extraíamos tinta para tingir, tal qual o faziam eles com os seus cordões de algodão e suas plumas. Retrucou o velho imediatamente: – E porventura precisais de muito? Sim, respondi-lhe, pois no nosso país existem negociantes que possuem mais panos, facas, tesouras, espelhos e outras mercadorias do que podeis imaginar, e um só deles compra todo o pau-brasil com que muitos navios voltam carregados. – Ah! retrucou o selvagem, tu me contas maravilhas, acrescentando depois de bem compreender o que eu lhe dissera: mas esse homem tão rico de que me falas não morre? – Sim, disse eu, morre como os outros. Mas os selvagens são grandes discursadores e costumam ir em qualquer assunto até o fim, por isso perguntou-me de novo: – E quando morrem, para quem fica o que deixam? – Para seus filhos se os têm, respondi; na falta destes, para os irmãos ou parentes mais próximos. – Na verdade, continuou o velho, que, como vereis, não era nenhum tolo, agora vejo que vós outros maírs sois grandes loucos, pois atravessais o mar e sofreis grandes incômodos, como dizeis quando aqui chegais, e trabalhais tanto para amontoar riquezas para vossos filhos ou para aqueles que vos sobrevivem! Não será a terra que vos nutriu suficiente para alimentá-los também? Temos pais, mães e filhos a quem amamos; mas estamos certos de que depois da nossa morte a terra que nos nutriu também os nutrirá, por isso descansamos sem maiores cuidados (Léry, 1972).

Essa passagem impressionou Montaigne, que a destacou em seus escritos. O filósofo nutria grande curiosidade pelos indígenas e esteve com um grupo de nativos brasileiros quando levados para a França. Essa mesma história, posteriormente, foi apropriada por Rousseau em seu conceito de "bom selvagem", e há quem atribua relação entre esse diálogo e a base de alguns dos princípios que levaram à Revolução Francesa.

A exploração do pau-brasil era monopólio da Coroa portuguesa. Mesmo depois da doação de terras para povoamento através do sistema de capitanias hereditárias, os proprietários não podiam derrubá-lo,

Os Tupinambás e seus demônios, imagem publicada em *Viagem à Terra do Brasil* (c. 1534), de Jean de Léry. Fonte: Bridgeman Images/Easypix Brasil.

nem evitar que os "contratadores reais" o fizessem. A carta de doação da Capitania da Bahia a Francisco Pereira Coutinho, de 1534, diz que:

> Item o pau de Brasil da dita Capitania, e assim qualquer especiaria, ou drogaria de qualquer qualidade, que seja, que nella houver pertencerá a mim e será tudo sempre meu, e de meus Successores, sem o dito Capitão, nem outra alguma pessoa poder tratar nas ditas cousas, nem em alguma dellas lá na terra, nem as poderão vender, nem tirar para meus Reinos, ou Senhorios, nem para fora delles, sob pena de quem o contrário fizer perder por isso toda sua fazenda para a Corôa do Reino, e ser degradado para a Ilha de São Thomé para sempre: e porém quanto ao Brasil hei por bem, que o dito Capitão, e assim os moradores da dita Capitania se possam aproveitar delle hi na terra no que lhes for necessário, não sendo em o queimar, porque queimando-o incorrerão nas sobreditas penas (Souza, 1978a).

O contrabando para a Inglaterra, França e Holanda era intenso. Os corsários nos deixaram depoimentos interessantes, como o de Paul Gaffarel: "O algodão e as especiarias só figuravam nos carregamentos a título de curiosidade, mas o mesmo não se pode dizer quanto as madeiras preciosas, especialmente as tinturarias, que formavam o carregamento essencial de nossos navios" (SIMONSEN, 1957).

Em pouco tempo, tanto os negociantes estrangeiros quanto os brasileiros se deram conta das riquezas quase inesgotáveis de nossas terras e iniciaram a exploração dos recursos madeireiros, que perdura até hoje. Pode-se afirmar que foi mais um processo de destruição do que de exploração. Os franceses também usavam os paus de tinturaria para fazer móveis de luxo, e cada navio francês que chegava ao Brasil logo procurava saber onde poderia se abastecer de madeira.

> Os indígenas, estimulados pela procura de nossos negociantes, preparavam enormes depósitos de madeira, que amontoavam sobre a costa; somente como não sabiam poupar suas riquezas, abatiam essas árvores ao acaso. Muitas vezes mesmo, a fim de evitar o trabalho de as cortar, punham fogo em sua parte inferior e o incêndio se propagava pelo resto da floresta. Alguns anos deste desperdício sem conta bastaram para aniquilar muitas essências preciosas (SIMONSEN, 1957).

O contrabando se tornou tão intenso que Portugal começou a se preocupar com uma posse mais efetiva de seu território. Era povoá-lo ou perdê-lo. Assim foram criadas as capitanias hereditárias, cuja intenção era incentivar o povoamento e a defesa através dos lucros da produção do açúcar. Buscava utilizar o capital privado, uma vez que eram escassos os recursos da Coroa.

> A exploração do pau-brasil, calcula-se, foi de 300 toneladas anuais de 1500 a 1532, aumentando sempre mais a partir de então, sendo considerado para Portugal, mina inesgotável. No ano de 1667, o rei D. Afonso VI consigna para a casa da rainha, sua mulher, 17 mil cruzados cada ano, pagos nos direitos que sua fazenda recebia do pau-brasil (SOUZA, 1978a).

Esse ciclo econômico predatório se deu inteiramente na floresta da costa atlântica. Não trouxe benefícios para a terra, servindo apenas para que as florestas de pau-brasil fossem devastadas até a extinção. Deixou um rastro de capoeiras de mata secundária, ou terras devastadas, que foram incorporadas à plantação de cana-de-açúcar.

## O CICLO DA CANA-DE-AÇÚCAR

*O que o canavial sim aprende do mar:*
*O avançar em linha rasteira da onda;*
*A espraiar-se minucioso, de líquido,*
*Alagando cova a cova onde se alonga.*
**João Cabral de Melo Neto**, "O mar e o canavial"

Um dos principais produtos do comércio português era o açúcar. O infante D. Henrique introduziu a cultura da cana na Ilha da Madeira e em algumas outras ilhas da costa africana. Com o aumento do consumo do açúcar na Europa, fazia cada vez mais sentido plantar cana no Brasil para ocupar e explorar o novo território, buscando alcançar sua ocupação definitiva.

Gabriel Soares de Sousa, em 1587, escreve sobre a cana que, segundo ele, seria nativa destas terras, embora o plantio tenha começado com mudas importadas, "as quais recebem esta terra de maneira em si, que as dá maiores e melhores que nas ilhas e partes donde vieram a ela, e que em nenhuma outra parte que se saiba que crie canas-de-açúcar" (Sousa, 1948).

A exploração foi baseada no sistema de iniciativa particular das capitanias hereditárias: a Coroa ficava com um quarto das rendas sobre a exportação e mantinha uma relação de exploração sem nada retornar ao Brasil. Não buscava devolver à colônia qualquer fruto da terra, mas sugar seus recursos sem preocupação de investimento a longo prazo. Padre Manuel da Nóbrega, em carta de 1552, exclamava: "De quantos lá vieram, nenhum tem amor

*Engenho de açúcar*, por Frans Post, c. 1660. Retrata uma fazenda em Pernambuco durante a invasão holandesa. Ao fundo, canaviais alocados nas áreas mais planas e úmidas das baixadas. Fonte: Frans Post/Wikimedia Commons.

a esta terra todos querem fazer em seu proveito, ainda que seja à custa da terra, porque esperam de se ir" (LEITE, 1954).

Frei Vicente do Salvador queixou-se um século depois de que os portugueses viveram até então "arranhando as costas como caranguejos", e lamentou que os povoadores, "por mais arraigados que à terra estejam e mais ricos, tudo pretendem levar a Portugal, e, se as fazendas e bens que possuem souberem falar, também lhes houveram de ensinar a dizer como papagaios, aos quais a primeira cousa que ensinam é 'papagaio real para Portugal', porque tudo querem para lá" (HOLANDA, 1971).

O ciclo do açúcar, iniciado no começo do século XVI, teve seu apogeu na primeira metade do século XVII. O hábito cada vez mais comum de tomar chá, café e chocolate por parte da nascente burguesia europeia foi um dos principais fatores do aumento de seu consumo. Entre 1600 e 1700, o açúcar era o principal artigo comercializado no mundo. O produto brasileiro dominava o mercado, fator que impulsionou tanto a invasão holandesa no Nordeste, que durou cerca de trinta anos, quanto o plantio de cana no Caribe, com

*Moinho de açúcar*, por Johann Moritz Rugendas, 1835. A obra detalha os apetrechos mecânicos da moenda, todos construídos em madeira dura. Fonte: Bridgeman Images/Easypix Brasil.

caráter monopolista. A partir daí, o ciclo brasileiro da cana começa a se esgotar. A produção ainda voltará a crescer um pouco, no início do século XIX, quando os mercados externos se fecham para nós.

Outro produto inigualável que vem da cana é a cachaça, parte central de nossa cultura, obtida através da destilação da garapa. Rainha entre as aguardentes, tem muitos nomes: pinga, branquinha, bagaceira, birita, caninha, mata-bicho, parati, pura, veneno, "marvada". Inezita Barroso a cantou como ninguém em "Marvada pinga": "Com a marvada pinga é que eu me atrapaio, eu entro na venda e já dou meu taio, pego no copo e dali não saio, só pra carregá é que eu dô trabaio".

O mais louvado subproduto da cachaça, a "caipirinha", foi alçada à condição de bebida nacional. Temos ainda a rapadura, que nada mais é do que o caldo de cana reduzido até se transformar em um bloco sólido.

A plantação de cana se concentrou praticamente no Nordeste, na faixa litorânea, onde antes florescia a mata atlântica. A qualidade da terra e a proximidade da Europa determinaram a escolha do local. Houve também uma exploração nas capitanias do Sul, mas em escala bem menor. Devido à facilidade de embarque dos produtos, os primeiros engenhos foram construídos na faixa mais próxima do mar ou das margens dos rios navegáveis. Em 1711, o jesuíta italiano André João Antonil escrevia:

> Contam-se no território da Bahia, ao presente, 146 engenhos de açúcar (moentes e correntes), além dos que se vão fabricando uns no Recôncavo, à beira-mar, e outros pela terra dentro, que hoje são de maior rendimento. Os de Pernambuco, posto que menores, chegam a 246, e os do Rio de Janeiro, a 136 [...] Aos índios tomaram (os portugueses) instrumentos de caça e pesca, embarcações de casca ou tronco escavado, que singravam os rios e as águas do litoral, o modo de cultivar a terra ateando principalmente fogo aos matos [...] o recurso às queimadas deve parecer aos colonos estabelecidos em mata virgem de uma tão patente necessidade que não lhes ocorre, sequer, a lembrança de outros métodos de desbravamento. Feita a escolha da melhor terra para a casa, roça-se, queima-se e limpa-se (ANTONIL, 1967).

> Parece-lhes que a produtividade do solo desbravado e destocado sem auxílio do fogo não é tão grande que compense o trabalho gasto em seu arroteio, tanto mais quando são quase sempre mínimas as perspectivas de mercado próximo para a madeira cortada (HOLANDA, 1971).

Interessante também é esta outra observação de Antonil:

> Ter olaria no engenho, uns dizem que escura maiores gastos, porque sempre no engenho há necessidade de formas, tijolos e telhas. Porém outros entendem o contrário, porque a fornalha da olaria gasta muita lenha de armar, e muito de caldear, e a de caldear há de ser de mangues, os quais, tirados, são a destruição do marisco, que é o remédio dos negros (ANTONIL, 1967).

A abundância de terras férteis e não desbravadas fez com que não houvesse nenhuma preocupação em sua manutenção.

> A regra era irem buscar os lavradores novas terras em lugares de mato dentro, e assim raramente decorriam duas gerações sem que uma fazenda mudasse de sítio, ou de dono. Essa transitoriedade, oriunda, por sua vez, dos costumes indígenas [...] deixou atrás de si um rastro de terras cansadas e destruídas. [...] O que, com segurança, se pode afirmar dos portugueses e seus descendentes é que [...] sempre se distinguiram, em verdade, pelo muito que pediam à terra e o pouco que lhe davam em retribuição (HOLANDA, 1971).

Em uma produção de índole semicapitalista, orientada sobretudo para o consumo externo, teriam de prevalecer critérios grosseiramente quantitativos. Na realidade, só com alguma reserva se pode aplicar a palavra "agricultura" aos processos de exploração da terra que se introduziram no país com os engenhos de cana. Nesses, a técnica europeia serviu apenas para fazer ainda mais devastadores os métodos rudimentares de que se valia o indígena em suas plantações.

Tornou-se possível, em certos casos, a fixação do colono. Não cabe atribuir tal fato a um zelo carinhoso pela terra, tão peculiar ao homem rústico entre povos genuinamente agricultores. "A verdade é que a grande lavoura, conforme se praticou e ainda se pratica no Brasil, participa, por sua natureza perdulária, quase tanto da mineração quanto da agricultura. Sem braço escravo e terra farta, terra para gastar e arruinar, não para proteger ciosamente, ela seria irrealizável" (HOLANDA, 1971).

Como observou Antonil (1967), além da devastação causada por métodos rudimentares, havia o gasto de lenha: "Querem as fornalhas, que por sete e oito meses ardem de dia e de noite, muita lenha; e para isto há mister dois barcos velejados para se buscar nos portos, indo um atrás do outro sem parar, e muito dinheiro para a compra; ou grandes matos com muitos carros e muitas juntas de bois para se trazer".

Cada engenho gastava por safra, pelos cálculos de Antonil, 320 tarefas ou 2.560 carros, cada carro medindo 1,76 metros de altura por 1,54 de largura. Sabe-se que um carro correspondia à quantidade de lenha que um escravo cortava e arrumava em um dia, havendo ao menos seis fornalhas por engenho.

> [...] bocas verdadeiramente tragadoras de matos, cárcere de fogo e fumo perpétuo e viva imagem dos vulcões, vesúvios e etnas e quase disse do Purgatório ou do Inferno. [...] O alimento do fogo é a lenha, e só o Brasil, com a imensidade de matos que tem, poderia fartar, como fartou por tantos anos, e fartará nos tempos vindouros a tantas fornalhas [...]. Gastam dois barcos de cana, ordinariamente, um de lenha, se for bem sortida, porque se for miúda, não basta (ANTONIL, 1967).

Tão grande foi essa devastação que, para evitar conflitos, a Corte portuguesa foi obrigada a baixar provisão em 1682, fixan do em meia légua o afastamento mínimo entre as instalações dos engenhos. Essa provisão foi reiterada em 1802.

A floresta tropical, que cobria todo o litoral do Nordeste do Brasil, desapareceu ao longo desse processo. Só sobrou sua designação de Zona da Mata. Atualmente, as praias ao longo da costa do Nordeste são ornadas com uma longa fileira de coqueiros vindos do sudeste asiático. Algumas das terras contíguas ainda mantêm as ondulantes plantações de cana. Isso se deve ao fato de que a cana impede, até certo ponto, a erosão do solo, que continua a reter parte de sua fertilidade natural. Outras regiões esparsas possuem setores de florestas de matas secundárias e terciárias que não apresentam mais a exuberância das florestas originais.

O açúcar custou muito sangue negro, custou a mata do litoral nordeste brasileiro, o nosso Pindorama. Como observou Antonil (1967), "para os que não sabem o que custa a doçura do açúcar a quem o lavra, conheçam e sintam por ele o preço que vale". O que a exploração da cana nos deixou como herança foi um Nordeste espoliado de suas riquíssimas matas, solos empobrecidos e uma população em grande parte miserável, muitas vezes servil, possuidora apenas de sua cultura popular e da humildade e humanidade que só muitas gerações de sofrimento podem ensinar.

# A OCUPAÇÃO DO TERRITÓRIO PELO GADO

*O meu boi morreu, que será de mim, manda*
*buscar outro, morena, lá no Piauí.*
**Folclore brasileiro**

A criação do gado ganha importância crescente como complemento das atividades que eram implantadas na colônia para atender às necessidades de alimentação e transporte dos engenhos. Via de regra, as criações eram instaladas em regiões de vegetação mais pobre, onde os pastos eram quase que naturais, e as terras, impróprias à agricultura. A falta de condições para cercar o gado também obrigava o desenvolvimento dessa atividade em regiões isoladas das plantações. Por essas razões, a Corte portuguesa determinou, em carta régia de 1701, que a criação fosse proibida a menos de dez léguas da costa.

As condições de transporte e abastecimento de água condicionaram a localização dos currais à beira dos rios. Assim, subindo o rio São Francisco, entre outros, o gado do Nordeste passava para o rio Parnaíba, estendendo-se aos sertões de Minas Gerais e, mais tarde, iriam chegar a Goiás e ao Mato Grosso. Outras levas originárias de São Paulo também se dirigiram para Minas e para o Sul do país.

Em 1711, Antonil registrava 500 currais nos sertões da Bahia (106 só na margem direita do São Francisco) e 800 nos sertões de Pernambuco, um total de aproximadamente 1,3 milhões de cabeças. Toda essa atividade se desenvolveu primordialmente nas terras da caatinga e do cerrado, onde as gramíneas nativas possibilitaram sua implantação quase que imediata.

A preocupação maior era com as queimadas dos pastos para limpar e fortalecer o capim. Ninguém descreve melhor a adaptação do homem a essa paisagem rude do que Euclides da Cunha: em *Os sertões*, o autor conta como se forma um deserto, tomando como exemplo uma região da borda do Saara afetada por um regime de chuvas torrenciais.

Boi e cactos, dois dos elementos mais característicos da caatinga. Gravura de J. Borges, destacado artista da literatura de cordel. Fonte: Memorial J. Borges, 2019.

[...] era como nos sertões de nosso país, além de inútil, nefasto. Caía sobre a terra desabrigada, desarraigando a vegetação mal presa a um solo endurecido; turbilhonava por algumas semanas nos regatos transbordantes, alagando planícies; e desaparecia logo, derivando em escarpamentos [...] deixando o solo, depois de uma revivescência transitória, mais desnudo e estéril (Cunha, 1947).

O couro era o único produto de exportação resultante da criação de gado. Servia tanto para as embalagens dos fardos de fumo que iam para a Corte quanto como elemento utilíssimo na vida desse povo, pois de couro eram as portas de suas cabanas, suas mochilas e suas roupas, que os protegem dos arbustos espinhentos da caatinga. Havia ainda a carne salgada, destinada à alimentação das camadas populares.

Canoas eram utilizadas pelos criadores de gado que viviam ao longo das margens dos rios. Interessante a informação sobre como as primeiras bandeiras paulistas atingiram as cabeceiras do rio São Francisco:

*A cachoeira de Paulo Afonso*, por Frans Post, 1649. A obra retrata o rio São Francisco onde a navegação fluvial era interrompida. Desde meados do século XX já não se vê a cachoeira, pois suas águas foram desviadas para a produção de energia. Fonte: cortesia do MASP.

Facilitaram essas entradas a abundância de matas no trecho superior do rio, as suas condições de navegabilidade dentro do planalto, o emprego de canoas. Paulistas houve que fizeram canoas e desceram para vendê-las próximo ao trecho encachoeirado onde a escassez da vegetação tornava preciosa a mercadoria (MAGALHÃES, 1935).

Quando se inicia o ciclo do ouro, as tropas de mulas originárias desses currais passam a desempenhar papel preponderante para suprir as necessidades crescentes de transporte em regiões montanhosas. A atividade mineradora também foi um importante fator a estimular a ocupação dos nossos sertões interiores.

## O CICLO DO OURO

> *O que é que a baiana tem?*
> *Tem torço de seda, tem*
> *Tem brincos de ouro, tem [...]*
> *Pulseira de ouro, tem [...]*
> *Tem graça como ninguém!*
> **Dorival Caymmi**, "O que é que a baiana tem?"

A ânsia pelo lucro é a razão primordial da vinda dos europeus ao Brasil. A descoberta e a pilhagem dos metais preciosos dos incas e astecas pelos espanhóis incentivaram os portugueses a dominar suas terras recentemente descobertas, pois elas, afinal, se encontravam bem próximas da fonte inesgotável de riqueza espanhola. A descoberta das minas de prata de Potosi, no alto Peru, elevou a Espanha à condição de país mais rico da Europa. O mito do Eldorado inflamou igualmente a cobiça de outras nações, que saquearam nossas costas e se estabeleceram definitivamente nos territórios conhecidos como Guianas.

O sonho do ouro do Brasil nasceu com a "descoberta". Eldorados e serras resplandecentes povoaram a imaginação de muitos que

Escravos no trabalho de mineração de diamantes no início do século XIX. Fonte: BARROS, Stella Teixeira de. Pinacoteca Municipal de São Paulo, 2005/Wikimedia Commons.

para cá vieram. Expedições exploradoras furaram matos e sertões. Gabriel Soares de Sousa, nosso melhor cronista do primeiro século, encerra seu *Tratado descritivo do Brasil em 1587* citando fabulosas riquezas e vai morrer no sertão em busca de minas. Só no final do século XVII, quando os membros das expedições paulistas aprenderam a distinguir o ouro *in natura*, seria encontrado esse metal. As maravilhosas minas enfim se transformam em realidade e passam a concentrar os principais esforços da colônia. Desloca-se o eixo de atração do Nordeste para o Centro-Sul, onde se dará pela primeira vez a ocupação do interior do país.

Em Minas Gerais, o ouro aparece na transição entre a mata atlântica e o cerrado. "Primeiramente em todas as minas que vi e que assisti, notei que as terras são montanhosas, com cerros e montes, que se vão às nuvens, por cujos centros correndo ribeiros de bastante água, ou córregos mais pequenos, cercados todos de arvoredos grande e pequeno, em todos esses ribeiros pinta ouro com mais ou menos abundância" (ANTONIL, 1967).

Seguindo os caminhos dos indígenas, mais uma vez, seriam descobertas as minas de Cuiabá, navegando pelo rio Tietê, e em seguida as do Goiás, ambas em terras de cerrado. Logo depois se revelariam as minas de Vila Bela da Santíssima Trindade, no atual Mato Grosso, fronteira com a Bolívia, já no interior da floresta amazônica. O ouro apareceria ainda nos sertões da Bahia, na Chapada Diamantina, onde o procurou Gabriel Soares de Sousa, em plena caatinga.

Nessas regiões também foram encontradas grandes quantidades de límpidos diamantes. Estes não haviam sido cogitados; imaginava-se na época que só existissem no Oriente. Essa descoberta gerou em Minas Gerais uma zona delimitada, sob rígido controle direto da Coroa. A exploração de todas essas minas ocorreu durante os primeiros três quartos do século XVIII.

Os diamantes nos deixaram a curiosa história do lago artificial criado pelo encarregado da Coroa, João Fernandes, para satisfazer o desejo de conhecer o mar de sua amada, Chica da Silva, escrava liberta, que o singrava em uma caravela.

A notícia de tantas riquezas encontrou imensa repercussão em um Portugal empobrecido. Afinal, se para implementar um engenho de açúcar era necessário muito capital, para garimpar o ouro bastava estar nas minas. O resultado é que uma enorme leva de aventureiros cruzou o Atlântico com a mente inflamada pela ideia de busca da fortuna. Calcula-se em 300 mil o número de portugueses que emigraram, uma imensa quantidade para a época. Rígidas restrições foram impostas, nem sempre gerando resultados, para impedir que Portugal se despovoasse.

O assanhamento foi tão grande que gerou duas crises de fome na região das minas. Isso dispersou ainda mais os garimpeiros, que, como decorrência, fizeram novas descobertas. "Sendo a terra que dá ouro esterilíssima de tudo o que há mister para a vida humana, e não menos estéril a maior parte dos caminhos das minas, não se pode crer o que padeceram ao princípio os mineiros por falta de mantimentos" (ANTONIL, 1967).

Consequência imediata dessa invasão também foi a Guerra dos Emboabas, que se estendeu de 1707 a 1709. Nessas batalhas, os recém-chegados portugueses expulsaram das jazidas os bandeirantes paulistas, que as tinham descoberto.

Mineração de ouro por lavagem próxima do morro do Itacolomy, em Ouro Preto, Minas Gerais, por Johann Moritz Rugendas, 1835. Fonte: Brasiliana Iconográfica/Wikimedia Commons.

O banditismo imperou nos primeiros tempos. Como relatou Antonil:

> Convidou-os o ouro a jogar largamente e a gastar em superfluidades quantias extraordinárias, sem reparo, comprando, por exemplo, um negro trombeteiro por mil cruzados, e uma mulata de mau trato por dobrado preço para multiplicar com ela contínuos e escandalosos pecados. Os vadios que vão às minas para tirar o ouro não dos ribeiros, mas dos canudos em que o ajuntam e guardam os que trabalham nas catas, usaram de traições lamentáveis e de mortes mais que cruéis, ficando estes crimes sem castigo, porque nas minas a justiça humana não teve ainda tribunal nem o respeito que em outras partes goza (ANTONIL, 1967).

Além das buscas no fundo dos rios, procuravam-se os veios nas margens, destruindo a vegetação ciliar. "Na ânsia de descobrir os veeiros, de onde provinham os maiores depósitos aluvionares e os tabuleiros nos vales dos rios, praticaram os mineradores grandes queimas que devastaram por completo extensas zonas de mato" (ANTONIL, 1967). O trabalho de mineração exigia frequentemente obras hidráulicas de vulto e grandes escavações, cujos vestígios ainda sulcam vastas regiões dos territórios de Minas Gerais, Goiás, Mato Grosso e Bahia.

O principal resultado desse processo foi um aumento vertiginoso da presença de europeus e de mais escravos negros no Brasil, trabalhando nas minas e na produção de alimentos para abastecer essa nova população. Para isso foram desmatadas grandes áreas da mata atlântica, bioma mais próximo e mais produtivo que cedeu sua fertilidade para saciar a todos os recém-chegados.

Toda essa riqueza que possibilitou um século de fartura em Portugal terminou na Santa Sé e, principalmente, nos cofres da Inglaterra. Restou no Brasil apenas uma finíssima camada pincelada por sobre madeira entalhada de magníficos altares barrocos. Segundo Roberto Simonsen:

> Deixou só o que não podia ser levado. Escravos e tropas de mulas, o que mais tarde facilitaria a implantação das fazendas de café. Mas existem, ainda hoje, em regiões de Minas e outras zonas do Brasil central, milhões de brasileiros, descendentes dos primeiros povoadores, que aí curtem um baixo teor de vida, labutando em terras pobres e a braços, com complexos problemas de ordem econômica (SIMONSEN, 1957).

Ainda segundo Simonsen, as catas de ouro das Gerais foram as mais ricas minas desse metal encontradas pelo homem desde a Antiguidade. Suas riquezas serviram de base para a economia da nascente Revolução Industrial no século XVIII: "Sem as minas de prata encontradas pelos espanhóis nos Andes e o ouro retirado pelos portugueses dos vales de Minas Gerais, não existiria o sistema monetário da forma como o conhecemos".

## O EXTRATIVISMO VEGETAL

> *Oi, trepa no coqueiro, tira coco*
> *Gipi-gipi, nheco-nheco*
> *No coqueiro oi-li-rá!*
> **Ary Kerner**, "Trepa no coqueiro"

Cabe aqui uma observação das diversas adaptações que teve o brasileiro condicionado pelo meio físico e por sua vegetação. Diégues Jr. nos apresenta uma análise das nossas "regiões culturais", de cuja definição participa a vegetação como um dos elementos definidores. O meio ecológico aparece quase sempre não como elemento determinista, mas condicionador dos processos de contato cultural da ocupação humana.

O primeiro fator de atração do colonizador foi a presença, no litoral, de grandes extensões de mata. E o primeiro modo encontrado de tratar a mata foi derrubá-la para as plantações. No processo de ocupação "onde a terra propiciava o plantio de cana, foi cultivada a cana, onde havia drogas ou especiarias só se extraíam drogas e especiarias, onde a riqueza das minas se apresentava fabulosa, a mineração fixava-se; onde os pastos bons ou os barreiros incrementavam a pecuária, criava-se

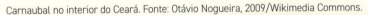

Carnaubal no interior do Ceará. Fonte: Otávio Nogueira, 2009/Wikimedia Commons.

o gado; onde o extrativismo vegetal proporcionava bons resultados, extraía-se o mate, ou então a borracha" (DIÉGUES JR., 1960).

Os indígenas e os negros escravizados, os mestiços, mulatos e mamelucos são os tradutores da realidade tropical para o europeu. Eles é que desbravam, ensinam os métodos, proporcionam a alimentação e conhecem muitos outros segredos da mata. Os primeiros séculos se caracterizam pela gestação da cultura brasileira sempre ligada à terra. A fazenda sintetiza o primeiro complexo cultural de onde se irradia, com o povoamento, a própria formação do Brasil.

Onde a vegetação foi necessária à sobrevivência, ela permaneceu. Onde as terras possibilitavam plantação, a voracidade do colonizador a derrubou. Na caatinga, a vegetação foi apoio à sobrevivência, e em grande parte permaneceu. As atividades extrativistas de produtos vegetais foram as que possibilitaram adaptação mais harmoniosa do homem com a vegetação.

Assim, os carnaubais e babaçuais, principalmente nos estados do Piauí e Maranhão, vão condicionar uma cultura característica. Diégues Jr. se refere aos carnaubais como responsáveis pela "cultura da cera": "Em torno dos carnaubais desenvolve-se um gênero de vida típico, característico [...] que vem fixando gêneros humanos. O trabalho, de tipo familiar, proporciona ao homem uma atividade que prende ao meio, ambientando-o" (DIÉGUES JR., 1960).

A palmeira de carnaúba também fornece madeira para as construções; suas folhas e fibras se transformam em material para telhados, paredes, esteiras, chapéus,[13] velas, peneiras, cestos, cordas, sapatos e bolsas, enquanto do pó da palha das folhas fabrica-se sabão e botões. Já o sumo da fruta fornece remédio. O babaçu, o coqueiro da Bahia e o buriti também são palmeiras que marcam tanto a paisagem quanto a atividade humana pela mesma diversidade de sua aplicação. Destacam-se tanto pelo verde de sua silhueta elegante quanto por sua

---

[13] Como diz Luiz Gonzaga em "Calango da lacraia": "Se não fosse a carnaúba, não tinha chapéu de 'paia'".

Penca de cocos, por Albert Eckhout, século XVII. Fonte: Albert Eckhout/Wikimedia Commons.

relevância na arquitetura, no vestuário, nos utensílios domésticos e nas canções.

A ocupação amazônica deu-se ainda através do extrativismo das drogas do sertão. Por meio das missões religiosas, indígenas da região foram incorporados a esse sistema de produção a partir do século XVII. Quando os silvícolas não tinham sua mão de obra explorada por esse método, eram incorporados por total escravidão. Os produtos extraídos aqui eram canela, cravo, anil, cacau e madeiras.

A exploração das madeiras se diferencia do extrativismo até agora mencionado. Tal processo, feito sempre de maneira predatória, destrói a floresta. Porém, até recentemente a exploração da madeira amazônica era de pequena escala; sempre existiu para fins de construção e exportação, mas em relativa pequena quantidade. Mais significativa foi a tentativa de exploração intensa de madeiras levada a efeito no fim do século XVIII pela Coroa portuguesa.

A principal intenção dessa atividade era restaurar a esquadra portuguesa. Houve estaleiros de relativa importância na Bahia e no Maranhão. No entanto, essa indústria não teve grande desenvolvimento. Segundo Prado Jr. (2012), o aproveitamento das madeiras do Brasil se tornaria mais intenso depois de 1810, quando é dada aos ingleses a autorização de explorar as matas da colônia.

# O CICLO DA BORRACHA

*Mi ritrovai per una selva oscura [...]*
*Selva selvaggia, e aspra, e "dura".*
**Dante Alighieri**, *A divina comédia*

Os indígenas conheciam a exploração da borracha, que surprcen-deu Cristóvão Colombo em uma de suas viagens. O apogeu desse ciclo no Brasil ocorreu entre 1890 e 1920 e abrangeu praticamente toda a floresta amazônica. O crescimento da indústria nos países do Norte e a busca por matérias primas em outros continentes fizeram com que a seringueira da Amazônia se tornasse um produto cobiçado.

A exploração da borracha se fará pelos mais rudimentares processos (PRADO JR., 2012) e em regime de trabalho de semiescravidão. Euclides da Cunha já relatava que "o seringueiro realiza uma tremenda anomalia: é o homem que trabalha para escravizar-se".[14] Nesse panorama tecnológico social, o grande vale conheceu pela primeira vez alguma riqueza, "que será desperdiçada pelos coronéis num clima de *vaudeville* da Belle Époque. Entre cortesãs francesas e cantores de ópera italianos, a vida procurava ser um primor difícil e caro, não mais gesto simples" (SOUZA, 1978b).

O símbolo mais conhecido desse breve período de prosperidade é o Teatro Amazonas, inaugurado em 1896, com capacidade para setecentos espectadores, que impera majestoso numa colina próxima ao centro de Manaus. Construído com madeiras nobres, tem todas as características do estilo neoclássico das casas de ópera. Na praça fronteira há uma imponente escadaria e uma altaneira escultura de bronze que comemora a abertura dos portos brasileiros às nações amigas, fato ocorrido no início do século XIX.

---

[14] Euclides da Cunha foi nomeado pelo Barão do Rio Branco, então ministro de Relações Exteriores, para chefiar a Comissão Mista Brasileiro-Peruana, criada para dirimir a disputa territorial no Alto Purus, atual Acre.

Teatro Amazonas, situado no alto de uma colina próxima ao centro de Manaus. Obra mais representativa do auge econômico da exploração da borracha. Fonte: Rafael Zart/Wikimedia Commons.

O ciclo da borracha resultou do transbordo de população despossuída do Nordeste, principalmente cearenses, para o interior da Amazônia. Baseado na extração de produto vegetal, não interferiu profundamente na paisagem natural da floresta. Na realidade, a extração do látex dependia da manutenção da vegetação original para a própria sobrevivência, motivo pelo qual não provocou grande devastação. Fez parte desse ciclo a incorporação do Acre, hoje estado brasileiro, que antes integrava o território boliviano.

O declínio da borracha ocorreu principalmente devido ao contrabando de sementes da região para a Inglaterra. Cultivada primeiro em Kew Gardens, em Londres, a seringueira foi levada para o Ceilão (hoje Sri Lanka), Malásia, Sumatra e Singapura, no sudeste da Ásia, e plantada de forma metódica. Em 1915, a Ásia exportava dez vezes a produção da Amazônia. A impossibilidade de competir acarretou a decadência.

A Primeira Guerra Mundial trouxe uma sobrevida à produção da Amazônia, dessa vez com uma exploração planejada. Os preços internacionais estavam artificialmente altos, e os Estados Unidos precisavam garantir o suprimento de borracha para a nascente indústria automobilística. O presidente norte-americano Herbert Hoover enviou expedições à Amazônia para investir na produção de borracha na América Latina. O industrial Henry Ford arregaçou as mangas. Seus funcionários escolheram uma região no baixo rio Tapajós, a 190 quilômetros de Santarém, onde fundou-se a cidade de Fordlândia. No entanto, a atividade não prosperou, basicamente, por conta das condições do clima na região.

Segundo Greg Grandin, decidiu-se aplicar

> [...] as técnicas da produção intensiva plantando as seringueiras em linhas, próximas umas às outras segundo os planos; dois homens plantavam de 160 a 200 árvores por dia, usando de dois a três minutos no plantio de cada muda. Assim era feito no sudeste da Ásia, onde as seringueiras foram plantadas aos milhares por hectare sem maiores problemas, pois lá não existiam os fungos nem os predadores nativos amazônicos. Mas na Amazônia esta técnica de *plantation* foi um erro enorme. Se a primeira leva de seringueiras não prosperou porque as sementes não eram boas ou porque haviam sido plantadas em solo calcinado, a segunda leva acabou dizimada por fungos, insetos e toda sorte de pragas.
>
> A *Hevea brasiliensis* silvestre se desenvolve de forma espontânea e afastada umas das outras (duas a três para cada quatro mil metros quadrados), o que reduz a propagação das lagartas, formigas, moscas brancas, percevejos e todo tipo de pragas que se alimentam de suas folhas. A floresta densa à sua volta as protege do excesso de sol e chuva [...]. Tudo parecia correr bem até que os insetos atacaram: ácaros vermelhos, moscas brancas, formigas pretas, besouros brancos, gafanhotos, mandruvás, aranhas, que atacavam também máquinas, causando curto-circuito em equipamentos telegráficos. E sobretudo as lagartas. A empresa mobilizou toda a população, que em cinco horas colheu cerca de 250 mil lagartas que foram queimadas (GRANDIN, 2010).

Depois de seis anos, os produtores encararam o desastre e transferiram a experiência para Belterra, mais próxima de Santarém, nas cercanias da cidadezinha de Itaituba. Ao contrário de Fordlândia, que se transformou em uma cidade-fantasma, Belterra sobrevive, mas não prosperou como produtora de borracha.

A descoberta dos processos sintéticos de fabricação da borracha foi o golpe de misericórdia nessa produção. Durante a Segunda Guerra Mundial, houve uma volta da exploração da borracha natural devido à ocupação das plantações asiáticas pelos japoneses. Esse ressurgimento terminou com o final da guerra.

## O CICLO DO CAFÉ

*Quem vier depois que se arranje.*
**Dizer dos fazendeiros de café no século XIX**

Originário do Oriente, o *Coffea arabica* foi introduzido primeiro no Norte do Brasil. Não há consenso entre os historiadores, mas aceita-se oficialmente que as primeiras mudas de café foram levadas de Caiena, capital da Guiana, para Belém do Pará por Melo Palheta em 1723, e de lá transplantadas para o Jardim Botânico do Rio de Janeiro.[15]

Ao final do século XVIII, o naturalista Alexandre Rodrigues Ferreira, em sua Viagem filosófica ao Amazonas,[16] relata que os gêneros que teriam melhor adaptação ao solo amazônico e maior efetividade comercial para a capitania seriam o café, o tabaco e o anil. Apesar dos

---

[15] Este autor, pesquisando no Arquivo Nacional Torre do Tombo, em Lisboa, em 1975, encontrou referências sobre a presença do café entre as mercadorias de um navio que zarpava de São Luís do Maranhão para Portugal, ainda no século XVII. Não é de se estranhar, pois as versões oficiais são muitas vezes suplantadas pela descoberta de novas informações.

[16] Realizada entre 1783 e 1792 sob comando de Alexandre Rodrigues Ferreira e acompanhada pelos artistas Joaquim José Codina e José Joaquim Freire. Para mais informações, ver: FERREIRA, Alexandre R. *Viagem filosófica: pelas capitanias do Grão-Pará, rio Negro, Mato Grosso e Cuiabá*. Manaus: Valer, 2007.

Cultura do café entre a Serra dos Órgãos e Magé, província do Rio de Janeiro. Imagem publicada em *Flora brasiliensis* (1840-1906). Fonte: Brasiliana Iconográfica/Wikimedia Commons.

progressos na agroexportação, no entanto, havia diversos entraves para o crescimento econômico, como o reduzido número de trabalhadores escravizados e a falta de aprimoramento técnico agrícola, fator que, segundo Ferreira, baseava-se "no machado e na enxada".

O café chegou a ser cultivado no Ceará, em Pernambuco e na Bahia ainda no século XVIII, mas foi na região Sudeste que encontrou condições de clima e de solo para se desenvolver plenamente. Era uma cultura extensiva, que ocupava imensas áreas de terra, sempre tomadas às florestas, como se estas fossem inesgotáveis. Era tanta terra que agia-se como se não tivesse valor. O preço das terras do planalto paulista era tão baixo que sequer era mencionado nos inventários dos bandeirantes no século XVIII.

O aumento do consumo de café nos países europeus favoreceu a intensificação do cultivo para exportação. A bebida se consolidou na Europa a partir do século XVIII, com o aparecimento de uma nova classe burguesa endinheirada e de novos costumes, como o de frequentar salões públicos onde o café era servido. A cafeína os estimulava a conversar e debater novas ideias, muitas vezes com entusiasmo redobrado. Algumas dessas discussões resvalavam para ideias tão novas que chegavam a ser subversivas para a época, como as de liberdade, igualdade e fraternidade entre as classes sociais. Alguns autores chegam mesmo a afirmar que o café foi um dos combustíveis da Revolução Francesa.

No século XIX, com a expansão da economia norte-americana, o café passou também a ser consumido em larga escala nos Estados Unidos. Essa expansão elevou a procura pelo produto, e plantar café se transformou em uma atividade muito lucrativa.

O processo de formação das fazendas ocorria quase sempre da mesma maneira. Nas terras virgens, alguns caboclos desenvolviam roças através dos processos rudimentares, aprendidos com os indígenas. Plantavam para sua subsistência. Depois de alguns anos de queimadas e alargamento das clareiras, essas terras eram tomadas por um grupo de pessoas que se declarava proprietária e que tinha acumulado algum capital em outras plantações. Esses empreendedores também podiam conseguir doações de sesmarias do Império, mesmo com demarcações imprecisas. As queimadas, então, abrangiam todo o território da fazenda. Enquanto se queimava a floresta, iniciava-se a plantação e a construção dos terreiros, das tulhas, das instalações de armazenamento, da casa dos senhores e da senzala dos escravos.

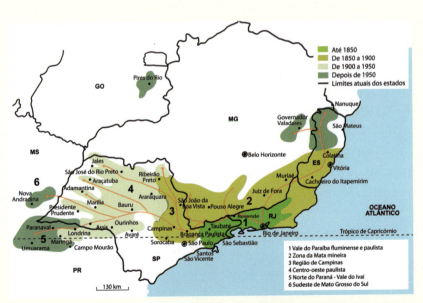

Expansão da cultura cafeeira entre 1800 e 1950 no Sudeste do Brasil, chegando ao Mato Grosso do Sul. Adaptação de Vera Severo sobre mapas do IPHAN/UNESCO, 2008.

Colhemos a interessante descrição de como o corte da mata atlântica ocorria para o plantio do café. O senhor da fazenda escolhia uma determinada encosta do terreno, comumente declivoso, onde a floresta deveria ser cortada e seus feitores e escravos iam com o machado, de árvore em árvore, subindo a encosta, cortando os troncos até o ponto de fragilizar a estabilidade das árvores, mas sem derrubá-las. Quando chegavam ao topo da elevação, faziam com que as árvores mais altas caíssem por sobre aquelas previamente preparadas, em efeito dominó, morro abaixo, de forma que toda a floresta que recobria essa elevação despencava ao mesmo tempo, em alarido surdo, como uma grande cachoeira.

Sérgio Milliet, em seu notável livro *Roteiro do café e outros ensaios*, descreve com precisão a forma como essa lavoura se desenvolveu ao longo do Sudeste brasileiro. Principalmente, informa a característica mais particular desse plantio, que foi a de ocupar sempre mais e mais áreas de mata virgem, destruindo, a cada nova geração de cafeeiros, uma nova área de floresta intocada, como uma onda. Dizia-se então que o café precisava do "bafo" da floresta para bem produzir. Assim, deixavam para trás terras cansadas, incapazes de alguma produção rentável. Muitas dessas áreas abandonadas eram reconquistadas pela floresta, mas com espécies mais frágeis ou pouco desenvolvidas, já que a maior parte da fertilidade do solo tinha se perdido.

A expressão "onda do café" retrata, de forma clara, a passagem desse arbusto pelo Vale do Paraíba fluminense, que em seguida se expandiu pelo vale paulista, pulando, depois, as terras pouco férteis dos arredores da cidade de São Paulo para então chegar às grandes manchas de terra mais fértil do norte e do oeste paulista. Já na primeira metade do século XX, o café invadia os pinheirais do norte paranaense.

> Durante pouco mais de um século o panorama de nosso crescimento e progresso se transformou num cenário de colinas de cafezais. Tudo girava em torno do ouro verde; dele vinha tudo e tudo era destinado a ele: homens, animais, máquinas. A terra cansada, cujo abandono expulsa a população, se torna

empobrecida e doente; a terra virgem deflorada logo adquire vida, torna-se rica e próspera (MILLIET, 1939).

Enquanto a exploração do ouro se esgotava, os cafezais se expandiam, tendo ocorrido, no início do século XIX, uma passagem da mão de obra escrava das minas para as fazendas. Essa exploração durou até a libertação dos escravos, em 13 de maio de 1888, quando foram substituídos por colonos europeus, principalmente italianos.

Nas áreas de topografia mais acidentada, onde a erosão do solo foi mais predatória, especialmente no Vale do rio Paraíba do Sul, grandes fortunas foram construídas com o café, em uma geração, para se perder na geração seguinte. Monteiro Lobato, filho e neto de fazendeiros de café dessa zona, cunhou a expressão "cidades mortas", que retratam bem como essa ocupação ocorreu.

Raras vezes mais de duas gerações de cafezais foram aí plantadas. Aos primeiros sinais de cansaço da terra, florestas eram cortadas para dar lugar a novas plantações, e assim sucessivamente. As terras abandonadas "eram irreparavelmente degradadas e transformadas em terras para plantio de algodão, campos de grãos e, finalmente, como último recurso, em pastos" (VICTOR *et al*, 2005).

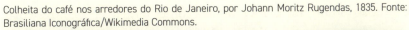

Colheita do café nos arredores do Rio de Janeiro, por Johann Moritz Rugendas, 1835. Fonte: Brasiliana Iconográfica/Wikimedia Commons.

A devastação provocada pela violenta passagem do café pelas colinas do Vale do Paraíba ainda pode ser observada pela erosão sempre crescente. Também deixou seu rastro no abandono das belíssimas casas de fazenda, muitas em ruínas, e suas cidades, antes pujantes, encolheram-se.

Logo o café passou a ser plantado na região noroeste do estado de São Paulo, onde as manchas de terra roxa eram mais férteis e planas. Seguia o plantio sempre em busca de terra virgem em direção ao sertão. Só havia uma norma: evitar o sul do Trópico de Capricórnio, que passa pelo alto da cidade de São Paulo, onde as temperaturas eram impróprias e as geadas destruíam as plantações.

As estradas de ferro também surgem em nosso território como consequência do café. Iam atrás dos cafezais ou os antecediam. As fornalhas das locomotivas, alimentadas à lenha, foram outro fator de destruição da floresta.

O café não ultrapassou as encostas da região noroeste de São Paulo com a mesma rapidez. Os métodos empregados eram os mesmos, mas as encostas eram menos pronunciadas, e a erosão, portanto, mais lenta. A ocupação, no oeste paulista, de florestas mais robustas, em solos ricos e de composição vulcânica, de cor avermelhada, chamados pelos italianos de "terra *rossa*", ou terra vermelha, de grande fertilidade, impulsionou ainda mais essa economia. Curiosamente, no português, a expressão estrangeira foi incorporada como "terra roxa" até nossos dias, apesar de toda sua vermelhidão. O café estende-se através de superfícies uniformes de plantações ininterruptas, cobrindo a paisagem até onde o olho alcança. Um "mar de café", nome dado outrora a essas plantações.

O apogeu desse sistema voltado para a produção e exportação, em larga escala, de matérias-primas e gêneros tropicais, como a cana e a borracha, estendeu-se do último decênio do século XIX até a passagem para o século XX. O café brasileiro, então, basicamente exportado para os Estados Unidos, mantém sua pujança até o *crack* da Bolsa de Nova York, em 1929.

O desenvolvimento econômico do Brasil, da colônia ao império, baseou-se na exploração de recursos naturais por mão de obra escrava,

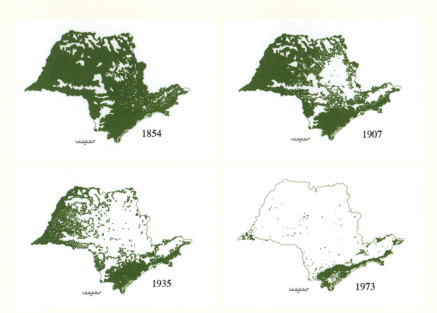

Devastação florestal do estado de São Paulo entre 1854 e 1973. Adaptação de Vera Severo sobre mapas de Cavalli, Guillaumon, Serra Filho e Moraes Victor, 1973.

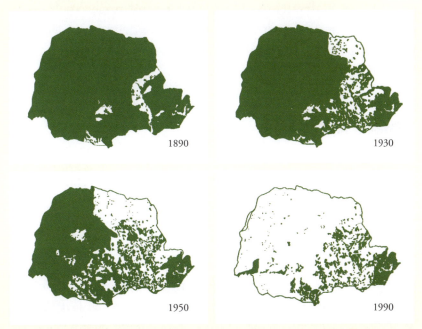

Devastação florestal do estado do Paraná entre 1890 e 1990. Adaptação de Vera Severo sobre mapas de José Eustáquio Diniz Alves, 2013.

CAPÍTULO III · A OCUPAÇÃO DAS FLORESTAS   159

inicialmente a indígena. Com a maior parte dessa população dizimada, logo foram substituídos pela mão de obra negra, trazida de diversos portos da África para os países da América banhados pelo Atlântico e o Caribe. Dentre estes, o Brasil recebeu o maior contingente de pessoas escravizadas, vindas principalmente das colônias portuguesas de além-mar.

O tipo de mão de obra utilizada na exploração do açúcar gerou uma população empobrecida que compõe a maioria dos habitantes do Nordeste. Grande parte dos negros libertados durante a exploração do ouro miscigenou-se com indígenas e portugueses, formando as populações de Minas Gerais, Goiás e Mato Grosso. Com a decadência das minas, outra grande parte dos escravizados foram transladados para a produção do café no Vale do Paraíba do Sul. Após a assinatura da Lei Áurea, os ex-escravos abandonados dirigiram-se às cidades para vivenciar sua liberdade, principalmente para o Rio de Janeiro, onde foram em busca da proteção de sua Redentora, a princesa Isabel. O cenário que resultou contava, de um lado, com fazendeiros que reclamavam indenização pela perda da mão de obra, e de outro, com ex-escravos deixados ao léu, sem apoio da Corte e sem trabalho, sofrendo contínuos preconceitos e violências que perduram até hoje.

## TEMPOS MODERNOS

> *Que tempos são esses em que*
> *Uma conversa sobre árvores é quase um crime*
> *Pois implica em calar-se sobre tanta atrocidade!*
> **Bertolt Brecht**, "Aos que vão nascer"

A ocupação do território brasileiro ocorre com crescente velocidade a partir do século XX. Vários fatores contribuem para essa aceleração: a mecanização, a industrialização – principalmente depois da década de 1950 –, o crescimento demográfico, o aumento da agressividade das empresas nacionais e a crescente participação de empresas estrangeiras.

Incêndio na floresta amazônica. Fonte: Ricardo Oliveira, 2018/Tyba.

A legislação nacional de preservação de florestas, instituída na década de 1930, foi praticamente ignorada no Centro-Sul com o avanço das lavouras. Restou apenas a vegetação das poucas regiões em que a exploração foi impossível. Mesmo assim, serras íngremes de Minas Gerais perderam sua vegetação nativa para os fornos de siderúrgicas.

As fraldas da Serra do Mar e as suaves dunas das praias do Nordeste são cada vez mais devastadas pela especulação imobiliária. As fontes de atração turística, a beleza da paisagem, a vegetação nativa e a pureza das águas vão sendo destruídas, aniquilando o motivo dos seus ganhos. Assim se vê diluir algumas das mais belas paisagens do planeta, por atividade que deveria ser zelosa do ambiente. O turismo do Centro-Sul passa a ter como característica a atividade de franja móvel, como a mineração. Destrói-se aqui e logo passa-se adiante para continuar sempre destruindo mais além.

O ideal de "integridade nacional" do governo militar, aliado à miragem do milagre brasileiro na década de 1970, levou ao ataque da floresta amazônica. A ditadura incentivou a migração de colonos de várias partes do país para a Amazônia, sobretudo ao longo da estrada que então se abria, a Transamazônica. O projeto original era ligar o Atlântico ao Pacífico. Ali, os recém-chegados recebiam estímulos para derrubar a floresta sem critérios, nem noção do valor do que estava sendo destruído. O resultado inicial foi o surgimento de conjuntos de ocupantes sem renda e sem produção efetiva, levando a um novo problema social onde antes imperava a natureza.

Os incentivos governamentais são a mola de ação de empresas nacionais e estrangeiras interessadas em projetos agropastoris e na exploração de uma força de trabalho barata. Ancoradas num sistema de autoritarismo para o povo e de protecionismo para as empresas, abatemos a maior floresta do planeta para alimentar a voracidade dos grandes monopólios.

Sobre esse deslumbramento oficial, Márcio Souza (1978b), um dos grandes pensadores da região, comenta: "É preciso voltar-se para a Amazônia e, reconhecendo a sua agonia, procurar restaurar a sua verdade por um consciente trabalho de solidariedade. Não se pode mais permitir que a região seja considerada uma categoria do exótico".

Muitas foram as críticas a essa ação, quase todas ignoradas pelo governo de então. Transmitimos aqui algumas delas:

> O pioneirismo em Rondônia apresentou nos últimos cinco anos alguns dos mais dramáticos capítulos da corrida para o Norte desencadeada pelo governo – uma história contada por milhares de mortes, violência, total desrespeito às leis, destruição do meio ambiente, agressões à população nativa, desmandos administrativos, prepotência, corrupção, crimes de toda a espécie. [...] A alienação técnico-cultural dessa penetração leva a que o patrimônio cultural da adaptação do homem à floresta comece a se perder (CARDOSO; MÜLLER, 1977).

> A Amazônia é ainda uma das pátrias do mito, onde ainda existe uma unidade entre o pensamento e a vida numa constante interação de estímulos e afirmação. A Amazônia estará livre quando reconhecermos definitivamente que essa natureza é a nossa cultura, onde uma árvore derrubada é como uma palavra censurada e um rio poluído é como uma página rasurada. A

luta pela Amazônia está no processo geral de libertação dos povos oprimidos (Souza, 1978b).

Com o advento de Brasília e a consolidação de estradas, das quais a mais representativa é a Belém-Brasília, nas décadas de 1950 e 1960, o acesso ao enorme território do cerrado brasileiro estava consumado. O desenvolvimento de novas técnicas agrícolas, estudos que permitiram a correção da acidez dos solos e outros insumos nessa região, permitiu que áreas de cerrado fossem ocupadas cada vez mais rapidamente. Nessa época, durante os meses secos, havia tanta fumaça das queimadas que só aviões com aparelhos eletrônicos para voo cego riscavam o céu em todo o Brasil central. Somava-se a isso a pulverização com pesticidas desfolhantes clorados, que destroem as folhas da vegetação e contaminam pessoas e animais de forma letal, utilizados clandestinamente para "limpar" terrenos de vegetação considerada indesejável.

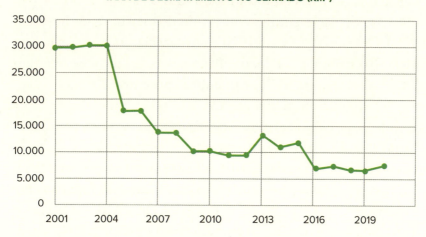

Elaboração: Ricardo Brochado. Fonte: TerraBrasilis, 2021.

Outro grande problema que ameaça a vegetação é a poluição atmosférica. O exemplo brasileiro mais impressionante desse ataque foi a agonia da floresta atlântica nos arredores da refinaria de petróleo de Cubatão (SP) até a década de 1980. Em 1985, chuvas de verão mais intensas puseram abaixo toda a vegetação das elevadas encostas voltadas para as indústrias, com enormes deslizamentos que chegaram até o alto da Serra do Mar e soterraram parte das instalações petroquímicas. No entanto, um programa de controle da poluição conseguiu conter boa parte dessas emissões industriais. Em função disso, a floresta vem se regenerando com uma fraca vegetação secundária.

As chuvas ácidas provenientes da poluição gerada por indústrias vorazes eram um tema que preocupava todo o planeta nas décadas de 1970 e 1980. Casos semelhantes foram reportados em vários países, sendo os mais negativamente famosos os de Cubatão, no Brasil; de Timisoara, na Romênia; e na Ilha da Tasmânia, na Austrália. Depois disso essas situações foram razoavelmente controladas.

Tudo isso ocorria em um contexto de crescimento econômico: os dados governamentais mostravam um aumento da taxa de crescimento do Produto Interno Bruto (PIB) superior a 9%, de 1968 a 1974. O problema é que esses rendimentos eram cada vez mais concentrados. De acordo com dados dos censos de 1960 e 1970, 40% da população partilhavam 11,6% do total da renda bruta em 1960. Dez anos depois, em 1970, essa porcentagem havia caído para 10%. No mesmo período, os 40% mais ricos, que abocanhavam 74,6% da renda em 1970, passaram a concentrar 79,2%.

Na segunda metade do século XX, ocorreu a maior onda de devastação de nossas florestas. No sul da Bahia e no norte do Espírito Santo, que ainda guardavam uma quantidade expressiva de sua mata atlântica original, a exploração desenfreada de madeiras nobres levou à quase extinção da mais preciosa delas, o jacarandá, intensamente exportado. O Fundo Monetário Internacional (FMI) construiu em Paris uma grandiosa sala de reuniões, com pé direito triplo, inteiramente revestida de jacarandá da Bahia. Ao mesmo tempo que as madeiras dessa região eram exploradas, a mata ia sendo substituída por plantações homogêneas de eucaliptos para a fabricação de papel. Sem qualquer critério de conservação, os exploradores passavam por sobre riachos e nascentes em um completo desrespeito às leis florestais.

Tivemos também uma aceleração vertiginosa e devastadora da ocupação do cerrado, além da destruição, sem critérios, das regiões sul e leste da floresta amazônica, desde o Maranhão ao leste do Pará, passando pelo norte do Mato Grosso, para a agropecuária. A partir daí, inúmeras outras matas e formações nativas foram devastadas em todos os quadrantes do Brasil.

Em 1967, em plena ditadura militar, instalou-se às margens do rio Jari, divisa entre o Pará e o Amapá, um gigantesco projeto que tomou o nome desse rio. Iniciativa de Daniel Ludwig, um extravagante biliardário americano, tinha como objetivo principal a produção de celulose por meio do plantio de enormes extensões de *Pinus caribaea* e *Gmelina arborea*, em área de 200 mil hectares, antes ocupada pela floresta virgem. Tratava-se de uma iniciativa espetaculosa que levou à implantação de portos, aeroportos e ferrovias no local. A grande fábrica de celulose foi construída no Japão e trazida de navio, que adentrou o Amazonas e subiu o rio Jari, numa viagem cujas imagens se tornaram manchetes na imprensa mundial. Enquadrava-se como uma luva na doutrina militar da época: "ocupar para preservar".

Fábrica de papel e celulose da Companhia Jari, no Pará, às margens do rio de mesmo nome. Ao fundo, do outro lado do rio, a cidade do Beiradão, já no estado do Amapá. Fonte: Renata Mello, 2018/Tyba.

Essas terras no Jari foram inicialmente tomadas pelo latifundiário pioneiro José Júlio Andrade no apogeu da borracha, no final do século XIX. Eram conhecidas por terem sediado uma das revoltas dos extrativistas em decorrência de desumanas condições de trabalho. Logo após a segunda grande guerra, foram adquiridas por empresas que então as revenderam a Ludwig. O projeto incluía a criação de extensas plantações de arroz nas várzeas dos rios, o que não chegou a se consolidar. Após uma série de reveses, o Projeto Jari foi vendido a Trajano Antunes, das empresas CAEMI Mineração e Metalurgia S.A. e ORSA Celulose, Papel e Embalagens S.A., em 1980, com a ajuda de financiamento governamental.

Em 1982, o conhecido explorador dos oceanos, Jacques Cousteau, decidiu realizar uma viagem exploratória aos rios da Amazônia. Vivíamos os últimos anos do regime militar, mas mesmo assim o anúncio da viagem provocou algum *frisson* nas autoridades ainda instituídas. Cousteau permaneceu por 18 meses na Amazônia com seu conhecido navio-laboratório *Calypso*, dotado de um helicóptero, e percorreu mais de 6 mil quilômetros de seus rios. Sua excursão contou com a participação de pesquisadores brasileiros.

De início preocupados, os militares aparentemente se acomodaram com a presença de Cousteau nessa área que consideravam tão sensível, pois não foram apresentadas críticas. O pesquisador coletou e divulgou uma série de informações, principalmente, para o público internacional. Extasiou-se com a pororoca, lançou luz sobre questões como a ameaça à fauna de água doce e a extinção das tartarugas, exaltou e tornou mundialmente conhecido o boto-cor-de-rosa, mostrou o cotidiano da vida dos indígenas, sua relação com os rios e outras particularidades. Então, partiu em busca de novas águas.

Assistimos, nos últimos anos do século XX e início do XXI, ao crescimento obsceno dos índices de destruição da floresta amazônica. O gráfico a seguir nos mostra o descalabro dessa perda, tudo registrado pelo mais moderno sistema de monitoramento de desmatamentos por imagens de satélite, desenvolvido pelo Instituto Nacional de Pesquisas Espaciais (INPE).

Elaboração: Ricardo Brochado. Fonte: TerraBrasilis, 2021.

**TABELA HISTÓRICA DO DESMATAMENTO DA MATA ATLÂNTICA DESDE O INÍCIO DO MONITORAMENTO POR SEU ATLAS**

| Desmatamento observado | Total desmatado (ha) | Intervalo (anos) | Taxa anual (ha) |
|---|---|---|---|
| Período de 2019 a 2020 | 13.053 | 1 | 13.053 |
| Período de 2018 a 2019 | 14.375 | 1 | 14.375 |
| Período de 2017 a 2018 | 11.399 | 1 | 11.399 |
| Período de 2016 a 2017 | 12.562 | 1 | 12.562 |
| Período de 2015 a 2016 | 29.075 | 1 | 29.075 |
| Período de 2014 a 2015 | 18.433 | 1 | 18.433 |
| Período de 2013 a 2014 | 18.267 | 1 | 18.267 |
| Período de 2012 a 2013 | 23.948 | 1 | 23.948 |
| Período de 2011 a 2012 | 21.977 | 1 | 21.977 |
| Período de 2010 a 2011 | 14.090 | 1 | 14.090 |
| Período de 2008 a 2010 | 30.366 | 2 | 15.183 |
| Período de 2005 a 2008 | 102.938 | 3 | 34.313 |
| Período de 2000 a 2005 | 174.828 | 5 | 34.966 |
| Período de 1995 a 2000 | 445.952 | 5 | 89.190 |
| Período de 1990 a 1995 | 500.317 | 5 | 100.063 |
| Período de 1985 a 1990 | 536.480 | 5 | 107.296 |

Fonte: *Atlas dos Remanescentes Florestais da Mata Atlântica (2019-2020)*. Portal SOS Mata Atlântica, 2020.

Uma das respostas governamentais à questão do desmatamento foi a mudança que veio, em 1997, através de uma modificação do Código Florestal. Ficou estipulado então que, na Amazônia, 80% de cada propriedade deveria ter sua vegetação original mantida, ao invés dos 50% anteriores definidos em lei. Nessas áreas chamadas de Reserva Legal, somente são permitidas atividades que não ameacem a integridade da floresta. No dizer de então, essa era uma disposição do poder público reafirmando que a vocação da Amazônia brasileira é de desenvolvimento com a manutenção da floresta.

Mais uma vez, essa regra foi desobedecida. O desmatamento só passou a ser controlado quando o governo sustou inteiramente os incentivos econômicos a ações que levavam à destruição da floresta e tornou eficientes seus sistemas de controle. Fez parte desse processo a criação de uma série de áreas protegidas que serviram de tampão à franja de destruição que avançava na região conhecida como "Arco do Desmatamento", uma larga faixa do território que se estende desde o Acre, passando por Rondônia, sul do Amazonas, norte do Mato Grosso, centro do Pará e oeste do Maranhão.

Arco do Desmatamento da Amazônia brasileira. Fonte: Fronteira Agrícola Amazônica, 2013/ Wikimedia Commons.

Atacar o desmatamento onde ele se concentra foi uma medida eficiente para garantir a fiscalização dessas áreas. Posteriormente, a criação de grandes reservas e parques governamentais na região também reforçou a obrigatoriedade de sua proteção.

Enquanto novas ações de proteção se desenvolviam, colaborava para seu precário sucesso a crescente preocupação mundial quanto às mudanças climáticas. Havia a pressão de organizações ambientalistas não governamentais, as críticas da imprensa internacional, a reprovação da opinião pública brasileira. O maior agravante brasileiro com respeito ao aumento de temperatura da terra vem justamente do corte e da queima das florestas. Apesar do esforço, nas últimas décadas não se conseguiu evitar a perda da floresta original no Arco do Desmatamento.

Esse processo, de modo geral, ocorre da seguinte maneira: retira-se as madeiras nobres, comercializáveis, que são vendidas no mercado ilegal, por meio de transporte clandestino ou guias falsificadas. Quando se torna difícil transportar essas espécies valiosas, seja pela distância ou pela falta de estradas, simplesmente se queima a "mercadoria". Para a derrubada, desmata-se inteiramente, com motosserras, ou, sendo madeira mais fina, correntes grossas puxadas por dois tratores, em um processo chamado de arrastão. Espera-se que a madeira seque e depois se queima.

Esses incêndios, com o clima seco e sem controle, podem se espalhar por muitos quilômetros além da área devastada. Ou seja, trata-se do mesmo processo utilizado para a retirada do pau-brasil ou o plantio da cana e do café iniciado há quinhentos anos. Só que agora os instrumentos da derrubada são mecanizados, e a velocidade com que essa destruição ocorre, vertiginosamente maior.

Após a queimada, joga-se sementes de capim africano na terra e, em seguida, introduz-se o gado. Muitas vezes as plantações de soja ou milho adentram o território depois do gado ter consolidado a posse do terreno, na maior parte público, ou seja, que pertence à população brasileira. Isso quando não avança por áreas protegidas oficiais, como parques nacionais ou reservas de uso sustentável, ou ainda por terras indígenas já demarcadas.

CAPÍTULO III · A OCUPAÇÃO DAS FLORESTAS **169**

Terra indígena Awa-Guajá, Maranhão. Da direita para a esquerda: Typaramatxia Awá, Pira-y-ma-a Awá, Maiakatan Awá, Yui Awá, Yhara Awá, Kiripytan Awá, Makoray Awá, Tikakoa Awá e Takuary Awá viajam pela floresta em busca de marcas no solo deixadas por invasores e madeireiros que violam seu território. Foto por Sebastião Salgado, 2013.

Boa parte dessas ocupações pelo gado ocorre em solos pobres e arenosos, de quase nenhuma produtividade, comuns à Amazônia, fazendo do desflorestamento um incentivo à desertificação. Existem múltiplas razões para se conservar o potencial produtivo do solo, que depende de seus componentes geológicos, da quantidade de chuva ou irrigação, da variação do clima ou de sua topografia e cobertura vegetal. Estima-se que grande parte dos terrenos devastados hoje na Amazônia tendem a se transformar em cerrado, o que está sendo acelerado pelas mudanças climáticas.

Outra atividade ilegal e destrutiva crescente na Amazônia é o garimpo de ouro nos leitos ou nas margens dos rios. Além de destruir as florestas, a prática polui as águas com mercúrio, que é extremamente danoso à saúde dos moradores locais e da fauna. E seu produto, que não é pouco, é fortemente contrabandeado. Muitas vezes, as disputas de terras com os indígenas resultam em mortes, seja pela violência dos conflitos, seja pelas doenças transmitidas aos nativos, que não têm resistência biológica para combatê-las. A agressividade com que os garimpeiros e grileiros adentram reservas e terras indígenas são merecedoras dos mais profundos anéis do inferno de Dante.

O exemplo mais conhecido e gritante da aberração dos garimpos ocorre em terras Yanomamis, a maior parte destas no Brasil concentradas a noroeste de Roraima. Desde sua homologação em 1992, alcançada pela determinação ferrenha de muitos, com o apoio tático do ambientalista José Lutzenberger, então secretário nacional do Meio Ambiente, essas invasões já eram muito graves. Essa questão remonta à abertura da estrada chamada de Perimetral Norte pelo governo militar, hoje desativada, que propiciou a ocorrência de várias epidemias entre os indígenas. Alcançou-se, à época dessa homologação, que vários campos clandestinos de aterrisagem de pequenas aeronaves dos garimpeiros fossem dinamitados, com imagens dramáticas, chamando a atenção mundial para o problema.

Nessa época, a questão evoluiu para acirradas discussões no Congresso Nacional. Foi formado um grupo de parlamentares e indigenistas liderado pelo senador Severo Gomes, o qual chegou a visitar os Yanomamis em 1986, como convidado especial das lideranças indígenas. O senador elaborou um projeto de lei para a criação do Parque Yanomami visando uma proteção mais eficaz a esse povo. Cabe destacar nesse período de redemocratização o desabrochar de lideranças dos próprios indígenas, entre os quais destaca-se Davi Kopenawa, que passou a representar seu povo por meio da Comissão Pró-Yanomami.

Informações divulgadas em 2023 deram luz à tragédia humanitária que vem atingindo a população Yanomami, resultado da invasão ilegal e crescente dos garimpeiros às terras indígenas. Em áreas brasileiras e venezuelanas, há casos críticos de desnutrição, fome e epidemias, com muito sofrimento e mortes em larga escala.

Infelizmente, apesar dos esforços e de algumas conquistas, problemas e disputas continuam se acirrando década após década, mesmo em terras já homologadas e demarcadas. A história dos indígenas no Brasil é uma sequência ininterrupta de massacres: centenas de povos e culturas já foram extintos, e os que resistem seguem vítimas de constantes políticas de extermínio. Em 2022, o assassinato do jornalista inglês Dom Phillips e do indigenista Bruno Pereira na região do Vale do Javari escancararam para o mundo a ideia de uma Amazônia brasileira sem lei, ordem ou justiça, onde prevalecem os interesses de milícias e bandidos.

## Potencial de destruição

Grande parte da mídia apregoa, com notícias floreadas, de que somente 20% da floresta amazônica brasileira foi destruída, induzindo o público a uma ilusão. Esses números se referem apenas ao que já foi derrubado, queimado e plantado na Hileia,[17] que é visível nas imagens de satélite. Mas existe uma quantidade de matas fragilizadas, quase tão grande, em que árvores menores, plantas rasteiras ou madeiras de grande valor foram retiradas que não é contabilizado nesse porcentual, além das matas de transição entre a Hileia amazônica e o cerrado, que desapareceram quase inteiramente do Mato Grosso e do Pará. Soma-se a isso as estradas já implantadas, verdadeiros vetores de penetração que possibilitam que as derrubadas adentrem mais e mais a floresta virgem.

---

[17] Nome dado por Humboldt, naturalista alemão, à grande floresta equatorial úmida que se estende dos Andes, pelo vale amazônico, até as Guianas.

Garimpo ilegal de ouro na terra indígena Kayapó, no Pará. Foto por Felipe Werneck, 2017. Fonte: Ibama/Wikimedia Commons.

Nas décadas de 1980 e 1990, já se advertia para o fato de que não se deve contabilizar nessa devastação apenas as florestas já derrubadas e as terras usadas. É imprescindível atentar para o potencial de destruição instalado. Avaliando dessa maneira, a devastação é potencialmente muito maior do que a anunciada, e prenuncia a fatal destruição de quase toda a área da floresta situada ao sul do rio Amazonas, excetuando-se o estado do Amazonas.

Nesse panorama, repita-se, tem papel preponderante a abertura de estradas. São elas os eixos por onde todo o ciclo de destruição se inicia. Apesar das promessas de cuidados e proteção, os estudos de impacto ambiental para a construção de novas rodovias, na prática, não são respeitados. O Código Florestal não é cogitado, a fiscalização não é suficiente e o banditismo impera.

Nem mesmo corredores contínuos de mata são respeitados. No Mato Grosso, as imagens de destruição da floresta amazônica no entorno do Parque Indígena do Xingu são de fazer chorar os mais bravos dos Kamayurás. As imagens registradas periodicamente pelo

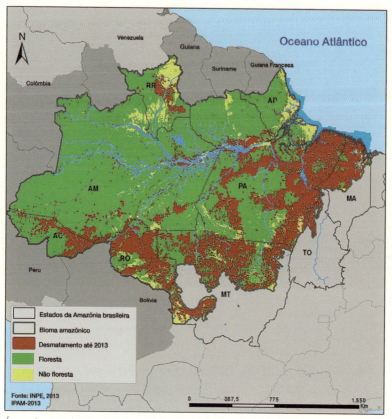

Áreas desmatadas da Amazônia até 2013. Fonte: Reprodução/IPAM Amazônia, 2013.

Instituto Socioambiental (ISA), que produz informações cartográficas de grande precisão sobre toda a Amazônia, atestam a ameaça a esse grande tesouro nacional.

Resiste uma mentalidade prevalente, agressiva à natureza, na elite e, conivenetemente, nas autoridades brasileiras, de desprezo pela questão ambiental. Mentalidade que não respeita as leis, que valida o saque às terras públicas em favor de benefícios financeiros e eleitorais. Comportamentos tacanhos e não republicanos que remontam aos tempos da colônia.[18]

---

[18] "O desmatamento está ocorrendo nas terras devolutas, aquelas terras que são da União [...]. É ilegalidade pura isso daí, a gente tem que combater" – general

## ■ Ações de conservação

Mas nem tudo são sombras no panorama florestal moderno brasileiro. Implantou-se em 2002, baseado em proposta realizada pelo Fundo Mundial para a Natureza (WWF), o programa Áreas Protegidas da Amazônia (ARPA), que apoia a criação e consolidação de centenas de unidades de conservação nessa ampla bacia hidrográfica, sejam elas de proteção integral ou de uso sustentável. Nessa região, foram criadas dezenas de áreas protegidas, das quais as mais notáveis são o Parque Nacional do Jaú, na região central do estado do Amazonas, e o Parque Nacional Montanhas do Tumucumaque, no norte do Amapá, já na divisa da Guiana, este com uma área maior do que a da Bélgica.

Unidades de conservação e terras indígenas formam corredores de grandes dimensões na Amazônia que, uma vez preservados, têm condição de garantir a sobrevivência de muitas das espécies que abrigam. Ou seja, garantir a integridade de boa parte da biodiversidade que a última deglaciação nos legou. O maior desses corredores se encontra na calha norte da bacia amazônica.

Também foi incentivado pelo governo federal, nos anos que rodearam a passagem do milênio, a criação de um sistema de reservas da biosfera, vinculado ao Programa O Homem e a Biosfera da UNESCO, para cada um dos grandes biomas brasileiros. Tal medida indica a necessidade de maior proteção para essas áreas e age em favor da recuperação de extensos corredores ecológicos

A situação é bastante crítica, ainda, no cerrado e no pantanal. O governo central e o de muitos estados, com descaso ou agressão direta à proteção ambiental e o incentivo à destruição da natureza, empurraram o Brasil à triste condição de pária internacional. A reação alarmada da opinião pública a esses descalabros passa a ser cada vez maior.

---

Hamilton Mourão, vice-presidente da República, para o jornal *Folha de S.Paulo*. Disponível em: https://bit.ly/3nUndoX. Acesso em: 25 jan. 2022.

Parque Nacional do Jaú, no Amazonas central. Foi reconhecido como Patrimônio Mundial Natural pela UNESCO e integra a Reserva da Biosfera da Amazônia e o sítio Ramsar do Rio Negro. Fonte: Dalia McGill, 2018/Wikimedia Commons.

Em 2021, lançou-se pelo Instituto do Homem e Meio Ambiente da Amazônia (IMAZON), juntamente com a Microsoft e a Fundação Vale, da Companhia Vale do Rio Doce, um programa com ferramentas de inteligência artificial que ajudará na prevenção do desmatamento da Amazônia. Aberta ao público, essa plataforma analisa diversas variáveis para indicar as áreas sob maior risco de desmatamento, como existência de estradas legais e ilegais, topografia, cobertura do solo, infraestrutura urbana e dados socioeconômicos. Com isso, produz um mapa de calor indicando áreas ameaçadas de desmatamento e contendo informações que poderão ser usadas por órgãos públicos para o planejamento e a execução de ações preventivas de combate e controle. Além de dezenas de focos ao sul do rio Amazonas, a plataforma ressalta também uma preocupante área no sudeste de Roraima que, caso não seja preservada, poderá interromper o mais importante corredor da floresta nativa de toda essa bacia hidrográfica. Já no semiárido nordestino existem experiências pontuais que estão conseguindo devolver o verde à região, através do uso sustentável da caatinga, do aproveitamento e conservação de plantas nativas, da criação de bancos de sementes crioulas adaptadas ao clima. O programa de construção de cisternas também contribuiu para essa regeneração, embora ainda haja muito a fazer.

A caatinga brasileira está quase toda ocupada, porém de forma esparsa. Restam alguns fragmentos significativos de vegetação original. As secas que assolam a região tendem a se intensificar com as mudanças do clima. É preciso, também, recuperar grandes corredores de vegetação nativa, especialmente ao longo dos rios. O Brasil ainda não se preocupa o suficiente com a biodiversidade de nossos rios. Existem muitas espécies de água doce ameaçadas, e o conhecimento sobre esse problema ainda é precário. Tal situação exige tratamento de primazia.

O Programa Nacional do Álcool (Proálcool), criado em 1975 para incentivar o uso do álcool como combustível, foi outra indicação positiva para conter as mudanças climáticas. As plantações de cana ocupam, em grande parte, áreas anteriormente usadas para o plantio do café. Essas extensas monoculturas passaram a utilizar métodos menos agressivos, deixando de queimar as palhas de cana, o que poluía o ar, e dando início à reposição das matas de preservação permanente e as de reserva legal de suas plantações.

Algumas produtoras de celulose também começaram a se submeter à legislação ambiental. Duramente criticadas por décadas, passaram a assumir padrões de produção mais aceitáveis por seus consumidores estrangeiros. Destaca-se o comportamento da Companhia Suzano de Papel e Celulose, que, além de ter alcançado um padrão de produção sustentável, com produção zero de carbono, ainda preserva 900 mil hectares de floresta nativa. Definiu um programa decenal de proteção ao meio ambiente com prioridade para a proteção de primatas.

Uma boa notícia que aflorou na segunda metade do século XX foi o trabalho de Roberto Burle Marx. Garrett Eckbo, que atuou como professor emérito da Universidade da California, assim exprimiu em entrevista a este autor:

Jardins do Sítio Santo Antônio da Bica, de Roberto Burle Marx, na Guaratiba, Rio de Janeiro. O local está listado como Sítio do Patrimônio Mundial pela UNESCO. Fonte: Halley Pacheco de Oliveira, 2009/Wikimedia Commons.

Burle Marx não é apenas um paisagista excepcional. Ele é mais do que isso. Antes dele existiam diversas escolas de paisagismo, sendo as mais antigas a japonesa, a chinesa, a indiana e a italiana. Depois vieram o paisagismo inglês e o francês, que sofreram influência das tradições anteriores. Até então esse era o panorama mundial. Roberto Burle Marx alterou esse cenário. Além de primoroso criador, ele é o inventor da escola do paisagismo tropical. A invenção de uma nova escola de paisagismo é algo que não ocorria há quatrocentos anos.

Lúcido ambientalista e ferrenho militante em defesa de nossas matas, Roberto descobriu novas plantas ornamentais em excursões que organizava a áreas de floresta virgem. Ele as coletou e cultivou num grande viveiro, que pode ser visitado em seu Sítio de Santo Antônio da Bica, nos arredores da cidade do Rio de Janeiro, declarado patrimônio mundial.

Também na segunda metade do século XX, enquanto a destruição de nossa natureza se acelerava, surgiram inúmeras organizações ambientalistas não governamentais brasileiras, talentosas, que deram grande contribuição contra o descalabro que se fortaleceu.

## ■ Mar brasileiro

Além das questões terrestres, é preciso cuidar da fauna e da flora submersas. O mundo acordou e viu aflorar, no final do século XX, e cada vez com mais força, uma preocupação crescente com a saúde dos mares. Um grande balaio de ocorrências vem sendo divulgado da destruição causada pelo homem desse imenso e fantástico território fluido.

Os problemas ambientais do mar brasileiro se agravaram bastante desde então. A quantidade de lixo acumulada no mar multiplicou-se de forma assustadora, destruindo a biodiversidade local e criando focos de doenças. Tal fator prejudica tanto a fauna, que depende desse ecossistema para sobreviver, quanto a população, que desfruta das águas para a pesca e o lazer.

Os derramamentos de óleo, no entanto, já foram bem piores. Deixamos de assistir a derrames da Petrobrás a cada ano, ou mesmo em intervalos menores, seja na baía de Guanabara, no Rio de Janeiro, ou no canal de São Sebastião, em São Paulo, como era comum até a primeira década do século XXI. Porém, uma poluição descomunal de óleo ocorreu em 2019, contaminando praias, manguezais e costões de todo o Nordeste numa quantidade nunca vista. A mancha chegou até o Rio de Janeiro, prejudicando a pesca e o turismo desse verão e provocando grandes perdas econômicas. Seus efeitos ainda foram sentidos dois anos depois, sem que se tivesse identificado a fonte poluidora.

A Convenção das Nações Unidas sobre o Direito do Mar (CNUDM) e a Convenção sobre Diversidade Biológica (CDB), das quais o Brasil é signatário, além da criação da Comissão Interministerial para os Recursos do Mar (CIRM) e seu Grupo de Integração de Gerenciamento Costeiro (GERCO), têm trazido alento àqueles preocupados com a conservação dos mares.

Assim como em terra, a criação de novas áreas protegidas tem sido uma das principais respostas a essa questão. Até o final do século XX, foram criadas ao longo de nossa costa um número expressivo de

A gravura *A caça da baleia* mostra a retirada da carne e do óleo de uma baleia fêmea, da qual retiram também um feto. O clima é de regozijo, com música e agitação de bandeira. Na parte inferior direita, o processo de armazenamento do óleo, abundantemente utilizado para diversos fins, incluindo a iluminação urbana. Ao fundo, baleias no mar atacam embarcações. Fonte: Projeto Gutenberg/ Wikimedia Commons.

reservas. Em 2018, o governo brasileiro decretou dois grandes mosaicos de áreas protegidas oceânicas, ocupando toda a zona econômica exclusiva (ZEE) do Brasil, que inclui os entornos dos arquipélagos de São Pedro e São Paulo, em Pernambuco, e de Trindade e Martim Vaz, no Espírito Santo. Com cerca de 94 milhões de hectares, essas unidades de conservação correspondem a 24% da extensão de toda a ZEE brasileira, uma área equivalente à de toda região Sudeste do país.

Também se alcançou recentemente, pela Convenção sobre Zonas Úmidas de Importância Internacional, mais conhecida como

Convenção de Ramsar, o reconhecimento e a listagem de diversos sítios brasileiros. Os mais expressivos são os da região do banhado do Taim, no Rio Grande do Sul; do Lagamar Iguape-Cananeia-Paranaguá, nos estados do Paraná e São Paulo; de Abrolhos, na Bahia; e de uma pequena área do pantanal, na divisa entre os dois estados do Mato Grosso. Obtivemos, ainda, esse reconhecimento para uma das maiores e mais importantes concentrações contínuas de manguezais do planeta, situada no litoral do Amapá, Amazonas, Pará e Maranhão. Também estão assim reconhecidas imensas e importantes partes da bacia do Rio Negro, no Amazonas, abarcando áreas protegidas e territórios indígenas, formando um extenso corredor ecológico. Por fim, alcançou-se ainda um expressivo trecho do rio Juruá, no oeste do Amazonas.

O Brasil milita com força, há décadas, na Comissão Internacional das Baleias (CIB), pelo reconhecimento do Santuário de Baleias do Atlântico Sul, mas enfrenta a resistência de alguns países liderados pelo Japão. Ainda recentemente, o Brasil, o Uruguai e a Argentina pleitearam em foro internacional por maiores estudos da grande Cordilheira Dorsal Mesoatlântica, a mais extensa do planeta, postulando que sua possível utilização no futuro seja feita de modo sustentável.

Uma das atividades mais afortunadas em defesa da variedade de fauna marinha é o Projeto TAMAR. Desenvolvido para atuar na preservação das tartarugas marinhas, salvou da extinção várias espécies desses charmosos animais, gozando de imensa popularidade no Brasil.

Área proposta para a criação de um santuário de baleias do Atlântico Sul, defendida fortemente por Argentina, Uruguai e Brasil desde o final do século XX na Comissão Internacional das Baleias. Pelo menos cinquenta espécies de cetáceos habitam esse território. Fonte: Divulgação/WWF, 2016.

Autorização concedida a Manoel Pereira da Silva para cortar pau-brasil no recôncavo da cidade da Bahia, em 16 de setembro de 1820. Fonte: Divulgação/Biblioteca Nacional.

# CAPÍTULO IV
## A LEI E A FLORESTA

*A lei? Ora, a lei.*
**Getúlio Vargas**

Uma história de nossas variadas formações florísticas não estaria bem contada se não conhecêssemos as leis que buscam protegê-las. A legislação brasileira referente à vegetação é tão antiga quanto a chegada dos portugueses. Já nas cartas de doação das capitanias hereditárias, de 1532, aparece clara a indicação do monopólio da Coroa na exploração do pau-brasil. Data de 1605 o Regimento do Pau-Brasil, no qual o rei Filipe III assinala a necessidade de coibir as "muitas desordens que há no sertão do pau-brasil, e na conservação dele, de que se tem seguido haver hoje muita falta". Esse mesmo documento assinalava ainda que:

> A causa de se extinguirem as matas do dito pau, como hoje estão, e não tornarem as árvores a brotar, é pelo mau modo como se fazem os cortes, não lhe deixando ramos e varas, que vão crescendo, e por se lhe pôr fogo nas raízes, para fazerem roças. Hei por bem, e mando, que daqui em diante se não façam roças em terras de matas de pau do Brasil, e serão para isso contadas com todas as penas, e defesas, que têm estas Contadas Reais, e que nos ditos cortes se tenham muito tento a conservação das árvores, para que tornem a brotar.[19]

O Regimento do Pau-Brasil determinava ainda a criação de duas guardas, em cada capitania em que houvesse matas desta

---

[19] Disponível em: https://bit.ly/3u1lm5P. Acesso em: 27 jan. 2021.

madeira, para a vigilância e o cumprimento das ordens estabelecidas. As reiteradas medidas de ordenação dos cortes do pau-brasil pretendiam reservar o monopólio da Coroa portuguesa e possibilitar uma exploração racional da madeira. Também foi preocupação dos reis portugueses decretar que as matas e árvores junto ao litoral ou aos rios que deságuam no oceano eram propriedades exclusivas da Coroa. Assim, possibilitavam que as balsas carregadas com a extração oficial tivessem acesso direto ao mar.

Outra lei que nos interessa bastante, do início do século XVI, é a que regulamenta o corte das madeiras duras, listando-as individualmente. Havia uma cláusula nas cartas de sesmarias que proibia os sesmeiros de cortarem os paus reais e de lei. Os serradores eram obrigados, então, a conservar os paus reais, particularmente a peroba, para a construção das embarcações. Essas espécies receberam a denominação de "madeira de lei" no Brasil em decorrência desse documento, guardado até os dias de hoje.[20]

A Portugal era de grande interesse o controle das madeiras nobres, importantes para a construção das naus e como produto de comércio. Durante todo o período colonial, foi ativa, como já lembrado, uma série de estaleiros ao sul da baía de Todos-os-Santos. Por determinação do Marquês de Pombal, essas madeiras foram essenciais na reconstrução de Lisboa, destruída pelo grande terremoto de 1755. Construções desse período na "Baixa", no centro dessa cidade, devem ser consideradas um museu das madeiras da mata atlântica.

O regimento de 1677 do governador-geral Roque da Costa Barreto manteve-se como uma espécie de Constituição do Estado-Colônia até a chegada da família real, em 1808. Determinava ele:

> Por ser informado, que as matas, que serviam ao benefício dos engenhos de açúcar, iam em muita diminuição [...] e por

---

[20] Há quem afirme que o estabelecimento do monopólio real para as árvores duras levou a maior desperdício: uma vez que os proprietários não podiam comercializar essas madeiras, preferiam queimá-las para liberar a terra para as lavouras.

> convirem ao bem público conservarem-se, tudo o que pudes-se ser, encarreguei ao Governador [...] tomasse a informação necessária sobre os remédios que se deviam dar para que se conservasse, enquanto pudesse ser, assim para os benefícios dos açúcares, como das madeiras para os navios e outras fábricas.[21]

Determinava, ainda, distâncias mínimas entre as aldeias indígenas e os engenhos, e de ambos entre si. Estabelecia também que as matas não podiam ser cortadas a não ser em distâncias compatíveis, "que se farão de maneira que em cada uma delas haja perto e longe e para que assim os vão cortando e tenham lugar de crescerem umas, enquanto as outras se cortarem".

A economia açucareira exigia uma série de medidas sobre a proteção das matas, em parte com o objetivo de preservá-las, mas principalmente para alcançar uma maneira mais eficiente de exploração econômica. Em 1800, o governador-geral já comentava que essas ordens tinham deixado de ser necessárias, uma vez que as matas de pau-brasil estavam totalmente destruídas.

O Decreto de Abertura dos Portos às Nações Amigas, de 1808, é um dos marcos de nossa independência e permitiu o comércio livre de diversas mercadorias, menos de madeiras: "[...] desejo promover todos, e quaisquer gêneros, e produções coloniais, à exceção do pau-brasil, ou outros notoriamente estancados, pagando por saída os mesmos direitos já estabelecidos nas respectivas capitanias".[22]

Defensor de uma legislação florestal mais forte, o estadista José Bonifácio de Andrada e Silva argumentava que "destruir matas virgens, como até agora se tem praticado no Brasil, é extravagância insofrível, crime horrendo e grande insulto feito à natureza".[23]

---

[21] Para mais informações, ver: COSENTINO, Francisco C. *Governadores gerais do Estado do Brasil (séculos XVI-XVII): ofício, regimento, governação e trajetórias.* Belo Horizonte: Fapemig, 2009.

[22] Disponível em: https://bit.ly/3opXzsP. Acesso em: 27 jan. 2022.

[23] Disponível em: https://bit.ly/3IGZFMn. Acesso em: 27 jan. 2022.

Fato importante foi a criação, por D. João VI, do Real Horto do Rio de Janeiro. Nessa época, muitas espécies exóticas já eram centenárias em nossa paisagem, mas esse é um marco notório de estudo de aclimatação de árvores estrangeiras e conhecimento científico da flora nativa.

Não podemos deixar de citar, ainda, o lendário Jardim Botânico do Recife, criado por Maurício de Nassau durante a invasão holandesa no início do século XVII. Dele, pouca informação nos restou. O que se sabe por relatos de cronistas da época é que a devastação nos domínios holandeses também era muito grande, e a conservação das florestas foi tratada com descaso.

No Império brasileiro, seguem-se as devastações para o plantio do café. O governo imperial se preocupou apenas em revogar a herança colonial da licença para o corte de madeiras de lei em terras particulares. Dessa época nos resta o único exemplo positivo de replantio da vegetação original: as encostas da floresta da Tijuca, que emolduram a cidade do Rio de Janeiro, estavam antes ocupadas por chácaras que produziam principalmente café, tendo sido replantadas com espécies nativas e exóticas, como a jaqueira, para garantir o abastecimento de água da cidade.

Em 1917, no início da República, o relatório de trabalho de uma comissão foi publicado pelo Ministério da Agricultura, como uma espécie de complemento ao mapa florestal, base do Capítulo 1 deste livro. O relatório estipulava a necessidade de preservação de um mínimo de 25% da área florestada por região, e adverte: "De nada valeria, por exemplo, que o Brasil possuísse e conservasse no Norte, 2 a 3 milhões de quilômetros quadrados cobertos de matas, ficando porém o Centro-Sul completamente desmatado". Seus autores, entre eles o botânico Alberto Löfgren, defendiam ser indispensável a criação de um Código Florestal e de um serviço florestal a nível nacional.

Acompanhando a Europa e os Estados Unidos, intelectuais brasileiros começaram a discutir o impacto das ações humanas sobre as florestas. Dezenas de grupos e núcleos preocupados com a natureza passaram a atuar em território nacional, entre eles a Sociedade de Amigos das Árvores, criada em 1931 (DEAN, 1996).

Arboreto do Jardim Botânico do Rio de Janeiro, primeiro centro de estudo de botânica do país, fundado por Dom João VI. A instituição é responsável por elaborar a lista de espécies da flora ameaçadas de extinção no Brasil. Fonte: Oscar Fava, 2013/Wikimedia Commons.

Em 1934, em plena ditadura getulista, surge o primeiro Código Florestal Brasileiro, com definições importantes. Inicia-se declarando que as florestas do país são de interesse comum a toda a população brasileira. Define, então, quais áreas devem ser protegidas para evitar escorregamentos das encostas, garantir a proteção de manguezais fixadores de dunas, das margens dos rios e de espécies raras ou ameaçadas. Tais regiões passaram a ser conhecidas como áreas de preservação permanente.

O Código Florestal também introduz novos conceitos ao estipular que todas as propriedades devem reservar pelo menos 25% de sua área com vegetação nativa. Nas áreas de floresta virgem, como a maior parte da floresta amazônica de então, esse percentual de reserva deveria ser de 50%. Tal dispositivo batizou essas áreas como reservas legais.

Em 1981, foi aprovado pelo Congresso Nacional, por unanimidade, a primeira Política Nacional do Meio Ambiente, que define nossos biomas como patrimônios públicos a serem necessariamente assegurados e protegidos. Criou-se também o Conselho Nacional do Meio Ambiente (CONAMA), que passa a desempenhar um importante papel de integração na política desse setor, e o Sistema Nacional do Meio Ambiente (SISNAMA), que dispõe sobre uma série de medidas de proteção significativas.

Em 1988, como marco da última etapa da redemocratização, tivemos a nova Constituição Brasileira, chamada de "Constituição Cidadã" por Ulisses Guimarães, que a presidiu, por ter sido a primeira a dar valor às reais necessidade do povo. Essa moderna Constituição foi a primeira do mundo a conter um capítulo específico sobre o meio ambiente, resultado do trabalho coordenado pelo deputado paulista Fábio Feldmann, que à época criou e coordenou a Frente Parlamentar Ambientalista Suprapartidária.

A nova Constituição Brasileira determinou que "todos têm direito ao meio ambiente ecologicamente equilibrado, bem de uso comum do povo [...] impondo-se ao Poder Público e à coletividade o dever de defendê-lo e preservá-lo para as presentes e futuras gerações". Determina ainda a necessidade de "preservar a diversidade e a integridade do patrimônio genético do país. Definir, em todas as unidades da Federação, espaços territoriais e seus componentes a serem especialmente protegidos".[24]

Mais adiante, a Constituição de 1988 irá dispor que a "floresta amazônica brasileira, a mata atlântica, a Serra do Mar, o pantanal mato-grossense e a zona costeira são patrimônio nacional e sua utilização deverá respeitar a forma da lei, dentro de condições que assegurem a preservação do meio ambiente, inclusive quanto ao uso dos recursos naturais".[25] Por meio de uma disposição detalhada em lei específica para crimes ambientais, a Constituição prevê responsabilidade penal para empresas e pessoas físicas que a descumprirem, podendo estas serem acusadas e condenadas em processo criminal.

Em conversa com este autor, Fábio Feldmann relatou que "a Constituição representou um marco divisor no Brasil ao colocar a questão

---

[24] Disponível em: https://bit.ly/3H2K6hE. Acesso em: 27 jan. 2022.

[25] *Ibdem.*

ambiental no epicentro político à época. E hoje a Constituição é a grande trincheira contra o Brasil atrasado e predatório". No entanto, nos anos 1990, a devastação da Amazônia chegava a índices obscenos: seus índices de desmatamento haviam saltado de 4.900 quilômetros quadrados em 1994 para 29.000 em 1995. Buscando frear essa destruição crescente e descontrolada, o governo então determinou que as reservas legais nas propriedades na Amazônia deveriam passar de 50% para 80%. Tratava-se de uma determinação formal indicando, como já dito, que a vocação dessa enorme área do território destinava-se a uma economia baseada no uso racional e sustentável da floresta.

Mas a devastação da Amazônia não parou por aí. Foram necessárias medidas mais drásticas de controle e mudanças radicais nos financiamentos institucionais, proibindo aqueles que possibilitavam derrubadas. Também foi criada, como já mencionado, uma série de novas áreas protegidas ao longo do Arco do Desmatamento, região que concentra as maiores atividades de destruição da floresta.

Essas medidas bem-sucedidas receberam aplausos nacionais e internacionais. Porém, as forças devastadoras não ficaram satisfeitas e insistiram na aprovação de um novo código que vinha fermentando no Congresso Nacional há anos. Assim, sob a liderança do deputado Aldo Rebelo, após acirradas polêmicas, aprovou-se em 2012 um novo Código Florestal. Uma das piores mudanças foi a exclusão do seu artigo primeiro, que classificava nossas florestas como terras de interesse de todo o povo brasileiro. Além disso, afrouxou uma série de medidas de proteção desse patrimônio.

Mas nem tudo nesse novo código parecia escuridão. A parte iluminada definia como obrigatória a inscrição, no prazo de um ano, de todas as terras privadas no Cadastro Ambiental Rural (CAR). Nesse cadastro deveriam constar todos os dados ambientais significativos para a proteção do meio ambiente, incluídas, notadamente, as áreas de preservação permanente e as da reserva florestal obrigatória. Com a tecnologia de imagens de satélites já largamente disponível, esse sistema seria de enorme importância para a proteção e o controle de nossas formas de vegetação nativa.

Porém, o prazo para a implantação desse cadastro foi inicialmente adiado, por meio de decreto, por um ano, depois por mais dois anos. Então, em 2019, por meio de lei apoiada pelo Executivo, o prazo foi simplesmente excluído do novo Código Florestal. E assim chegamos à caótica destruição das nossas florestas, com ênfase no Arco de Desmatamento.

## SISTEMA NACIONAL DE UNIDADES DE CONSERVAÇÃO (SNUC)

*Se viam bandos tão compridos de araras no ar,*
*que pareciam um pano azul ou vermelho, desenrolado,*
*esfiapado nos lombos do vento quente.*
**Guimarães Rosa**, *Grande sertão: veredas*

O instrumento principal, mais eficiente e belo, para a conservação da natureza, são as áreas protegidas. As mais apreciadas entre elas são os parques nacionais, que têm como objetivo proteger paisagens notáveis. A ideia de se conservar áreas naturais vem da Antiguidade: tivemos lindos bosques dedicados a Vênus e outros deuses no passado, assim como temos matas e árvores sagradas ainda hoje. Do Medievo, herdamos as reservas de caça dos senhores feudais. Da época do Brasil colônia, as reservas portuguesas para a utilização de madeiras.

No País de Gales há bosques de carvalhos gigantescos, históricos, chamados de napoleônicos, plantados para produzir madeira destinada à construção das naus que viriam a combater Napoleão. No final do século XIX, os Estados Unidos criaram parques nacionais para proteger amostras da natureza antes que as florestas do Oeste fossem inteiramente dizimadas.

O mapa florestal do Brasil, de 1912, autoria de Gonzaga de Campos, foi o primeiro trabalho realizado na República com a intenção de oferecer subsídios para a criação de um sistema nacional de áreas protegidas. Em 1921, foi criado no Ministério da

Agricultura o Serviço Florestal, cujo objetivo era cuidar do uso e da conservação das florestas no Brasil. Pouco depois, em 1939, criou-se a Seção de Parques Nacionais. Em 1967, o Instituto Brasileiro de Desenvolvimento Florestal (IBDF) assumiu essas atribuições.

Em 1973, em decorrência da Conferência de Estocolmo sobre o Meio Ambiente, promovida pelas Nações Unidas, foi criada no Brasil uma Secretaria Especial do Meio Ambiente (SEMA) vinculada ao Ministério do Interior. Para liderá-la foi nomeado o biólogo Paulo Nogueira-Neto, professor emérito da Universidade de São Paulo (USP), que ocupou o cargo por doze anos. Na esteira da SEMA e da valorização das questões ambientais pela sociedade institui-se, em 1985, o que é hoje o Ministério do Meio Ambiente.

Em 1982, o plenário das Nações Unidas criou a Comissão Mundial sobre Meio Ambiente e Desenvolvimento, que consolidou o conceito de "desenvolvimento sustentável". Em resumo, sabe-se hoje que o mundo não pode voltar ao que era antes da industrialização, como apregoava o movimento *hippie*. Assim, todo desenvolvimento deve ser realizado sem destruir a natureza.

Em 1992, realizou-se no Rio de Janeiro a II Conferência das Nações Unidas sobre o Meio Ambiente e o Desenvolvimento, a Rio-92, desta vez com o desenvolvimento sustentável em pauta. Nesse evento foram alcançadas importantes conquistas que deram origem a duas convenções da ONU: uma sobre biodiversidade e outra sobre mudanças climáticas.

Em 2007, no Ministério do Meio Ambiente, foi estabelecido o Instituto Chico Mendes de Conservação da Biodiversidade (ICMBio) para implementar as políticas públicas sobre espécies ameaçadas de fauna e gerenciar as áreas protegidas federais. Seu nome homenageia a figura de Francisco Alves Mendes Filho, líder seringueiro que se destacou na defesa de áreas da floresta amazônica, reconhecido no mundo todo pela clarividência de sua atuação. Acabou assassinado por adversários em sua casa, no Acre, em 1988.

Os parques nacionais e as reservas florestais foram estabelecidos pelo Código Florestal de 1934, e as reservas biológicas, pelo Código

Vista aérea das cachoeiras do Parque Nacional da Chapada dos Veadeiros, situado no coração do cerrado, listado como Patrimônio Mundial Natural pela UNESCO. Fonte: Beatriz da Trindade Silva, 2018/ Wikimedia Commons.

de 1965. Os parques nacionais são destinados a preservar a biodiversidade de áreas de beleza cênica excepcional, enquanto as reservas florestais preveem a utilização econômica de florestas nativas ou plantadas. Já as reservas biológicas preservam áreas de grande interesse para a ciência e têm como objetivo proteger a biodiversidade.

O primeiro parque nacional do país foi o do Itatiaia, criado em 1937, cujo marco principal é o Pico do Itatiaia, na Serra da Mantiqueira, divisa dos estados de Minas Gerais e Rio de Janeiro. Acreditava-se, então, que esse era o ponto mais elevado do Brasil, título dado hoje ao Pico da Neblina. Nesse local já existia, há vários anos, um campo de pesquisa do Jardim Botânico do Rio de Janeiro. A área abriga paisagens de beleza estonteantes, assim como toda a Serra da Mantiqueira. O segundo foi o Parque Nacional do Iguaçu, criado em 1939, que abarcou o setor brasileiro das cataratas do Iguaçu. Resultado de uma campanha liderada por Alberto Santos Dumont, foi o primeiro sítio brasileiro listado como patrimônio mundial natural pela UNESCO. O terceiro, criado no final desse mesmo ano, protege a Serra dos Órgãos no Rio de Janeiro. Posteriormente foi criado o Parque Nacional de Sete Quedas, no rio Paraná, na divisa com o Paraguai. O parque foi extinto em 1981, e as cataratas de Sete Quedas hoje estão encobertas pela barragem da Usina Hidrelétrica de Itaipu.

A Secretaria Especial do Meio Ambiente (SEMA) instituiu, em 1981, mais duas novas categorias de unidades de conservação: as estações ecológicas (ESEC), voltadas para a pesquisa, e as áreas de proteção ambiental (APA), de uso sustentável, em complemento às chamadas áreas de proteção integral.[26] Nas APAs não é necessário que as terras sejam desapropriadas, sendo permitidas atividades diversas, desde que não degradem o meio ambiente. Assemelham-se às áreas tombadas pelo Instituto do Patrimônio Histórico e Artístico Nacional (Iphan), onde os proprietários mantêm suas casas, mas só podem reformá-las ou modificá-las mediante autorização. Tais restrições baseiam-se no princípio constitucional de restrição ao direito individual em função do interesse social. Essa nova categoria vem se mostrando extremamente útil, por ser mais dinâmica e livre das amarras das áreas de proteção integral, que exigem desapropriação das terras privadas.

Porém, todo esse grupo de categorias se mostrou, na prática, insuficiente. Os governos estaduais ou municipais, entusiasmados com a nova dimensão das questões ambientais, iniciaram a criação de áreas protegidas com as mais diversas designações, sem que se soubesse, no entanto, a verdadeira finalidade ou função de cada uma. Foi concebido, então, um novo projeto de lei para as áreas protegidas brasileiras baseado em categorias definidas pela União Internacional para a Conservação da Natureza (UICN). O objetivo era integrar esforços e conceitos mundialmente para garantir a proteção da biodiversidade e a qualidade ambiental.

---

[26] As décadas de 1970 e 1980 foram períodos férteis para a criação de novas áreas protegidas. À época, a engenheira agrônoma Maria Tereza Jorge Pádua, chefe do setor de Parques Nacionais do IBDF, e o professor Paulo Nogueira-Neto, secretário da SEMA, criaram diversas novas áreas de conservação. Pádua coordenou, entre outros, a criação dos parques nacionais da Serra da Bocaina, na divisa dos estados do Rio de Janeiro e de São Paulo, e o do Jaú, na Amazônia central. Já Nogueira-Neto foi o responsável por implantar todo um sistema de novas estações ecológicas no país. Receberam, conjuntamente, o prestigioso Prêmio Paul Getty por suas realizações.

Esse projeto, apresentado ao Congresso Nacional pelo deputado Fábio Feldmann, propôs a criação de dois grupos de categorias de unidades de conservação da natureza: as unidades de conservação de proteção integral, que incluem estações ecológicas, reservas biológicas, parques nacionais, monumentos naturais e refúgios de vida silvestre; e as unidades de uso sustentável, que incluem áreas de proteção ambiental, áreas de relevante interesse ecológico, florestas nacionais, reservas extrativistas, reservas de fauna, reservas de desenvolvimento sustentável e reservas particulares do patrimônio natural, que só podem ser criadas por iniciativa do proprietário da área onde se situa.

A lei do Sistema Nacional de Unidades de Conservação (SNUC), sancionada em 2000, também instituiu a categoria de corredores ecológicos e reconheceu os sistemas da UNESCO de reservas da biosfera e de sítios do patrimônio mundial natural.[27] O Brasil dispõe, ao total, de doze categorias de unidades de conservação.[28]

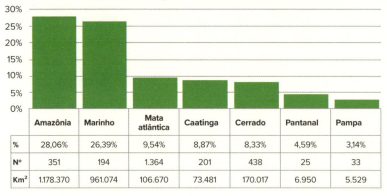

**PERCENTUAL E QUANTIDADE DE ÁREAS DAS UNIDADES DE CONSERVAÇÃO NOS BIOMAS BRASILEIROS**

|  | Amazônia | Marinho | Mata atlântica | Caatinga | Cerrado | Pantanal | Pampa |
|---|---|---|---|---|---|---|---|
| % | 28,06% | 26,39% | 9,54% | 8,87% | 8,33% | 4,59% | 3,14% |
| Nº | 351 | 194 | 1.364 | 201 | 438 | 25 | 33 |
| Km² | 1.178.370 | 961.074 | 106.670 | 73.481 | 170.017 | 6.950 | 5.529 |

Fonte: Cadastro Nacional de Unidades de Conservação (CNUC), 2020.

---

[27] O SNUC determina uma série de disposições importantes, entre elas a forma como as áreas protegidas devem ser criadas e o fato de que não podem ser "descriadas", a não ser por meio de lei. As unidades de conservação também devem dispor de um Conselho composto por diversos setores da sociedade e de um plano de manejo destinado a cada uma.

[28] Para mais informações, ver: https://bit.ly/3r10QPJ. Acesso em: 09 jan. 2022.

**TABELA BIOMAS**

| Bioma | Nº de UCs | Área em UCs (km²) |
|---|---|---|
| Amazônia | 351 | 1.178.370 |
| Marinho | 194 | 961.074 |
| Mata atlântica | 1364 | 106.670 |
| Cerrado | 438 | 170.017 |
| Caatinga | 201 | 73.481 |
| Pantanal | 25 | 6.950 |
| Pampa | 33 | 5.529 |

Fonte: Cadastro Nacional de Unidades de Conservação (CNUC), 2020.

Em 2020, o Cadastro Nacional de Unidades de Conservação (CNUC) identificava, nas três esferas de governo, 2.468 unidades de conservação no Brasil, totalizando 254.932.961 hectares, sem considerar as sobreposições de áreas existentes, o que abrange 18,63% da área continental protegida e 26,47% da área marinha.

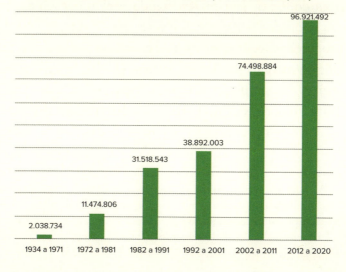

Fonte: Cadastro Nacional de Unidades de Conservação (CNUC), 2020.

Listamos abaixo algumas áreas protegidas importantes que servem de exemplo para conhecer melhor esse sistema.

## PARQUE NACIONAL MONTANHAS DO TUMUCUMAQUE

Criado em 2002, o Parque Nacional Montanhas do Tumucumaque tem 3.867.000 hectares de extensão,[29] área superior à da Bélgica, e é o mais extenso do país, sendo ainda o segundo maior parque de floresta tropical do planeta. Encontra-se na encosta brasileira da serra que lhe deu o nome, cuja crista faz divisa com a Guiana Francesa e o Suriname. Por ser quase integralmente abrangido pela faixa de fronteira, de 150 quilômetros de largura, suas terras são objeto de segurança nacional, cabendo também aos órgãos de Defesa preservá-las e protegê-las.

Trata-se de uma área prístina de enorme valor ambiental, inteiramente recoberta pela floresta amazônica primária. Suas montanhas, de beleza excepcional, culminam com matacões de pedras gigantescas isoladas, ou seja, grandes afloramentos rochosos que lembram o Pão de Açúcar do Rio de Janeiro, levantando-se altas por sobre a floresta, algumas recobertas por verdejante vegetação. Sua topografia acidentada proporciona belíssimos trechos encachoeirados, e suas matas e rios abrigam todos os predicados bióticos que lhe foram legados, que evoluíram livremente desde a última glaciação, há cerca de 15 mil anos.

É uma das regiões mais remotas do mundo, praticamente desabitada.[30] Foi planejado justaposto a uma terra indígena e

---

[29] O então presidente do Instituto Nacional de Colonização e Reforma Agrária (INCRA), Raul Jungmann, indicou essas terras para a criação de uma área protegida, uma vez que eram impróprias para a colonização. Jungmann, enquanto ministro da Defesa, também trabalhou junto a José Sarney Filho, à época ministro do Meio Ambiente, para a criação de dois imensos mosaicos de unidades de conservação nos arquipélagos de São Pedro e São Paulo e nas ilhas Trindade e Martim Vaz.

[30] A Guiana Francesa promoveu um programa de aumento de sua população e passou a pagar 300 euros por mês para cada criança nascida no país. Com isso,

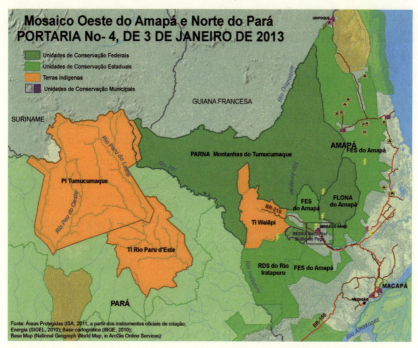

Mosaico de áreas protegidas no norte do Pará e oeste do Amapá. Fonte: ISA, 2013.

ensejou a criação de algumas novas áreas protegidas interligadas, que conformam um dos maiores e mais importantes corredores de biodiversidade do globo terrestre, estendendo-se pelo divisor de águas da Serra do Tumucumaque até o estado de Roraima. A Guiana Francesa, cumprindo acordos prévios informais, criou um grande parque nacional natural no território que lhe é vizinho, ampliando ainda mais o valor ambiental desse conjunto. O parque ocupa uma estreita faixa de terreno ao longo da margem direita do rio Jari, no município de Almeirim, no Pará. A maior parte de seu território está no Amapá e abrange terras dos municípios de Laranjal do Jari, Oiapoque, Calçoene, Serra do Navio e Pedra Branca do Amapari.

---

os esparsos habitantes dessas serras atravessaram a fronteira, tornando-se cidadãos europeus.

# ÁREA DE PROTEÇÃO AMBIENTAL DA SERRA DA MANTIQUEIRA

Criada em 1985 por meio de um decreto federal, a Área de Proteção Ambiental da Serra da Mantiqueira, unidade de conservação de uso sustentável, tem 437.200 hectares de extensão, abrangendo 27 municípios dos estados de Minas Gerais, São Paulo e Rio de Janeiro. Está ligada a parques nacionais e estaduais, como o do Itatiaia, o da Serra do Papagaio e o de Campos do Jordão.

Região preciosíssima de mata atlântica de médias e altas elevações, essa APA protege raros remanescentes dessa vegetação e ameaçados campos de altitude, sendo de fundamental importância para o suprimento de água de todo o Vale do rio Paraíba do Sul e da cidade do Rio de Janeiro. É um dos dois mais significativos corredores de biodiversidade da mata atlântica fora do sistema da

Pico das Agulhas Negras no Parque Nacional do Itatiaia, primeira área protegida brasileira. Encontra-se na Serra da Mantiqueira, na divisa entre os estados de Minas Gerais e Rio de Janeiro. Está circundado, na maior parte de seu perímetro, pela Área de Proteção Ambiental da Serra da Mantiqueira, que reforça sua proteção. Foto por Adriana Mattoso, 2014.

Serra do Mar, tendo recebido recomendação científica de grande prioridade para que adquira condições de proteção integral, o que vem sendo postergado pelas autoridades, que não compreendem seu alto significado ecológico. Abriga população importante do macaco muriqui, o maior das Américas, ameaçado de extinção, além de outras espécies de primatas e mamíferos em risco. Em 2020, foi criado na parte central dessa APA um monumento natural estadual com 10 mil hectares para proteger os picos do Itaguaré e dos Marins, ação que indica um caminho a ser seguido para o esforço e a completude da correta conservação do espigão dessa serra.

## RESERVA DE DESENVOLVIMENTO SUSTENTÁVEL DE MAMIRAUÁ

Criada por um decreto do governo do Amazonas, Mamirauá[31] foi a primeira reserva de desenvolvimento sustentável brasileira, cuja proposta é conciliar a conservação da biodiversidade com o desenvolvimento sustentável numa unidade habitada, também, por populações humanas. Com 1.124.000 hectares de extensão, abriga 177 comunidades e cerca de 11.532 moradores, de acordo com o Censo Demográfico de 2011.

Está localizada a cerca de 600 quilômetros a oeste de Manaus, na região do curso médio do rio Solimões, e abrange os municípios de Uarini, Fonte Boa e Maraã. Outros importantes municípios amazonenses situam-se em sua área de influência, como Jutaí, Alvarães e Tefé, este último o principal centro urbano da região. Reserva de desenvolvimento sustentável, Mamirauá foi definida a partir de solicitação feita pelo pesquisador José Márcio Ayres. Tem como objetivo, entre outros, proteger o macaco uacari-branco, espécie estudada por Ayres em seu doutorado.

---

[31] Para mais informações, ver: https://bit.ly/32WFhrB. Acesso em: 09 jan. 2022.

Uacari-branco, primata ameaçado de extinção característico da região de Mamirauá, em Tefé, no Amazonas. Fonte: Luiz Cláudio Marigo, 2006/Tyba.

O nome Mamirauá vem do lago localizado no coração da reserva, e seu significado mais conhecido é o de "filhote de peixe-boi". Trata-se de um lugar singular: um complexo ecossistema de lagos, lagoas, ilhas, restingas, chavascais, paranás, igarapés e muitas outras formações, que permanecem de 7 a 15 metros debaixo d'água por seis meses ao ano. De beleza extraordinária, chega a ser comovente a integração da população local com os preceitos do desenvolvimento sustentável, graças à excelente gestão dessa reserva. Abriga múltiplos exemplares da flora e da fauna amazônica, e devido à sua riqueza biológica, seu setor mais prístino foi reconhecido como sítio do patrimônio mundial natural. Integra, também, a reserva da biosfera da Amazônia central.

## RESERVA EXTRATIVISTA DO LAGO DO CUNIÃ

Criada por decreto federal em 1999, a Reserva Extrativista Lago do Cuniã cobre uma área de 76 mil hectares e está localizada em Rondônia, um pouco acima de Porto Velho, capital do estado. Integra um importante corredor de áreas protegidas que acompanha o curso do rio Madeira, formando uma faixa acima de sua margem esquerda que se prolonga até a cidade de Novo Aripuanã. A população tradicional está organizada na Associação de Moradores do Cuniã (ASMOCUN).

Exemplo positivo de gestão federal de uma unidade de conservação de uso sustentável, seus comunitários trabalham, dentre outras atividades, na produção de farinha, açaí e castanha-do-Pará, além de fazerem o manejo de espécies de peixes como o pirarucu. Recentemente vem sendo desenvolvido um projeto para o manejo

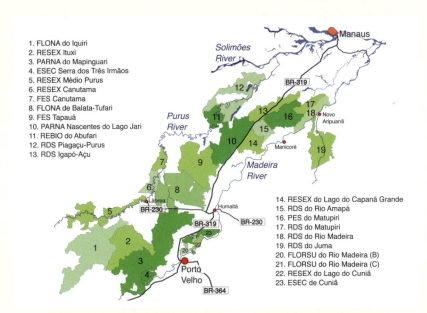

Corredor de áreas protegidas onde se encontra a Reserva Extrativista do Lago do Cuniã, entre os rios Madeira e Purus. Fonte: Aymatth2, 2016/Wikimedia Commons.

do jacaré-açu, com foco no abate sustentável para a comercialização da carne e do couro do animal.

Nas unidades de conservação federais do grupo uso sustentável que possuem populações tradicionais em seu interior, como reservas extrativistas, florestas nacionais e reservas de desenvolvimento sustentável, é permitido o uso responsável dos recursos naturais pelas comunidades. Trata-se de atividades que se constituem em fontes alternativas de renda, trabalhadas dentro de preceitos sustentáveis e envolvendo a gestão participativa dessas populações. A categoria reserva extrativista de área protegida foi criada como resposta ao movimento desenvolvido por Chico Mendes para salvar da destruição um castanhal no estado do Acre.

## COMPLEXO DE ÁREAS PROTEGIDAS DE ABROLHOS

Um conjunto de fatores naturais conferiu ao litoral sul da Bahia o privilégio de contar com a maior diversidade marinha do Brasil. Além do extenso banco de corais que dá nome à região de Abrolhos, ou "abra os olhos", como já advertiam os navegadores ancestrais, aí estão muitas outras raridades. Os grandes manguezais no entorno da cidade de Caravelas levaram à criação da Reserva Extrativista de Cassurubá, e condições naturais especiais se traduziram na Reserva Extrativista Marinha do Corumbau, na divisa dos municípios de Porto Seguro e Prado. Temos ainda os parques nacionais do Monte Pascoal e o do Descobrimento, reconhecidos desde 1999 como patrimônio mundial natural da UNESCO.

O Parque Nacional Marinho de Abrolhos foi criado em 1983 e conta com 88 mil hectares de extensão. Várias espécies de aves marinhas, répteis, peixes e invertebrados têm aí seu habitat, entre elas a tartaruga-de-couro, a mais rara entre todas da região. Também é o único local do planeta onde se pode encontrar o coral-cérebro. Entre as criaturas mais notáveis de Abrolhos estão

Arraia entre recifes de coral no Parque Nacional Marinho dos Abrolhos, reserva que apresenta a maior diversidade de espécies marinhas da costa brasileira. Fonte: Roberto C. Pinto, 2019/ Wikimedia Commons.

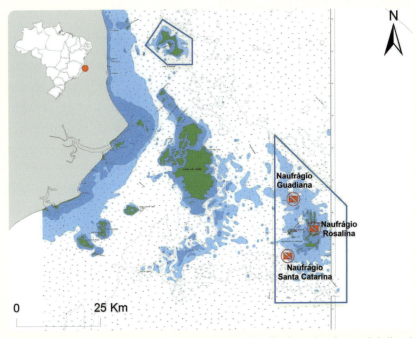

Perímetros que conformam o Parque Nacional Marinho dos Abrolhos, situado no sul do litoral baiano, defronte à cidade de Caravelas. A imagem mostra com clareza a necessidade de ampliação da área do parque para abranger pelo menos a maior parte do recife de coral onde se assenta. Fonte: Reprodução/Parque Nacional Marinho do Brasil.

CAPÍTULO IV · A LEI E A FLORESTA 203

as baleias jubarte, que aí firmaram o mais importante berçário de sua espécie do Atlântico Sul, aonde vêm, de julho a novembro, para se reproduzir.

O Parque de Abrolhos detém uma boa estrutura de visitação. Situado a 70 quilômetros da cidade de Caravelas, abrange parte do banco coralino da região, formando o maior conjunto de corais do Atlântico Sul. Por suas excepcionais qualidades, há um crescente movimento pela ampliação de sua área para que possa exercer plenamente sua função protetora dessa imensa riqueza biológica. Mergulhar em Abrolhos é experiência da maior beleza que os mares podem proporcionar, realmente inesquecível. Sua biodiversidade está ameaçada pelas mudanças climáticas e pela instalação de poços de exploração de gás e petróleo em seu entorno.

## RESERVAS PARTICULARES
## DO PATRIMÔNIO NATURAL (RPPN)

Esta categoria de áreas protegidas especiais foi instituída por decreto em 1990 e contemplada pelo SNUC no ano 2000. As áreas são criadas por iniciativa de particulares interessados na conservação ambiental, em terras de sua propriedade, com o objetivo de proteger a biodiversidade e os recursos hídricos e fomentar a pesquisa e a educação ambiental, não podendo ser revogadas.

Em 2020, somavam-se mais de 1.500 unidades com área total próxima de um milhão de hectares. A RPPN de maior extensão é a do Serviço Social do Comércio (SESC), com mais de 100.000 hectares, mais da metade deles inundados anualmente, está situada na planície pantaneira não distante do Parque Nacional do Pantanal. Torna-se indispensável, assim, a implantação de um corredor ecológico que faça a ligação entre essas duas unidades de conservação.

Dentre outras RPPNs significativas destacam-se a do Salto Morato, criada pela Fundação Boticário no interior da Grande Reserva Mata Atlântica, com 820 hectares, situada na escarpa da

Vista aérea da Serra do Amolar, que se ergue no centro do pantanal junto à divisa com a Bolívia. Abriga reservas de desenvolvimento sustentável adjacentes ao Parque Nacional do Pantanal, listado como Sítio do Patrimônio Mundial Natural pela UNESCO. Foto por Mario Friedlander, 2014/Pulsar Imagens.

Serra do Mar paranaense; e a pequenina RPPN do Carroula, de propriedade particular, com 15 hectares, situada no município do Prado, litoral sul da Bahia, vizinha do Parque Nacional do Monte Pascoal. Essas reservas particulares criadas no entorno de unidades de conservaçao de proteção integral são de grande importância para garantir a integridade e a proteção dos limites de áreas protegidas de alto significado ambiental.

## CONVENÇÕES INTERNACIONAIS

> *Palavra puxa palavra, uma ideia traz outra,*
> *e assim se faz um livro, um governo, ou uma*
> *revolução, alguns dizem mesmo que assim é que*
> *a natureza compôs as suas espécies.*
> **Machado de Assis**, "Primas de Sapucaia!"

O Brasil participa ativamente de uma série de fóruns internacionais que tratam a temática do meio ambiente. Chegou mesmo a sediar o que possivelmente foi o mais importante entre eles, em razão dos resultados alcançados: a Conferência das Nações Unidas para o Meio Ambiente e o Desenvolvimento Sustentável de 1992, realizada no Rio de Janeiro, mais conhecida como Conferência Eco-92 ou Rio-92. Como decorrência, o país passou a ser signatário de diversos tratados, acordos e convenções internacionais, a maior parte deles promovida pelo sistema das Nações Unidas. Falaremos a seguir sobre alguns de maior destaque.

A Declaração da Conferência de Estocolmo, redigida em 1972 e aprovada por unanimidade pelo plenário da ONU, estipula que o homem tem o direito fundamental à liberdade, à igualdade e ao desfrute de condições de vida adequadas em um meio ambiente de qualidade tal que lhe permita levar uma vida digna e gozar de bem-estar, tendo a solene obrigação de proteger e melhorar o meio ambiente para as gerações presentes e futuras.

A Organização das Nações Unidas para a Educação, a Ciência e a Cultura (UNESCO) criou, entre outras iniciativas, o Programa O Homem e a Biosfera, cujo resultado mais conhecido são as reservas da biosfera. Seus principais objetivos são proteger a biodiversidade e promover o desenvolvimento sustentável e o conhecimento científico. Em 1972, a UNESCO promoveu também a Convenção do Patrimônio Mundial Natural e Cultural, que visa proteger os sítios de importância vital para toda a humanidade.

O Brasil dispõe hoje, para cada um de seus biomas, de um abrangente sistema de reservas da biosfera, que são de grande importância para a proteção de nossa biodiversidade. Alcançou listar como patrimônio mundial natural diversos sítios, muitos dos quais ainda carecem de maiores cuidados para garantir as funções desse título.

A Convenção de Ramsar, aprovada na cidade de mesmo nome, no Irã, entrou em vigor em 1975. Dedica-se principalmente à conservação e ao uso racional de áreas úmidas de importância mundial, especialmente aquelas necessárias para garantir a sobrevivência de aves migratórias, que precisam de locais de pouso e alimentação durante seus longos deslocamentos anuais.

A Convenção das Nações Unidas sobre o Direito do Mar de 1982 é um tratado multilateral que define e codifica conceitos herdados do direito internacional referentes a assuntos marítimos, como mares territoriais, zonas econômicas exclusivas, limites da plataforma continental, entre outros. Estabelece os princípios gerais da exploração dos recursos naturais do mar, tanto os recursos vivos quanto os do solo e do subsolo.

A Convenção sobre a Diversidade Biológica, estabelecida durante a conferência Rio-92, estipula, além da proteção de todas as espécies, a necessidade de utilização sustentável de seus componentes e a repartição justa e equitativa dos benefícios derivados do uso dos recursos genéticos. Opera por meio de reuniões anuais de seus membros, nas quais são definidos critérios e metas a serem alcançados pelos países signatários.

Flamingos migratórios no Parque Nacional da Lagoa do Peixe, no Rio Grande do Sul. Fonte: Juan A. Anza, 2013/Wikimedia Commons.

Tartaruga marinha, espécie migratória protegida no Brasil pela Fundação Projeto TAMAR. Fonte: Ben Tavener, 2011/Fundação Projeto TAMAR via Wikimedia Commons.

A Convenção sobre Mudanças Climáticas, que também foi acordada durante a Rio-92, tem como maior preocupação as consequências negativas, para o planeta, do aumento crescente da temperatura da Terra, que já ameaça a sobrevivência de todos os seres vivos. A gravidade dessa situação é de tal ordem que levou a comunidade científica a denominar o momento histórico que estamos vivendo de Antropoceno, ou a "Era do Homem".

Na seção Anexos, ao final deste livro, há mais detalhes sobre as convenções e tratados aqui mencionados, assim como informações sobre as leis brasileiras que regem a proteção de nossos ecossistemas, em especial os três códigos florestais brasileiros.

Alguns dos mais representativos animais da fauna brasileira e sul-americana, incluindo também cachorros e cavalos trazidos pelos europeus. Imagem publicada em *Flora brasiliensis* (1840-1906).
Fonte: Brasiliana Iconográfica/Wikimedia Commons.

CAPÍTULO V
# POR QUE CONSERVAR

*Não, não haverá para os ecossistemas aniquilados*
*Dia seguinte [...]*
*O vazio da noite, o vazio de tudo*
*Será o dia seguinte.*
**Carlos Drummond de Andrade**, *Mata atlântica*

A principal razão para se conservar extensos exemplos das mais diversas formações vegetais do país é de caráter ético; garantir a sobrevivência condigna da biodiversidade é tarefa bíblica. Com que direito a espécie humana, tão recente em comparação com a história do nosso planeta, se arvora a eliminar para sempre as florestas e seus animais?

Em um hectare de floresta tropical pode haver mais de quinhentas espécies de árvores, quantidade bastante alta quando comparada com as vinte espécies que são encontradas nas mais diversificadas florestas de clima temperado. Essa imensa variedade de flora caracteriza-se pela extrema riqueza de fauna e resulta de suas inter-relações. Por sua extrema complexidade, variedade e constante evolução, pode também significar uma extrema vulnerabilidade dos seus ecossistemas. É sabido que esses ambientes quentes e úmidos são os mais propícios à evolução da vida terrestre.

O homem é outra das razões para se preservar a natureza. Seres humanos precisam de outros seres humanos e também da natureza para sobreviver. É necessário, então, entender todas as dimensões dessa interdependência.

Karl Marx, entre outros pensadores, já nos avisava:

> A história da natureza e a história dos homens se condicionam reciprocamente [...]. Todas as relações sociais estão baseadas por coisas naturais e vice-versa. O homem atua externamente sobre a natureza e a modifica, modificando ao mesmo tempo sua própria natureza [...]. O fato de que a vida física e espiritual do homem está vinculada com a natureza, não tem nenhum outro sentido senão que está vinculada consigo mesma, pois o homem é uma parte da natureza [...]. A natureza é seu corpo, com o qual o homem deve permanecer em contínuo processo para não morrer (SCHMIDT, 1973).

Sabe-se que o clima é influenciado pela presença ou eliminação das florestas. Elas também desempenham papel importante como reguladoras da manutenção da água e produtividade das nascentes. As matas facilitam a infiltração da chuva no solo, o que evita grandes enchentes e ajuda a manter a regularidade das nascentes. Em meados do século XIX, já se sabia que "há bastante evidência de que a destruição de florestas úmidas tropicais conduz a mudanças do regime de chuvas locais com concomitantes alterações dos padrões estabelecidos do uso da terra" (HAMILTON, 1976).

É bastante conhecido, ainda, que as florestas tropicais afetam não só o clima local, mas têm reflexo, inclusive pluviométrico, sobre outras regiões do nosso país, o que é importante para as cidades e a agricultura, além de contribuírem para minorar o aquecimento global e as mudanças climáticas. Elas consomem quase todo o oxigênio que produzem, mas também sequestram gás carbônico da atmosfera.

A vegetação nativa é um dos elementos fundamentais no combate à erosão de solos frágeis. Esse problema é crítico em algumas regiões brasileiras, e a manutenção da vegetação natural tem se mostrado o modo mais eficiente de combatê-la. Todas essas considerações técnicas nos levam a concluir que é desejável preservar a vegetação em todas as regiões de solos pobres ou de topografia inclinada, ou mesmo de terras prescindíveis a outros usos. Os desastres na região serrana do estado do Rio de Janeiro, que já custaram mais de mil vidas na segunda década do século XXI, são o exemplo mais expressivo desse princípio.

Existem razões socioeconômicas para se preservar a vegetação primitiva, mas ainda há pouca pesquisa sobre a nossa flora e suas potencialidades. Se os ecossistemas nativos forem alterados antes dos estudos se aprofundarem, estará irremediavelmente perdida toda uma possibilidade de conhecimento humano. Com isso, a produção de novos alimentos, medicamentos e mesmo cosméticos estará definitivamente prejudicada, como já vem acontecendo.

A forma mais garantida de se assegurar a existência das espécies vegetais de interesse humano é protegê-las em seu local de origem. A Terra, em sua longeva evolução ao longo de milhões de anos, superadas as glaciações, possibilitou que cada espécie que encontramos na natureza resistisse a tudo isso. São bravas espécies, vencedoras de todas as intempéries, que encontraram seu nicho mais favorável para sobreviver.

As batatas, por exemplo, se desenvolveram na Cordilheira dos Andes após milhares de anos de evolução. Cultivadas pelas populações que ali chegaram, atingiram um patamar importante para a alimentação humana. Depois foram levadas para todos os continentes, onde conquistaram lugar de preferência na mesa de diversos países. Na Alemanha, Polônia e Irlanda, tornaram-se a principal fonte alimentícia do povo. No século XIX, uma praga dizimou completamente essas plantações na Irlanda, levando a população a uma grande crise de fome que resultou em milhares de mortes e grande dispersão dos irlandeses pelo mundo.

Uma espécie extremamente importante para a alimentação de pessoas pode, desse modo, desaparecer. Por isso, é fundamental que suas matrizes sejam protegidas nos seus locais de origem, onde poderão melhor subsistir a um ataque de pragas ou outras ameaças. Esse raciocínio é válido para um número incalculável de espécies de importância para a vida humana, e a forma mais segura de garantir sua permanência é deixando que se desenvolvam livremente nos habitats em que surgiram, necessidade reforçada pelo advento do Antropoceno.

Um problema que vem se agravando é o de espécies invasoras ou que foram introduzidas em uma área que não o seu habitat, causando danos a esse novo ambiente. A floresta da Tijuca, por exemplo, foi reflorestada no século XIX com espécies nativas e exóticas. As jaqueiras, exóticas, vêm ganhando terreno sobre outras madeiras e precisam ser controladas para evitar que exterminem as árvores nativas tornando-se dominantes. Várias gramíneas estrangeiras têm se mostrado danosas à natureza, invadindo florestas, destruindo sub-bosques e, com o tempo, as próprias árvores.

A fauna exótica também provoca estragos. Moluscos deixados nos nossos portos por navios de diversas procedências ameaçam a biodiversidade marinha. Outros avançam pelos rios da bacia do Paraná e do Amazonas, como o mexilhão-dourado, que infesta as turbinas das hidrelétricas, ameaçando a produção de energia limpa e o equilíbrio natural. Já foram contabilizadas 41 espécies de peixes exóticos nos rios da Amazônia. Como não têm inimigos naturais em sua nova casa, a devastação que causam é enorme.

Há o caso de um caramujo africano que, trazido e criado para substituir o *escargot*, alastrou-se por várias plantações, causando prejuízos. Outro animal estranho ao nosso habitat é o javaporco, mestiço do javali selvagem com o porco doméstico, que avança do Sul para o Norte do país, causando grandes prejuízos à agricultura, à fauna e à flora e chegando até a atacar pessoas nos campos.

Questão preocupante é a invasão do sagui-do-nordeste, conhecido como jacus ou sagui-de-tufo-branco, que tem exibido sua grande simpatia em várias áreas urbanas do Sudeste do país. Esse animalzinho adentra habitats de outros pequenos primatas, como o do mico-leão-dourado, competindo por recursos e intimidando as espécies originais. Pior, em alguns casos, primatas invasores chegam a se hibridizar com outras espécies ameaçadas de macacos, como ocorre com os jacus e o aurita, ou com o sauim-de-coleira, aumentando o risco de extinção de preciosos animais. Os impactos

Javaporco, mescla do porco doméstico com javali que tem causado grandes estragos em plantações. Espécie invasora que ameaça a fauna e a flora nativas. Fonte: Miguel Tremblay, 2014/ Wikimedia Commons.

ecológicos dessa bioinvasão podem ser considerados um dos principais responsáveis pela perda da biodiversidade em todo o mundo.

Um tema que passou a ser discutido há não muito tempo, mas que vem ganhando cada vez mais força é a preocupação com a crueldade aos animais. Iniciou-se com os animais domésticos, passou aos domesticados e hoje estende-se até os selvagens. Caça, aprisionamento e tráfico animal são temas recorrentes, e a atenção que vêm despertando tendem a resultar em melhorias significativas. Essa demanda já vem citada na Constituição de 1988, e uma nova legislação, mais detalhada e centrada no respeito, ou mesmo no direito dos animais vem sendo gestada.

Já analisamos anteriormente o papel da vegetação na cultura brasileira. Destruir a vegetação original é destruir também essa cultura. O mesmo se pode dizer em relação às pirâmides do Egito, às muralhas da China, à igreja de Santa Sofia, em Istambul, ou à torre de Belém, em Lisboa. A crença de que a mata significa terra inculta, atrasada, perdurou durante muito tempo. Felizmente, esse pensamento retrógrado e fictício está em franca e benfazeja extinção.

Não se transforma o Pão de Açúcar em paralelepípedos porque o Rio de Janeiro sem o Pão de Açúcar não seria o Rio de Janeiro,

Aguapé, planta aquática dominante, nativa, disseminada por grande parte do país, podendo se tornar invasora. Avança por lagoas, represas e outras áreas calmas de água doce. Fonte: Pampamlucinda/Wikimedia Commons, 2019.

mas outra cidade. Do mesmo modo, a eliminação total de nossa vegetação primitiva modificaria irremediavelmente o Brasil, tornando-o um outro país com outra identidade – a identidade de vilão do mundo. Outros países já passaram por isso: a África do Sul, hoje livre do *apartheid*; a Coreia do Norte, por suas bombas atômicas; as sequelas da escravidão. Sem esse cuidado, acabaremos nos tornando o Doutor Silvana, inimigo do super-herói Shazam, ou o Coringa, vilão do Batman, entre os países.

Nosso primeiro Código Florestal já proibia que fosse devastada a vegetação das frágeis encostas que servem de moldura a sítios e paisagens pitorescas dos centros urbanos e seus arredores. Em 1977, Luís Saia, um dos conceituadores do Patrimônio Histórico Brasileiro, já apregoava não ser mais possível adiar a necessidade de agir para preservar oficialmente nossas paisagens.

Os locais que não possuem laços significativos com sua paisagem original, estes sim devem ser considerados deteriorados e culturalmente despojados.

Para muitos, a natureza corresponde a um ideal de pureza. Conservar a vegetação natural dos sítios de beleza excepcional e a biodiversidade de um país é preservar sua identidade. Esse é o verdadeiro significado de civilização.

## NATUREZA URBANA

> *Um cheirinho d'alecrim,*
> *Um cacho d'uvas doiradas,*
> *Duas rosas no jardim...*
> **Artur Vaz da Fonseca**, "Uma casa portuguesa"

As cidades devem ser importantes redutos para acolher espécies de plantas e animais silvestres. Além de parques e praças com árvores nativas, que trazem prazer e recreação, os centros urbanos podem se tornar habitats de animais autóctones. Para isso, algumas medidas devem ser providenciadas. O plantio de espécies que produzem alimento para a fauna é uma delas.

A ideia de aproximar a cidade do campo não é nova. Com a revolução industrial e o consequente êxodo da zona rural para a urbana, que levou a um crescimento populacional descontrolado, as cidades foram se transformando cada vez mais em locais insalubres para se viver. Além da poluição provocada pelas fábricas e pelos meios de transporte, a falta de saneamento levava a enfermidades, causando mortes que poderiam ser evitadas.

No final do século XVIII, nas minas de carvão, os trabalhadores ingleses levavam canários em gaiolas para os trechos onde iam trabalhar. Se o passarinho caísse do poleiro, era sinal de que deveriam abandonar a mina, pois o nível de poluição do ar já estaria próximo do mortífero.

Welwyn, cidade-jardim inglesa situada ao norte de Londres. Foi uma das primeiras a adotar os princípios de grandes espaços abertos ajardinados, mesclando o campo ao urbano. Fonte: Cmglee, 2017/Wikimedia Commons.

Em 1898, o urbanista e escritor inglês Ebenezer Howard concebeu a proposta de "cidade-jardim" para resolver a polarização entre a cidade e o campo. A ideia era disponibilizar, nos espaços públicos, vastas áreas verdes para melhorar a qualidade de vida nos centros urbanos. O projeto foi para frente, e muitas cidades-jardins foram implantadas desde então. Em São Paulo, na primeira metade do século XX, a proposta foi realizada de forma seletiva, com vastas áreas verdes privatizadas formando os bairros-jardins.

Acompanhando a crescente preocupação com o meio ambiente, esse conceito derivou para o que hoje é conhecido como "cidades verdes". Além de grandes espaços verdes abertos e de uso comum, essas cidades devem ter cuidado especial com o saneamento, evitar a canalização dos seus rios, manter controle cuidadoso de todas as formas de poluentes, buscar soluções para economizar energia e investir em melhores condições para a população.

A relação da humanidade com os demais seres vivos, sejam eles vegetais ou animais, deve focar em novas dimensões, especialmente

Recorte esquemático de uma cidade-jardim mostrando a interpelação com o campo externo e o centro. Baseado em projeto de Ebenezer Howard, 1898. Fonte: EarthBrønby Haveby/©Google Earth.

na fauna silvestre e, neste caso, na fauna urbana silvestre, buscando ser mais amigável e interativa, sempre de forma respeitosa. Uma cidade verde ideal é aquela que se integra ao meio ambiente, evitando a poluição, cuidando da segurança e promovendo inclusão, igualdade e qualidade de vida para todos.

A cidade de São Paulo, nas décadas de 1960 e 1970, era tomada por níveis tão graves de poluição do ar que apenas aves resistentes, principalmente alienígenas, conseguiam nela sobreviver. Quem circulava pela Avenida Paulista nos meses de inverno não alcançava ver os edifícios situados a mais de um quilômetro de distância, tão forte era a fumaça emitida pelos carros e indústrias. A poluição atmosférica era tão densa que tinha-se a impressão de que era possível agarrá-la com as mãos. Quando o controle das condições do ar melhorou, os pássaros nativos começaram a retornar. Pôde-se então escutar novamente os bem-te-vis, os sabiás, as maritacas e os canários, entre outros famosos bardos de nossa fauna.

CAPÍTULO V · POR QUE CONSERVAR    219

## SERVIÇOS ECOSSISTÊMICOS

> *Todos os caminhos levam a formiga*
> *ao centro do formigueiro.*
> **Rex Stout**

Anteriormente pouco percebidos, passaram a ganhar notoriedade os "serviços ecossistêmicos", ou serviços ambientais, que são os benefícios da natureza para o bem-estar humano e para a sustentação de suas atividades econômicas. São classificados em três categorias: provisão, regulação e cultural. Outros desempenhos como produção de oxigênio, formação e retenção de solos, ciclagem de nutrientes e da água são chamados de atividades suporte.

Os serviços de provisão se referem aos produtos que obtemos da natureza, como alimentos, água, madeira e plantas medicinais, entre outros. Os de regulação são aqueles que visam manter o

Cachoeira das Três Marias no Parque Estadual da Serra do Mar, em Cubatão, São Paulo. Foto por Adriana Mattoso, 2016.

equilíbrio do ambiente, como os relacionados à manutenção da qualidade do ar, ao controle da erosão e da fertilidade dos solos, de inundações, de polinização de lavouras, de moderação de efeitos climáticos e de outros desastres naturais. Já os serviços culturais são aqueles relativos aos benefícios que obtemos do contato com a natureza e que contribuem para a cultura e as relações sociais, como a criação de identidade cultural, manutenção da beleza cênica, criação de espaços de recreação e de inspiração artística, valorização científica, educacional e religiosa.

O conhecimento dos serviços prestados pela natureza à humanidade é fundamental tanto para preservar os ecossistemas como para garantir sua saúde e sobrevivência. Vale ressaltar a necessidade de divulgação desse conhecimento como forma de precaução essencial para o que ainda está por vir em decorrência das mudanças climáticas.

## QUESTÕES AMAZÔNICAS

> *O lobo perde os dentes, mas não*
> *perde sua natureza.*
> **Provérbio romano**

A grande floresta amazônica se transformou na maior questão ambiental das primeiras décadas do século XXI. Não é de hoje que o mundo tem os olhos voltados para esses desmatamentos que crescem desordenadamente, ceifando suas imensas árvores. Em grande parte, o corte é clandestino e ilegal, feito com documentos falsificados. Toda a grande área de transição entre a floresta amazônica e o cerrado já se foi. O jornalista e escritor Fernando Gabeira acentuou a seguinte semelhança linguística: "Matar e desmatar são verbos que têm uma forte relação entre si".

Essa ansiedade do mundo civilizado, estarrecido com o que é considerado o maior descalabro ambiental que vem sendo perpetrado no planeta, não se restringe à questão das mudanças climáticas. Afinal, a queima de combustíveis fósseis por vários outros países supera os resultados negativos para a atmosfera advindos da queima de florestas. Isso não significa, no entanto, que a derrubada e a queima de florestas não seja um fator fortemente negativo para o clima. É negativo, e muito significativo. Pior ainda, e irreversível, é a perda de biodiversidade decorrente.

Mas o estarrecimento global com a conduta negativa do Brasil no que diz respeito à preservação das florestas vai além do problema das queimadas. Já vimos que a Amazônia é vista como um dos últimos redutos da natureza que permaneceu grandemente intocado, uma das últimas representações de paraíso que nos foi legado e conspurcado. Mais do que isso, é a representação principal da possibilidade de redenção ambiental que nos resta.

Crescem, também, os clamores pela recuperação de regiões que já foram devastadas, e esforços imensos têm sido despendidos para recuperar áreas de florestas. O mundo caminha nessa direção. Assim, como diz a sabedoria popular, só os parvos ou os loucos podem estar caminhando no sentido contrário. Ou os bandidos.

A Amazônia continua sendo o maior repositório de biodiversidade do planeta. A cada dia, mais pessoas se convencem da importância de se proteger sua biodiversidade. "Mas outros países não destruíram toda a sua biodiversidade?", alguns podem questionar. Além de não ser inteiramente verdade, um erro não justifica outro. A maioria dos países, há três ou quatro gerações, praticava a escravidão com o aceite moral de todos, incluídas as instituições religiosas. Não é preciso ir muito longe na história para entender que extinguir ou explorar espécies e indivíduos é, sem dúvida, uma péssima atitude, sempre com resultados deletérios.

Os cientistas debatem hoje quanto de nosso planeta deveria ser mantido em condições naturais para que alcancemos um equilíbrio razoável, se é que ainda há tempo para isso. A proposta mais ousada, mas que vem sendo bem acolhida, julga que ao menos metade do território mundial deve ser mantida em condições originais.

Rio Amazonas e seus meandros na planície, com lagoas formadas por cursos mais antigos, já abandonados. Fonte: Ricardo Oliveira, 2011/Tyba.

O desafio é que, para isso, é necessário recompor imensas áreas já descaracterizadas. Parece impossível? Pois não só é possível como já vem sendo feito em diversos países, inclusive no Brasil. A questão ética da destruição das etnias indígenas, correlata à derrubada das florestas, é igualmente um desafio moral da maior gravidade.

Até quando garimpeiros vão continuar a invadir terras indígenas e massacrar suas populações em busca de pedras e metais valiosos que só beneficiam milícias infratoras? "Mas outros países também não massacraram suas populações autóctones para implantar o desenvolvimento?", pode-se questionar novamente. Trata-se não apenas de uma inverdade, mas de um sacrilégio moral. Houve massacres, sim, inclusive no Brasil, mas são todos moralmente condenáveis. O extermínio de populações indefesas é decorrência de uma visão selvagem de conquista e ânsia por lucro. É um absurdo relembrar, por exemplo, que navegantes europeus atiraram e mataram, por mera diversão, no século XVIII, nativos da Ilha de Páscoa que nadavam em torno de seus barcos.[32]

A Amazônia, apesar de já bastante espoliada, ainda é a casa de centenas de etnias que têm direito ao seu livre desenvolvimento assim como nós temos o direito ao ar que respiramos. Destruir essas culturas ou deixar que sejam destruídas é assassínio que deve ser levado aos mais elevados tribunais que a civilização pode constituir. No entender dos ambientalistas brasileiros, a Amazônia é o termômetro de nossa civilidade e incivilidade. Com tudo que se fez nessas últimas décadas, não conseguimos deter o desmatamento, o garimpo e as crescentes ameaças concretas contra os povos indígenas.

O Código Florestal estipula que 80% das áreas de propriedades na Amazônia devem permanecer florestadas. No entanto, essa bela disposição legal não está sendo obedecida. Basta olhar as imagens de

---

[32] "No Brasil, estou alarmada com os recentes ataques contra membros dos povos Yanomami e Munduruku por mineradores ilegais na Amazônia" – Michelle Bachelet, alta comissária da ONU para os Direitos Humanos, para o jornal *Correio Braziliense*. Disponível em: https://bit.ly/3nY4SaV. Acesso em: 25 jan. 2022.

satélite recentes. Disposições semelhantes não foram obedecidas na mata atlântica e no cerrado. Como acreditar que vão ser seguidas na Amazônia? Não serão. E quando nos dermos conta, será tarde demais. Cabe aos governantes garantir a permanência de grandes reservas de floresta primária, maiores do que 50% de sua abrangência original, para cada uma das formações originais da Amazônia, para que a catástrofe final não se instaure. Renomados pesquisadores nos alertam que já estamos muito perto de um ponto sem retorno. E todo esse conjunto poderá voltar a ser um cerrado, como já foi no passado. Segundo os ambientalistas Thomas Lovejoy e André Guimarães:

> [...] no sul e leste da Amazônia já se chegou ao ponto em que, sem uma contraintervenção humana, a umidade é insuficiente para impedir que a floresta se converta em vegetação de savana. Os impactos que o ciclo hidrológico enfraquecido terá mais para o sul vão reduzir os benefícios à agricultura e aos reservatórios em quase todos os países da América do Sul (*Folha de S.Paulo*, 2021).

A água que a floresta amazônica produz se transforma em nuvens que, levadas pelos ventos, irrigam o Centro-Oeste e o Sudeste do Brasil. São os chamados "rios voadores". O país se vangloria, com razão, de ter se transformado em uma potência produtora de alimentos. Mas e quando as terras secarem, como ficará essa produção? A necessidade de água é cada vez maior, no Brasil e no mundo, para abastecer uma crescente população, o que só aumenta seu desequilíbrio. Nossas grandes cidades do Sudeste padecem cada vez mais da falta de água. As hidrelétricas estão se esvaziando. Como Drummond, questionou: "E agora, José?".

Muitos argumentam que o tratamento dado à Amazônia diz respeito apenas aos países onde essas florestas estão. Trata-se de um raciocínio pela metade, já que a queima da floresta afeta o clima de todo o mundo. Portanto, essa é uma questão mundial. "Então todos os países devem pagar a conta dessa proteção", alguns irão concluir. É verdade. E essa verdade já vinha sendo praticada por meio de ações

O cientista Eneas Salati, ex-diretor do Instituto Nacional de Pesquisas da Amazônia (INPA), foi o primeiro a estudar, na segunda metade do século XX, a evaporação proveniente dessa floresta e a influência de tal umidade no clima. Concretizou-se a partir daí o conceito dos "rios voadores", que distribuem parte dessa umidade para o sudeste do continente e são de grande importância para a manutenção do clima das áreas agrícolas mais produtivas da América do Sul. Fonte: Projeto Rios Voadores, 2007.

como o projeto Áreas Protegidas da Amazônia (ARPA), programa bem-sucedido de apoio à criação e consolidação de áreas de proteção. Diversos outros programas vinham sendo financiados pelo Fundo Amazônia, que contava com mais de 2 bilhões de euros em recursos, doados principalmente pela Noruega e Alemanha. Em contrapartida, os governos estrangeiros solicitavam resultados práticos de conservação da floresta, motivo pelo qual a iniciativa foi rejeitada e cancelada com desdém pelo governo brasileiro que tomou posse em 2019 e passou a incitar a destruição das florestas.

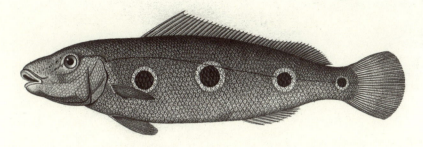

*Tucunaré*, por Humboldt e Bonpland, 1811. O nome vem do tupi "tucum" + "are" e significa "semelhante, igual ou parecido com o tucum" – os peixes têm espinhos nas nadadeiras, como os troncos dessa palmácea. Nativos da bacia amazônica, podem chegar a um metro de comprimento, e sua carne branca é uma das iguarias mais apreciadas da região. Fonte: Alexander von Humboldt/ Wikimedia Commons.

## AFLUENTES E FOZ DO RIO AMAZONAS

Em cada uma das sub-bacias hidrográficas do rio Amazonas em território brasileiro cabe todo um universo. Sendo as bacias hidrográficas o módulo ecossistêmico de principal importância para o estudo e proteção da biodiversidade, vale a pena nos debruçarmos sobre alguns de seus principais afluentes em território brasileiro. Começando pela margem direita de sua foz, seguindo para as nascentes.

Logo antes de desembocar no mar, o rio Amazonas recebe em seu delta as águas do conjunto Araguaia-Tocantins, rios de grande porte cujas nascentes estão no cerrado, em terras já quase inteiramente ocupadas por plantações. No Araguaia temos a Ilha do Bananal, cuja metade norte é protegida por um parque nacional. Inteiramente reconhecida como terra indígena, lá predomina a cultura Carajá. Os principais problemas dessa sub-bacia são a perda da biodiversidade, a erosão dos solos e a utilização de pesticidas que assoreiam e poluem seus rios.

No Tocantins foi construída a Usina Hidrelétrica de Tucuruí, inaugurada na década de 1980, que provocou grandes transformações no ecossistema. Uma das grandes ameaças a essa bacia é o projeto de transformação do rio Araguaia numa hidrovia, o que implicaria em obras de vulto ao longo de todo seu percurso

Vista aérea da aldeia Khikatxi, da etnia Kisêdjê, na terra indígena Wawi, localizada no Parque Indígena do Xingu, no Mato Grosso. Fonte: Pedro Biondi/Agência Brasil via Wikimedia Commons.

navegável, com grandes danos à flora e à fauna que sobrevive de suas águas e dos poucos remanescentes florestais de suas margens.

Acima vemos chegar o rio Xingu, que abriga a Parque Indígena do Xingu, mais importante território indígena do país, criado por iniciativa dos irmãos Villas-Bôas. É um fabuloso universo bem-sucedido de proteção de culturas autóctones e biodiversidade. No entanto, as cabeceiras do Xingu estão situadas no chamado Arco do Desmatamento, região de depredação acelerada das florestas, com influências danosas a esse resquício do paraíso.

Mais abaixo, ainda no rio Xingu, foi construída a controversa Hidrelétrica de Belo Monte, que suscitou acaloradas discussões sobre sustentabilidade e custo-benefício, uma vez que interveio de forma violenta no ecossistema e na vida das populações ribeirinhas. Essa polêmica consolidou a convicção de muitos de que os megaprojetos hidrelétricos nos rios amazônicos devem ser arquivados.

A seguir vem o rio Tapajós, conhecido por ter abrigado, no início do século XX, a fracassada implantação do grande projeto de produção de borracha conhecido como Fordlândia. Hoje, a foz

Vista aérea do encontro dos rios Teles Pires e Juruena, que formam o rio Tapajós na fronteira dos estados do Pará e Mato Grosso, junto ao Parque Nacional do Juruena. Fonte: Cícero Pedrosa Neto/Amazônia Real via Wikimedia Commons.

do Tapajós, em Alter do Chão, é um dos destinos turísticos mais procurados da Amazônia pela beleza e placidez de suas águas. Esse paraíso está ameaçado por atividades clandestinas de mineração, que já poluem suas águas.

O rio Madeira, com sua enorme bacia hidrográfica, banha a cidade de Porto Velho, capital do estado de Rondônia. Aí se desenvolveu a saga da construção da ferrovia Madeira-Mamoré, parte do acordo de incorporação do Acre ao território brasileiro, mas que nunca chegou a ser terminada. No Madeira, discute-se com fervor a construção de novas hidrelétricas.

O Madeira é tributário do rio Guaporé, que guarda banhados ambientalmente importantíssimos: um pantanal ainda desconhecido, menor, porém mais preservado do que o mato-grossense, com miríades de espécies ameaçadas. Recentemente o governo de Rondônia "descriou" áreas protegidas dessa região para permitir sua transformação em plantações. Esse trecho específico de nosso território exige atenção e ações imediatas de conservação. Ao longo do Guaporé foi construindo o Real Forte Príncipe da Beira, a

Registro de satélite dos grandes estragos causados pela mineração em afluentes do Amazonas. Além da poluição pelo mercúrio e da destruição da floresta, resulta dessa atividade o assoreamento dos rios com graves consequências no longo prazo, como prejuízos à navegação, enchentes e transmissão de doenças à população nativa. A Amazônia é terra sem lei. Fonte: CGOBT, 2019/Wikimedia Commons.

mando do Marquês de Pombal, no século XVIII, para garantir a soberania portuguesa sobre esses territórios.

Mais da metade do território da Bolívia encontra-se na bacia do rio Madeira. Seus formadores se aproximam de La Paz e ultrapassam a cidade de Santa Cruz de la Sierra. Nessa região instalaram-se missões jesuíticas, hoje listadas como patrimônio mundial pela UNESCO. A floresta amazônica tem sofrido crescente destruição, também, em território boliviano, com graves consequências.

Seguem os rios Purus, que banha Rio Branco, capital do Acre, e o Juruá, que recebe as águas da vertente oriental do Parque Nacional da Serra do Divisor, que faz divisa desse estado com o Peru e é um dos mais importantes repositórios da biodiversidade amazônica.

Na margem esquerda temos o Jari, o Paru e o Trombetas, que drenam as águas do Maciço das Guianas, onde se encontra um dos conjuntos mais importantes de remanescentes da floresta amazônica: o Parque Nacional das Montanhas do Tumucumaque, o maior dessa categoria no Brasil e um dos maiores em floresta tropical do planeta, está interligado a outras importantes áreas protegidas. Ao longo do rio Jari implantou-se, na década de 1980, o gigante projeto de produção de polpa de papel, que leva seu nome.

De grande dimensão e importância é a bacia do rio Negro, em cuja foz encontra-se a cidade de Manaus. É, por excelência, a sub-bacia amazônica de todo o Norte do país. Seu principal tributário, o rio Branco, irriga todo o estado de Roraima e tem suas cabeceiras nos gigantescos tepuis.[33] Num deles está o Parque Nacional do Monte Roraima, que assinala nossas fronteiras com a Venezuela e a Guiana.

Nessa região houve uma disputa sobre a legalidade de mando entre o Território Indígena da Raposa Serra do Sol, o parque do Monte Roraima e fazendeiros invasores. O Supremo Tribunal Federal criou jurisprudência ao dar ganho de causa aos indígenas sobre os fazendeiros e ao instituir que a terra indígena se sobrepõe ao parque nacional. Por fim, determinou que o parque fosse mantido com a garantia da permanência de todos os seus atributos naturais, encerrando, assim, uma antiga peleja.

Drenam para o rio Negro, também, as águas que descem do tepui Pico da Neblina, ponto mais elevado do país, com quase 3 mil metros de altitude, que começa a ser visitado por ecoturistas. Todo o território indígena dos Yanomami, no Brasil, está situado na bacia do rio Negro. Aí se trava sangrenta e vexatória disputa com garimpeiros invasores que, com maquinário caro e imensamente destruidor, esterilizam os rios, destroem a floresta e agridem até a morte a população indígena.

Junto à foz do rio Negro está o Parque Nacional de Anavilhanas, uma miríade de ilhas muito próximas a Manaus que vem se consolidando como importante área de visitação da floresta. Foi reconhecido, juntamente com o Parque Nacional do Jaú, situado rio acima, como sítio do patrimônio mundial natural da UNESCO. Toda a calha central do rio Negro é contemplada com muitíssimas ilhas, à semelhança das Anavilhanas, que devem ser conservadas.

O conhecido médico Drauzio Varella, que desenvolve importante pesquisa ambiental na parte mais alta dessa bacia hidrográfica, participa como principal personagem de um interessante documentário intitulado *Histórias do rio Negro* (2006), de Luciano Cury, que se passa

---

[33] Tipo de meseta formada por terrenos antiquíssimos de grande altitude, com paredes verticais abruptas, compostas de quartzito, arenito e leitos de ardósia. São formações características do norte da América do Sul.

Parque Nacional de Anavilhanas, Amazonas. Como os níveis das águas chegam a variar cerca de vinte metros com a transição das estações, o parque está em constante mudança, com canais, bancos de areia e lagoas que aparecem na estação seca e algumas pequenas ilhas que desaparecem quando as águas sobem. Muitas das ilhas maiores, no entanto, são trechos independentes de floresta tropical. Foto por Sebastião Salgado, 2009.

em uma viagem de barco de São Gabriel da Cachoeira até Manaus. Com imagens belíssimas, o filme apresenta relatos de diversos moradores que nos contam, em detalhes, sobre suas crenças e suas vidas.

Assim chegamos à cidade de São Gabriel da Cachoeira, situada no alto rio Negro, local em que, como o nome diz, por imposição geográfica, se interrompe a navegação regular do rio. Essa região é também conhecida como "Cabeça do Cachorro" pela configuração peculiar de seu mapa na divisa com a Colômbia. Em 1668, estabeleceu-se aí uma missão franciscana. Cem anos depois criou-se o Forte São Gabriel, numa colina logo acima da cachoeira, cujas ruínas podem ser visitadas. A ele convergem habitantes da região e forma-se uma povoação. Cerca de 80% dessa população é indígena.

Os militares, que têm presença marcante na cidade, são indígenas, assim como os prefeitos, vereadores, comerciantes. Ainda carece de muitos serviços, como hospitais, escolas, transportes e outros. Mas é uma cidade viva, alegre, vibrante. Bastante ciente de seu valor étnico e aliada à questão ambiental. A ela acederam várias organizações ambientalistas não governamentais que desenvolvem importante trabalho de informação, discussão e conhecimento. Grande parte da bacia do rio Negro foi reconhecida como sítio Ramsar de importância mundial para a conservação de áreas úmidas. São Gabriel da Cachoeira é considerada o coração indígena do Brasil, e é preciso que seja preservada.

Acima, na bacia do Rio Negro, já em território colombiano, no ponto em que a bacia amazônica se conecta à do rio Orinoco, está situado o fantástico Parque Nacional de Chiribiquete, com área superior à da Suíça. Criado em 1989, foi ampliado em 2013 e 2018, tornando-se a maior reserva de floresta tropical do planeta. Abriga tepuis que chegam a 900 metros de altitude, e em cujas paredes há uma enorme quantidade de pinturas rupestres, as mais antigas datadas de 20 mil anos. Essa área protegida deve estar integrada a um corredor de florestas às suas similares no Brasil. Chiribiquete foi reconhecida pela UNESCO como sítio misto, natural e cultural do patrimônio mundial.

Seguindo um tanto mais temos as fozes dos rios Japurá e Putumayo. A maior parte de suas bacias está em território colombiano. O trecho brasileiro desses cursos d'água ainda está bastante preservado e assim deve permanecer. É desejável que suas nascentes na Colômbia também permaneçam sustentáveis.

No final de 2021, o então ministro do Gabinete de Segurança Institucional da Presidência da República autorizou a pesquisa de lavra de ouro em sete pontos da "Cabeça do Cachorro" na bacia do rio Negro. Como secretário-executivo, esse ministro responde pelo Conselho de Segurança Nacional. O espanto geral causado por essa medida, tão agressiva aos povos indígenas, à Amazônia e ao meio ambiente, fez com que recuasse desse desatino.

A grande foz do rio Amazonas é de imensa importância ambiental. Seus extensos manguezais abrigam dezenas de comunidades tradicionais e foram reconhecidos, em 2018, pela Convenção de Ramsar como de significância mundial. O Museu Emílio Goeldi e o Instituto de Estudos Avançados da USP também buscam ampliar a pesquisa científica e a conservação desse estuário mediante a criação de um mosaico de áreas protegidas.

## GRANDE RESERVA MATA ATLÂNTICA

> *Aqui o mar, alhures cordilheira, pitangueiras*
> *brincam de roda na praia.*
> **Zé Kleber**

Necessário se faz proteger todos os remanescentes primários de mata atlântica que subsistiram às grandes devastações. Especialmente os grandes conjuntos que ainda temos desse que é o bioma mais devastado do país. Já existe uma iniciativa nascida, no estado do Paraná, da Grande Reserva Mata Atlântica, que desenvolve trabalhos para a conservação de áreas florestadas litorâneas desde o norte de Santa Catarina ao sul de São Paulo. Aí estão parques, reservas e o "tombamento da Serra do Mar". Abriga os mais significativos remanescentes da mata atlântica, o que só foi possível conservar pela existência da escarpa da Serra do Mar. Esse *continuum* é o derradeiro grande conjunto dessa floresta, e foi listado, em 1999, como sítio do patrimônio mundial natural pela UNESCO. Deve haver um trabalho específico no sentido de proteger os maciços de mata atlântica que remanescem e recompor esse conjunto e seus corredores ecológicos, refazendo a floresta nos interstícios onde foi destruída.[34]

---

[34] A necessidade de se dar atenção especial à área da Grande Reserva Mata Atlântica é antiga. Mais recentemente, um grupo de ambientalistas paranaenses tem dado

A Grande Reserva Mata Atlântica que abraça o maior conjunto remanescente desse bioma no litoral de São Paulo e Paraná. A maior parte de suas áreas protegidas recebeu o título de Patrimônio Mundial Natural da UNESCO. Fonte: Grande Reserva Mata Atlântica/LabSig SPVS.

Aí se localizam os magníficos parques de Carlos Botelho, do Alto Ribeira, das Nascentes do Paranapanema, da Ilha do Cardoso, do Superagui e da Serra do Mar, além dos mosaicos de Jureia-Itatins e de Jacupiranga. Apesar disso, ainda faltam trabalhos para alcançarmos o objetivo de preservação e utilização sustentável desse bioma na região. A manutenção de todas as florestas primárias e secundárias é essencial nesse processo.

grande divulgação a esses últimos grandes remanescentes da floresta. Destaca-se o trabalho da Sociedade de Pesquisa em Vida Selvagem e Educação Ambiental (SPVS), dirigida pelo veterinário e zoólogo Clóvis Ricardo Schrappe Borges.

As estradas litorâneas que beiram o litoral atlântico já percorrem praticamente toda a região Sudeste, exceto os trechos entre Peruíbe e Iguape e a região da divisa entre os estados de São Paulo e Paraná, entre Cananéia e Guaraqueçaba. Nesses trechos estão os preciosos remanescentes da biodiversidade da mata atlântica. Os últimos do planeta. É importante que essas áreas permaneçam em seu estado natural, sem contato por ligação rodoviária, que sempre foi a razão principal para a destruição da mata.

O sudeste da região costeira da mata atlântica foi todo reconhecido como patrimônio cultural nesses estados. Esse processo se iniciou em 1985, com o tombamento da Serra do Mar em São Paulo. Em 1986 foi tombada a Serra do Mar no Paraná, iniciativa que se expandiu da Bahia até o Rio Grande do Sul. A região também integra uma grande reserva da biosfera do Programa O Homem e a Biosfera da UNESCO, que hoje se estende do Ceará ao Rio Grande do Sul. Mas ainda é necessária a conscientização de muita gente sobre a importância da recuperação de corredores ecológicos, essenciais para a proteção de sua biodiversidade. Em alguns parques e áreas protegidas nessa região, as matas não se tocam mais ou estão distantes devido à sua derrubada, formando interstícios entre elas que precisam ser recompostos.

## MATAS DO IGUAÇU E DE MISIONES

> *Índia bella mezcla de diosa y pantera*
> *Doncella desnuda que habita el Guairá*
> *[...] De su tribo la flor.*
> **José Asunción Flores**, "Índia"

Caçadores do oeste do Paraná publicaram nas redes sociais, no início do milênio, imagens de uma matança de cinco onças-pintadas dentro do Parque Nacional do Iguaçu, causando grande revolta entre a população. Foram tomadas então medidas mais rigorosas de proteção dessa área, incluídas ações de educação ambiental. O

Cataratas do Iguaçu no Parque Nacional de mesmo nome, primeira área natural brasileira a receber o título de Patrimônio Mundial Natural da UNESCO. Fonte: Gabrielle Patitucci, 2018/ Wikimedia Commons.

parque abriga 185 mil hectares de mata atlântica do interior, e uma pesquisa do censo de 2010 comprovou a existência de 28 onças-pintadas vivendo em seu território, número que vem aumentando.[35]

Vizinho ao parque brasileiro está o Parque Nacional Iguazú, localizado na província de Misiones, na Argentina. São separados apenas pelo rio de mesmo nome. O censo de 2018 indicou um conjunto de 105 onças-pintadas para o conjunto de matas da região do Alto Paraná no Brasil e na Argentina. Ao sul do rio há uma vasta área florestada contígua, na província de Misiones, que forma um corredor de florestas entre o estado do Paraná e o Uruguai. O conjunto abrange mais de 800 mil hectares de floresta primária ou em estado avançado de

---

[35] Tramita no Congresso Nacional um projeto de lei que possibilitaria a abertura de uma estrada ligando os municípios de Capanema a Foz do Iguaçu, cortando o Parque do Iguaçu ao meio. A UNESCO já colocou, em 2001, o Sítio do Patrimônio Mundial do Iguaçu na lista dos sítios em perigo por conta dessa estrada. Os estragos que poderiam ser causados por essa via nesse parque levariam à perda de seu status de patrimônio mundial.

Onça-pintada, maior felino das Américas, ameaçada de extinção. Imagem publicada em *Viagem filosófica pela Amazônia e Centro-Oeste* (1783-1792), de Alexandre Rodrigues Ferreira. Fonte: Reprodução/Biblioteca Nacional.

regeneração. As onças-pintadas atravessam o rio Iguaçu a nado com facilidade. É forçoso garantir a proteção de todo esse maciço, incluídas algumas áreas de florestas remanescentes contíguas no Paraguai.[36]

Esse é o maior conjunto da mata atlântica que restou no interior do continente sul-americano. Devido à distância do maciço do litoral e à modificação do clima, a região apresenta diferenciações bióticas interessantes e valiosas, e há esforços dos três países para integrar projetos de conservação.

Ao longo do rio Paraná existe um trabalho, conduzido pela Usina Hidrelétrica de Itaipu, para reflorestar todas as margens do lago que compõe sua barragem. Já está completo o corredor que une as florestas de Itaipu ao Parque do Iguaçu. Logo acima, seguindo o rio Paraná, pode-se vislumbrar um corredor que chega ao ponto de encontro entre os estados de São Paulo, Paraná e Mato Grosso do Sul, onde existem importantes reservas como os parques da Ilha Comprida e

---

[36] Informações fornecidas em entrevista com Fernando Henrique de Souza, ex-gestor do Parque Nacional do Iguaçu.

do Morro do Diabo, além da foz dos rios do Peixe e do Aguapeí. Todos os esforços possíveis precisam ser implementados na região para completar a interligação dessas diferentes áreas já protegidas. Mesmo os fragmentos menores devem ser conhecidos, trabalhados, conectados. E todo esse trabalho merece ser mais bem divulgado.

Na atual situação da mata atlântica, a manutenção de uma população viável de onças-pintadas na natureza só é possível no conjunto de florestas do Iguaçu, na Grande Reserva existente ao sul do litoral paulista e no vale do rio Ribeira de Iguape, em conjunto com as matas do litoral paranaense.

> Mecê sabe o que é que onça pensa? Sabe não? Eh, então mecê aprende: onça pensa só uma coisa – é que tá tudo bonito, bom, bonito, bom, sem esbarrar. Pensa só isso, o tempo todo, compri-do, sempre a mesma coisa só, e vai pensando assim, enquanto que tá andando, tá comendo, tá dormindo, tá fazendo o que fizer [...]. Quando algũa coisa ruim acontece, então de repente ela ringe, urra, fica com raiva, mas que não pensa nada: nessa horinha mesma ela esbarra de pensar. Daí, só quando tudo tornou a ficar quieto outra vez é que ela torna a pensar igual, feito em antes (ROSA, 2017).

## COMO REFAZER UMA FLORESTA

> *Que a importância de uma coisa não se mede com*
> *fita métrica nem com balanças nem barômetros etc.*
> *Que a importância de uma coisa há que ser medida*
> *pelo encantamento que a coisa produza em nós.*
> **Manoel de Barros**, "Sobre importâncias"

Para se alcançar um equilíbrio desejável entre as atividades hu-manas, incluída aí a produção rural, e o meio ambiente, muitas vezes será preciso replantar áreas de floresta, necessidade bem clara nas áreas antes ocupadas pela mata atlântica. Essa tarefa pode ser mais fácil ou mais difícil a depender das circunstâncias.

A recuperação é mais fácil quando se tem um talhão – ou área reduzida – desmatado há pouco tempo, próximo ou rodeado de florestas primárias ou secundárias em estágio avançado de recuperação, o qual foi derrubado, por exemplo, para a extração de madeira para lenha ou para se fazer uma plantação. Os elementos de fertilidade do solo podem estar todos ali. Mantendo a área livre de atividades humanas, as sementes podem ser trazidas por pássaros ou pelo vento, ou mesmo escorregar com chuvas, a depender da declividade do terreno.

O processo se inicia pelo aparecimento de espécies chamadas de pioneiras. Árvores ou arbustos de crescimento rápido, de madeiras moles, como as embaúbas e as quaresmeiras. No estágio seguinte, avançam as espécies mais resistentes, de maior porte. Pela proximidade com a floresta, espécies que vivem em função dessas árvores maiores, como as epífitas e as bromélias, começam a repovoá-la. Diversos autores consideram muito trabalhoso, ou mesmo impossível, recompor uma floresta original. Exemplos existem, no entanto, de florestas secundárias centenárias praticamente indistinguíveis de florestas primárias.

Área de mata reflorestada junto a campo com capacidade de regeneração natural. Fonte: Mauro Halpen, 2008/Flickr.

Projeto de Desenvolvimento Rural Sustentável Microbacias II – Acesso ao Mercado, executado em vinte e seis comunidades quilombolas e indígenas, beneficiando mais de duas mil famílias. Fonte: Agriculturasp/Wikimedia Commons.

O trabalho se torna mais difícil quando se busca recompor florestas em locais distantes de remanescentes da mata original. Nesse caso, a floresta não se recuperará espontaneamente; o solo pode estar erodido, ácido ou mesmo reduzido a camadas inferiores inteiramente estéreis. Cada caso é um caso, mas, com uma análise cuidadosa e medidas adequadas, isso não só é possível como necessário para a recuperação de mananciais, matas ciliares ou corredores ecológicos. Em alguns casos será preciso trabalhar o solo, trazer mudas de espécies da mata nativa e acompanhar seu crescimento, com rega e adubação, até que o conjunto adquira independência para subsistir e se desenvolver sem interferência humana.

A fauna autóctone desempenha um papel importante no fornecimento de sementes e na germinação. Caso existam na região animais capazes de alcançar a essa nova morada, eles retornarão quando a mata adquirir condições de alimentá-los.

Fundamentais para o sucesso da recuperação serão os animais polinizadores, como as abelhas e os morcegos. Diversos estudos têm mostrado a importância dessas espécies não só para a manutenção da vegetação nativa, mas também para a produção nas plantações de alimentos que servem aos humanos. Trata-se de mais um importante serviço ecossistêmico.

## MUDANÇAS CLIMÁTICAS

> *As emissões brasileiras de gases de efeito estufa em 2020 cresceram 9,5%, enquanto no mundo inteiro elas despencaram quase 7% devido à pandemia de Covid-19. A alta no desmatamento, em especial na Amazônia, pôs o Brasil na contramão do planeta.*
>
> **Felipe Werneck**, **Claudio Angelo** e **Suely Araújo**, "A conta chegou"[37]

Como vimos, uma questão de enorme relevância é a relação entre o vigor das florestas e as mudanças climáticas. O aquecimento de 1,5ºC já implica na necessidade de adaptação das plantas e dos animais a esse "novo clima", o que vem acarretando perdas biológicas irreversíveis. Abalizados autores afirmam que, em cem anos, o aumento de 5ºC da temperatura terrestre resultará na perda de mais de 50% das espécies hoje existentes.

Diversas espécies já têm se deslocado para resistir ao super-raquecimento. Para permitir a migração e minorar perdas, são necessárias a manutenção e a recuperação de corredores ecológicos de escala continental, preferencialmente na direção norte-sul. Na América do Sul, temos dois grandes recursos geográficos que facilitam, como indutores, essa tarefa: a Cordilheira dos Andes e as serras costeiras brasileiras, que abrigam a mata atlântica. Milhares de espécies, no entanto, desaparecerão pela falta de condições bióticas ou de tempo para se adaptarem a mudanças climáticas tão velozes.

Grandes migrações já aconteceram no passado, há aproximadamente 15 mil anos, após a última glaciação, quando a temperatura da Terra se estabilizou. Nessa glaciação, nosso planeta esteve 5ºC mais frio do que nos últimos milênios. Esse aquecimento tomou cerca de 5 mil anos para que a flora e a fauna se adaptassem às novas condições climáticas.

---

[37] Relatório publicado em 2021 no portal Observatório do Clima. Disponível em: https://bit.ly/3gNMf5j. Acesso em: 15 fev. 2022.

Ilustração de Zé Pedro para Mudanças Climáticas. Desenho, técnica mista.

As araucárias, por exemplo, que hoje estão no alto da Serra da Mantiqueira e em alguns outros pontos elevados, habitavam a várzea do rio Paraíba do Sul há 20 mil anos, quando tínhamos geleiras permanentes e nevadas constantes nos mais elevados picos paulistas, mineiros e cariocas. Essas informações nos levam a crer que, com o aumento previsto da temperatura, várias espécies, se não a maioria, que hoje, por exemplo, habitam o Nordeste terão que se deslocar para mais perto do Sudeste. O problema é que não há condições para isso, já que não existe mais a continuidade do ecossistema; onde existia uma floresta contínua, hoje há cidades, plantações, postos e estradas. A recuperação deve, portanto, ser planejada em conjunto. Há muitos trabalhos nessa direção, mas ainda há um longo caminho a ser percorrido.[38]

Se a temperatura média do mundo subir 1,5°C em comparação aos níveis pré-industriais, até 14% das espécies terrestres correrão o risco de desaparecer. A redução de emissões proposta até o momento leva a um crescimento de 2,5°C, o que pode levar um terço da vida na Terra ao desaparecimento.

[38] Para mais informações, ver: https://bit.ly/3tg224e. Acesso em: 11 jan. 2022.

Alguns dos efeitos maléficos das mudanças climáticas já vêm sendo mensurados, há alguns anos, por instituições científicas que apontam os locais, nos diversos continentes, onde se fazem sentir de maneira crescente. Esses problemas são escassez de água, que afeta a população em geral e a produção de alimentos; baixos rendimentos da pesca; redução do bem-estar e piora da saúde física e mental da população.

Cidades, assentamentos e infraestruturas têm sofrido em função de maiores ou menores volumes de chuva, com secas ou escorregamentos de encostas como resultado de tempestades maiores e mais frequentes. Foi divulgado em fevereiro de 2022, no sexto relatório do Painel do Clima das Nações Unidas (IPCC), que 40% da população mundial vive em zonas de risco, altamente suscetíveis a mudanças climáticas.

Realizou-se, no segundo semestre de 2021, em Glasgow, na Escócia, a 26ª reunião dos países signatários da Convenção do Clima, a COP-26. Estava prevista para 2020, mas foi adiada em função da epidemia de covid-19. Havia grandes expectativas em relação aos resultados do encontro. Afinal, a situação do clima só vem piorando a nível mundial, e esperava-se que a conscientização acerca dessas questões possibilitasse grandes avanços.

Infelizmente, isso não ocorreu. Um dos principais compromissos definidos no Pacto de Glasgow foi o de evitar que a temperatura da Terra se eleve mais do que 1,5ºC em relação às temperaturas vigentes no início do século XX. Para isso, será necessário reduzir significativamente a emissão de carbono e de outros gases causadores do efeito estufa. O documento também encoraja os países a acelerar a transição de energia fóssil para aquelas de baixa emissão de carbono, incluídas as que resultam da queima do carvão.

O Pacto de Glasgow falhou, no entanto, ao não definir compromissos formais sobre os financiamentos necessários para se realizar essas tarefas. Uma vez que as questões climáticas estão diretamente relacionadas à realidade econômica e social, as discussões não alcançaram o logro necessário. Assim, adiou-se o debate para a COP-27.

O Brasil foi o "patinho feio" dessa conferência. Já fortemente criticado pela política antiambientalista do governo vigente, apresentou dados desfocados da realidade com respeito aos desmatamentos da Amazônia e escondeu dados de levantamentos mais recentes que comprovam que a devastação continua em curva ascendente.[39]

As notícias são bastante desalentadoras. Tudo indica que ultrapassaremos o acréscimo de 2ºC na temperatura da Terra, acarretando consequências danosas que já vêm sendo sentidas, e que providências reais só serão tomadas quando esses malefícios resultarem em prejuízos financeiros para as grandes empresas. Será tarde. Até lá, já teremos destruído metade de nossa biodiversidade, provocando perdas irreversíveis que resultarão no empobrecimento de todo o planeta.

## PROBLEMAS DE CONSERVAÇÃO DA BIODIVERSIDADE

Diversos problemas afloram no trabalho de proteção à natureza no Brasil. Um dos mais reprováveis é a antiga disputa por novas áreas a serem preservadas *versus* a criação de territórios indígenas, que ocorreu, principalmente, na região da bacia amazônica ao longo das últimas décadas do século passado. Essa é uma das questões que já foi praticamente resolvida. A solução se evidenciou em um acórdão dado pelo Supremo Tribunal Federal em 2013, que tratou de disputas por território na área conhecida como Raposa Serra do Sol, no nordeste de Roraima, que inclui o Parque Nacional do Monte Roraima. Por esse acórdão ficou

---

[39] Após o assassinato de vinte ativistas em 2020, o Brasil passou a ocupar o 4º lugar no *ranking* de países que mais matam defensores do meio ambiente e do direito à terra.

CAPÍTULO V · POR QUE CONSERVAR  **245**

determinada a harmonização entre a utilização, pelos indígenas, daquele território e a manutenção do parque nacional. Desde então, querelas como essa vêm sendo resolvidas com considerável harmonia, especialmente porque, na Amazônia, as terras indígenas abrigam áreas de floresta prístina essenciais para a proteção da biodiversidade brasileira, o que passou a ser meta comum a ambas as partes da disputa.

Um dos exemplos mais encantadores dessa nova cooperação é a visitação organizada pelos Yanomamis ao Pico da Neblina, ponto mais elevado do país, que se encontra no parque nacional de mesmo nome, em territórios dessa etnia. Ainda na bacia do rio Negro, indígenas e gestores de áreas protegidas concordaram recentemente em cooperar em um sítio Ramsar, que abrange significativa parcela dessa bacia hidrográfica, sendo esse o sítio de maior dimensão na categoria de reconhecimento internacional.

Ato Nacional em Solidariedade aos Guarani Kaiowá na Avenida Paulista, em São Paulo, em 2012, em prol da demarcação de terras indígenas e contra a violência no campo. Fonte: Eduardo Nunomura/Amazônia Real.

Já fora da Amazônia as coisas ainda não andam tão bem. Alguns parques da mata atlântica, importantes para a proteção da biodiversidade, foram tomados por indígenas que não têm respeitado nem mesmo as espécies ameaçadas. Em muitos casos, são instigados a essa ocupação por estranhos que colocam o que consideram como atenção social acima da necessidade de se proteger a biodiversidade que, na verdade, é primordial a todos, incluídos os povos indígenas. Disputas semelhantes existem também em alguns locais ambientalmente preciosos com as populações tradicionais.

Quanto às populações tradicionais, é evidente que merecem respeito e têm o direito de desenvolver livremente sua cultura; isso é conceito universalmente aceito e consolidado. Pode-se dizer que são irmãs da floresta, pois nos diversos ecossistemas do país foram empurradas, junto com as matas, espremidas para áreas que não serviam para a monocultura mecanizada. Assim sofreram, como as florestas, com a devastação e a exclusão, vivendo ameaçadas. São também detentoras de conhecimento da natureza que nenhum outro grupo detém.

Para harmonizar a situação, foram criadas duas categorias de unidades de conservação destinadas a essas comunidades: as reservas de desenvolvimento sustentável e as reservas extrativistas, que determinam a conciliação da conservação da natureza com as atividades das populações tradicionais e dos quilombolas por meio do desenvolvimento sustentável. Há, ainda, as áreas de proteção ambiental, que também podem desempenhar essa função.

No entanto, não são poucos os casos internacionais, ou mesmo brasileiros, de extinção de espécies por populações autóctones. Entre os mais dramáticos está o exemplo ocorrido nas ilhas do Pacífico quando lá chegaram, pela primeira vez, os maoris. Já na mata atlântica, na península do Cairuçu, município de Paraty, há relatos dos próprios caiçaras de que a população local de muriquis foi exterminada por uma disputa esportiva entre grupos que competiam qual praia matava o maior número desses animais. Mesmo sendo uma área protegida como patrimônio cultural nacional, área de proteção ambiental e, mais recentemente, como patrimônio mundial da UNESCO, a tragédia não foi evitada.

Um primeiro passo para solucionar esse problema pode estar na classificação dos níveis de proteção por prioridade, tomando-se como princípio basilar o fato de que espécies raras e ameaçadas devem ser protegidas em áreas restritas, assim como as populações tradicionais devem ter livre acesso aos recursos naturais. Assim, a medida prioritária seria a conservação integral das áreas onde há populações indígenas isoladas ou que apresentam espécies da fauna e da flora criticamente ameaçadas. A proteção desses imensuráveis valores deve ser harmonizada. A seguir viriam as áreas que abrigam populações indígenas e reservas com espécies ameaçadas. Por fim viriam as unidades de conservação, que também devem ser harmonizadas às áreas de populações tradicionais, analisadas democraticamente e caso a caso.

Outro problema existente, este mais complexo, é o das *fake news* ambientais. O processo de destruição da natureza é dinâmico e está em constante aceleração, o que exige formulações e estratégias de combate igualmente dinâmicas. Para que sejam eficientes, portanto, essas estratégias devem ser propostas em velocidade proporcional ou maior à velocidade com que a devastação avança. Não é o que acontece no Brasil, onde a devastação avança à jato, e seu controle, de patinete.

Muitos governantes se arvoram defensores da natureza enquanto permitem que o desmatamento caminhe a passos largos, satisfazendo interesses de grandes empresas exploradoras da terra. Para disfarçar esses malfeitos, têm a desfaçatez de tomar pequenas medidas isoladas de conservação, as quais são divulgadas como imensas realizações. Ainda que algumas sejam positivas, estão fora da escala das reais necessidades de conservação do país. O alarde autopromotor, portanto, é destituído de realidade. Os órgãos responsáveis pela proteção da biodiversidade necessitam atuar à altura de suas atribuições e responsabilidades, aparelhando-se, para isso, com os instrumentos necessários.

As mulheres quilombolas de Biritinga que participam da associação comunitária são beneficiárias do Bolsa Família. Fonte: Sergio Amaral/MDS via Wikimedia Commons.

Falta, no entanto, a compreensão sobre a importância social da conservação de áreas naturais protegidas para o bem-estar das atuais e futuras gerações. Neste momento em que o Antropoceno se firma como inevitável e danoso ao meio ambiente, é crescente a necessidade de se proteger e recuperar essas áreas para evitar problemas ainda maiores do que aqueles já antevistos.

A discussão sobre a eficácia ou as possibilidades de implementação das unidades de conservação de uso sustentável é polêmica que antecede a criação da lei do Sistema Nacional de Unidades de Conservação (SNUC). Alguns grupos, até hoje, consideram unidades de uso sustentável, como as áreas de proteção ambiental, áreas protegidas de segunda categoria, defendendo até mesmo que não deveriam existir. Essa queda de braço entre grupos discordantes arrefeceu após a aprovação do SNUC, mas ainda se mantém como um resmungo.

É preciso lembrar que as categorias de uso sustentável têm importante função estratégica, sendo um modelo consagrado em todos os sistemas mundiais de proteção da natureza. Áreas de proteção integral e de uso sustentável se complementam, cada uma dando sustentação à outra. O sistema brasileiro se inspirou, desde sua concepção, nos ditames da União Internacional para a Conservação da Natureza (UICN), uma das mais respeitadas instituições internacionais no que tange à proteção da natureza e às categorias de áreas protegidas.

A Comissão Mundial sobre Meio Ambiente e Desenvolvimento, também chamada de Comissão Brundtland em homenagem a Gro Harlem Brundtland, líder internacional em desenvolvimento sustentável e saúde pública, criada pela ONU em 1983, foi responsável por consagrar o conceito de desenvolvimento sustentável. Após o primeiro evento, decidiu-se realizar uma ampla reunião pública em cada continente. A reunião latino-americana, realizada em São Paulo, em 1985, a convite do governador Franco Montoro, ainda durante o governo militar, contou com a ilustre presença de Nagendra Singh, então presidente da Corte Internacional de Haia. Foi a primeira vez que se realizaram no país audiências públicas, abertas e livres para tratar de nossos problemas ambientais.

Na ocasião, os paulistas enfrentavam dilemas quanto à criação da Estação Ecológica de Jureia-Itatins, um conjunto fabuloso e prístino de planícies costeiras e montanhas junto ao Atlântico, no litoral sul de São Paulo. À época, estabelecera-se que ali não seriam construídas oito usinas nucleares anteriormente previstas. Era preciso definir em qual categoria enquadrar a área e qual seria sua extensão. Esse problema foi apresentado para julgamento a Nagendra Singh, que indicou uma forma de solucioná-lo: "Se uma área apresenta características naturais importantes, que merecem ser protegidas, deve-se aplicar a ela a categoria de proteção mais adequada possível. Sua dimensão deve corresponder à importância dos valores bióticos e ambientais que a compõem. Uma vez criada e mais detalhadamente estudada, podem surgir evidências científicas da necessidade de uma proteção mais intensa de algumas partes dessa nova área ou mesmo de seu todo, ou ainda da ampliação de seu tamanho. Se for o caso, seu nível de proteção

Vista aérea do Mosaico de Unidades de Conservação da Jureia-Itatins, com meandros do rio Una junto à Ilha do Ameixal. Fonte: Renato Augusto Martins, 2016/Wikimedia Commons.

deve ser aumentado de forma proporcional à importância do que é preciso preservar".[40]

Nasceu assim o atual Mosaico de Unidades de Conservação da Jureia-Itatins. Inicialmente, foi classificado como uma pequena estação ecológica, de pouco mais de mil hectares. Depois, sua área foi abrangida por uma extensa área de proteção ambiental, e em seguida todo o maciço montanhoso central desse conjunto foi tombado pelo Estado, que o reconheceu como patrimônio cultural e natural. Em 1986, com 80 mil hectares. Após várias progressões ao longo de trinta anos, foi transformada em um mosaico de unidades de conservação para atender a demandas sociais dentro dos parâmetros da nova lei do SNUC. Sua área foi ampliada, então, para mais de 100 mil hectares, culminando em um dos mais importantes conjuntos de áreas marinho-costeiras protegidas do planeta.

---

[40] Depoimento ao grupo de trabalho encarregado de definir a proteção da área da Jureia, Iguape, São Paulo, em 1985.

# ANTROPOCENO – A ERA DO HOMEM

*Macaco que muito pula quer chumbo.*

**Dito popular**

No século passado, os tempos geológicos e climáticos da Terra foram classificados em períodos que se baseavam nas grandes modificações pelas quais o planeta passou ao longo de sua vastíssima existência. Desse modo, as eras e os períodos que conhecemos correspondem ao modo como os continentes e os oceanos se comportaram e se distribuíram e em como os seres vivos neles se encontravam. O período mais antigo é o Quaternário, e o mais próximo, o Holoceno.

Recentemente, o planeta entrou em uma nova era, em decorrência das grandes transformações que vem sofrendo pela ação do homem. Trata-se do Antropoceno, momento em que a necessidade de se conservar o meio ambiente se tornou maior do que nunca. O aumento vertiginoso da população mundial após a Revolução Industrial, a poluição da atmosfera, a destruição das florestas, a queima de combustíveis fósseis armazenados por milhões de anos, a expansão das cidades, entre outros fatores, transformaram o clima. Isso resultou em mudanças de grande abrangência em todos os quadrantes: o degelo de glaciares, a ampliação e o aparecimento de novos desertos e o aumento do nível do mar gestam novas condições de vida que nunca foram sentidas em tempos históricos. Dessa vez, e pela primeira vez, as mudanças foram causadas por uma das espécies que a própria Terra gerou, tomando por isso o nome de Antropoceno, "a Era do Homem".

Muitas têm sido as preocupações no sentido de se evitar um cataclismo ainda maior. O Acordo de Paris, consolidado em 2015, busca manter o aquecimento global entre 1 e 1,5ºC. Porém, muitos países estão longe de se preocupar com essa meta. Há, inclusive, grandes potências que se recusam a aderir a esse protocolo.

Mico-de-cheiro, nativo da Amazônia, com corda de aprisionamento amarrada à cintura. Imagem publicada em *Viagem filosófica pela Amazônia e Centro-Oeste* (1783-1792), de Alexandre Rodrigues Ferreira. Fonte: Reprodução/Biblioteca Nacional.

À despeito do prenúncio de que poderemos perder mais da metade das espécies de fauna e flora hoje existentes, e mesmo considerando todas as consequências dessa realidade para a própria espécie humana, continuamos a marchar na mesma direção. Já vem dos tempos bíblicos o provérbio: "O homem procura a desgraça por suas próprias mãos".

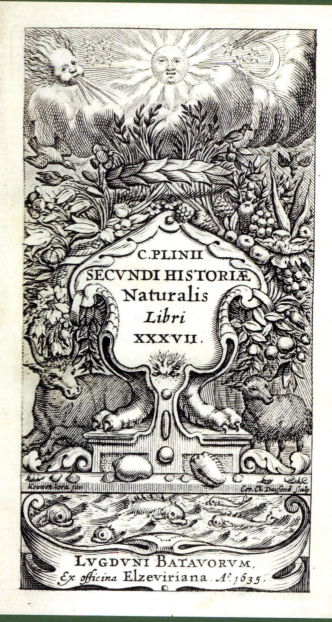

Folha de rosto da edição de 1635 do livro *História natural*, de Plínio Segundo, "o Velho". Por mais de 1.500 anos, foi a principal referência ocidental de estudos sobre a natureza. Plínio, que estava na região onde com frequência se instalava a corte do imperador romano Tibério, na ilha de Capri, foi a Pompeia em seu barco com o intuito de conhecer e estudar a erupção do Vesúvio, que soterrou a cidade em 79 d. C. Morreu no local ao receber uma lufada de gases venenosos.

# CAPÍTULO VI
# COMO PRESERVAR

*É do homem que se trata, pois, devido às suas imprudências*
*quando cava poços e perfura as montanhas, ele pode*
*comprometer esse equilíbrio precário.*
**Plínio**, *História natural*

O governo brasileiro, desde o ano 2000, definiu formalmente, junto à UNESCO, um sistema de reservas da biosfera para cada um de nossos biomas. Tais reservas, como vimos, são declaradas para manter remanescentes viáveis de ecossistemas primitivos, preferencialmente antes de terem sofrido interferências que desencadeiem processos irreversíveis de degradação. Também promovem a pesquisa, a conservação do patrimônio natural e cultural, o desenvolvimento sustentável, a proteção e valorização das comunidades autóctones e tradicionais e a busca por soluções para recuperação de áreas deterioradas.

As reservas da biosfera brasileiras foram concebidas tendo como princípio a necessidade de manutenção ou recuperação de corredores ecológicos para cada um de seus biomas. Já foi mencionada a importância de interligar fragmentos de vegetação nativa, com especial atenção para o que irá suceder à fauna e à flora locais em função das mudanças climáticas. Trata-se, portanto, de uma base importante para estudos mais aprofundados sobre a consolidação de um sistema de corredores de integração e interligação entre nossos biomas.

A integração de conhecimento e esforços de conservação com nossos países vizinhos também é fundamental nesse processo. Os corredores não podem se ater a fronteiras políticas – afinal, nossas plantas e animais não entendem o português nem o castelhano. Algumas iniciativas têm ocorrido, como o projeto Alianza del Pastizal no pampa gaúcho, e a cooperação entre argentinos e brasileiros para a proteção das matas da região do Iguaçu. Entretanto, nas últimas décadas assistimos ao desaparecimento da maior parte da mata atlântica do Paraguai, perpetrada principalmente por brasileiros, sem que nada fosse feito para estancar essa barbaridade. Especialmente no pantanal e na Amazônia, a integração com nossos vizinhos tem necessariamente de prosperar.

É primordial, ainda, que as leis de proteção da natureza sejam de fato colocadas em operação. Como já foi apontado, isso é possível quando existe vontade política. É imperioso fazer valer com rigor a proibição verdadeira contra a invasão e deterioração de terras públicas, terras indígenas, unidades de conservação, áreas de preservação permanente, reservas legais, beiras de rios e nascentes.

## ÁREAS PRIORITÁRIAS PARA A CONSERVAÇÃO

> *Acreditamos, senhor, que há inspiração no campo.*
> *[...] Acho que existe uma bondade natural*
> *no mundo, e nós a procuramos.*
> **Bernard Cornwell**, *A devastação de Sharpe*

O Brasil desenvolveu um processo inédito de identificação de áreas prioritárias para a conservação da biodiversidade, integrando, através da informática, os mais destacados pesquisadores de nossas espécies e ecossistemas. O trabalho foi coordenado pelo professor e pesquisador Braulio Ferreira de Souza Dias, da Universidade de Brasília (UnB), que atuou como secretário-executivo da Convenção sobre a Diversidade Biológica (CDB). A pesquisa, que engloba todos os nossos biomas, já estava terminada no ano 2000 e vem sendo atualizada periodicamente, uma vez que novas espécies vão sendo descobertas e novos conhecimentos afloram sobre o comportamento

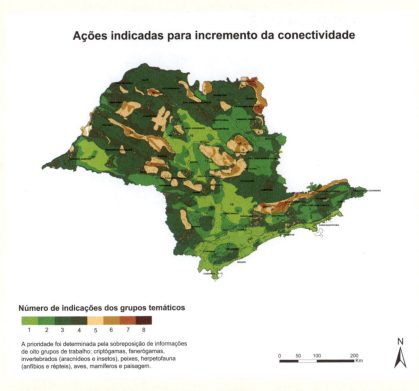

Mapa do estado de São Paulo, do Programa BIOTA-FAPESP, com indicação dos corredores ecológicos necessários para a proteção de sua biodiversidade. Fonte: Acervo Programa BIOTA-FAPESP.

de nossos ecossistemas. Os resultados concentram o melhor do conhecimento científico sobre nossa natureza.

No estado de São Paulo foi desenvolvido um detalhamento dessa metodologia pela Universidade de Campinas (Unicamp). O Programa FAPESP de Pesquisas em Caracterização, Conservação, Restauração e Uso Sustentável da Biodiversidade (BIOTA-FAPESP) é liderado pelo cientista Carlos Alfredo Joly. Seus resultados indicam mais de uma dezena de regiões ainda não protegidas onde devem ser criadas, com urgência, unidades de conservação. Indicam, também, pelo menos três amplos corredores ecológicos a serem implantados. Mais uma vez, nos dois casos, pouca ou nenhuma atenção é dada pela maioria dos governos e por grande parte da nossa elite produtora de *commodities* agropastoris sobre a importância de se proteger as florestas e a biodiversidade.

## OPERAÇÃO PRIMATAS

*A inconsciência feliz [...] do macacão-pequeno tornava-me responsável pelo seu destino, já que ele próprio não aceitava culpas.*
**Clarice Lispector**, "Macacos"

Existem outros exemplos do descalabro que reina no Brasil no setor da conservação das espécies. Somos o país detentor da maior variedade de primatas do mundo, com 150 espécies diferentes de macacos. Destas, 36 estão em perigo de extinção, das quais 6 estão criticamente ameaçadas. Existem, há mais de dez anos, planos de ação nacionais realizados no mais aperfeiçoado rigor técnico explicando o que é preciso fazer para preservar essas espécies, mas quase nenhum esforço é feito para implementá-los.

O que tem sido realizado em favor desses primatas é resultado da dedicação de alguns valorosos abnegados que trabalham incansavelmente para sua proteção. Apoio oficial? Pouco, à exceção daquele desenvolvido pelo Centro Nacional de Pesquisa

Macaco-aranha-de-cara-branca no Parque Natural Municipal Florestal de Sinop, no Mato Grosso, região do Arco do Desmatamento. Foto por Gustavo Canale, 2018.

e Conservação de Primatas Brasileiros (CPB)[41] e do Centro de Primatologia do Rio de Janeiro (CPRJ). Criou-se, em 2017, a Operação Primatas, que conjuga esforços de cientistas, servidores públicos e da sociedade civil e vem buscando maior visibilidade às iniciativas de salvamento dessas espécies brasileiras. Diversas ações foram priorizadas a partir dessa iniciativa, que conta com o apoio do Instituto de Estudos Avançados da Universidade de São Paulo (IEA-USP) para a promoção de seminários e palestras que contribuem para integrar e divulgar pesquisas no âmbito da sua preservação.

Logotipo da Operação Primatas que ilustra, também, o prêmio de mesmo nome. Fonte: cedido por Operação Primatas.

Entre as espécies ameaçadas temos o muriqui, o maior primata das Américas, que pode chegar a pesar 15 quilos e até 123 centímetros de comprimento entre a cabeça e a cauda. É um animal dócil, elegante, conhecido por seus enormes saltos de uma árvore à outra. Organizados em bandos, os indivíduos convivem em grande harmonia e com frequentes manifestações de afeto. Nessa lista também consta o mico-leão-preto,[42] que já foi considerado

---

[41] Criado em 2002, o CPB tem desenvolvido notável trabalho pela defesa dos primatas. Alcançou a execução de planos de ação nacionais, realizados pelos mais distinguidos especialistas, para as 36 espécies brasileiras ameaçadas de extinção. É notável a liderança do biólogo Leandro Jerusalinsky, que também atua à frente da Sociedade Latino-Americana de Primatologia (SLAPrim).

[42] Cabe destacar aqui o trabalho da bióloga Gabriela Cabral Rezende, que há décadas vem se dedicando aos micos-leões-pretos. Foi agraciada com o prêmio internacional Whitley Gold Award, em 2020, pelo seu contínuo esforço.

extinto, e depois, redescoberto. Exclusivo do estado de São Paulo, é o seu símbolo de conservação da biodiversidade. Há planos de recuperação desenhados para todas essas espécies, mas poucas medidas oficiais foram tomadas para sua implantação.

Um caso interessante é o do macaco-aranha-de-testa-branca, também acompanhado pela Operação Primatas. Um lindo animal que pode chegar a pesar 6 quilos e vive nas matas primárias de terra firme do norte do Mato Grosso e sul do Pará, tendo seu limite ocidental no rio Teles Pires e oriental nas cabeceiras do rio Xingu. Seu habitat coincide com o Arco do Desmatamento.

A região apresenta condições negativas extraordinárias que levaram esse primata ao Livro Vermelho da Fauna Brasileira Ameaçada de Extinção,[43] organizado pelo Instituto Chico Mendes de Conservação da Biodiversidade (ICMBio) em 2018. O mesmo acontece com novas espécies de primatas encontradas em fragmentos dessa área da floresta, que nem bem são descobertas e já passam para a lista de ameaçadas de extinção. Temos descoberto, em média, uma nova espécie de primata por ano no Brasil, a maioria delas nessa região espoliada.

Apesar de iniciante, as pesquisas indicam que o macaco-aranha-de-testa-branca está ausente de fragmentos de floresta menores do que 100 hectares. Já está extinto localmente em algumas áreas de onde é originário, seja pela caça ou pela perda de habitat para a agricultura, para a pecuária e para o fogo. Trata-se de uma situação de grande perigo, pois, como ressalta o biólogo Leandro Jerusalinsky, a soma das extinções locais acaba levando à extinção da espécie.

O macaco-aranha-de-testa-branca resiste, com populações muito desiguais, em áreas protegidas criadas na segunda década do século XX, como a Estação Ecológica da Terra do Meio, as florestas

---

[43] Os livros vermelhos de espécies ameaçadas são editados periodicamente e funcionam como termômetros e incentivo às ações de conservação. Existem os livros vermelhos internacionais, as listas de espécies ameaçadas nacionais e as regionais, tanto da fauna como da flora. Todos muito úteis para a instrumentação dos trabalhos de preservação.

nacionais de Altamira e do Jamanxim e a Reserva Biológica das Nascentes da Serra do Cachimbo. Porém, muitas dessas áreas estão sendo invadidas por grileiros e caçadores, dificultando a proteção necessária das espécies que abrigam.

## MATA DE CARATINGA

*O macaco é um animal demasiado simpático*
*para que o homem descenda dele.*
**Friedrich Nietzsche**

A cidade de Caratinga está situada na bacia do Rio Doce, em Minas Gerais, com a paisagem suave e bela dos mares de morros que caracterizam o sul desse estado. A região, antes recoberta pela mata atlântica semidecidual, era habitada pelos povos Botocudos e Aimorés. Seu desbravamento teve início em meados do século XIX, tendo sido elevada à condição de cidade nos primeiros dias da República. A razão para a derrubada sistêmica de suas matas foi a plantação do café. Hoje o município continua nessa economia, com alguma derivação para a hortifruticultura e a agropecuária. O que restou de suas matas, anteriormente contínuas, são fragmentos em melhores ou piores condições de representatividade do ecossistema original.

Um grande exemplo positivo vem sendo realizado com primatas, há cerca de quarenta anos, para a proteção dos muriquis de uma das matas de Caratinga. No final do século passado constatou-se que, em razão de pequenas diferenças fisiológicas, em vez de uma só espécie desses primatas, já ameaçada, tínhamos duas, que passaram então a ser chamadas de muriqui-do-norte e muriqui-do-sul.

Os muriquis-do-norte, mais ameaçados pela destruição violenta de seus habitats, estão situados nos estados de Minas Gerais, Espírito Santo e, talvez, em algumas regiões no sul da Bahia. Já os muriquis-do-sul podem ser encontrados nas matas que cobrem as serras do Mar e da Mantiqueira, nos estados do Rio de Janeiro e de São Paulo, além de alguns poucos no Paraná. Estão em melhor

Muriquis na Reserva Particular do Patrimônio Natural da Mata de Caratinga, que abriga mais de trezentos indivíduos dessa espécie de macacos, fortemente ameaçada. Foto por Carla Possamai, 2019.

situação porque aí se encontram os maiores remanescentes de mata atlântica do país, apesar de ainda serem caçados para alimentação ou por esporte. A única população remanescente ao interior dessa mata encontra-se na Área de Proteção Ambiental Barreiro Rico, próxima à cidade de Piracicaba, sede da Escola Superior de Agricultura Luiz de Queiroz (ESALQ), um dos maiores centros de estudos ambientais do país. Apesar da proximidade entre essa vigorosa instituição da Universidade de São Paulo (USP), essas matas sofreram dois grandes incêndios que torraram muitos e quase acabaram com essa população de muriquis-do-sul.

Remanescem algumas áreas, agora protegidas, onde os muriquis subsistiram em Minas Gerais. São elas os parques do Rio Doce, da Serra do Brigadeiro, da Serra do Papagaio e do Caparaó, na divisa do Espírito Santo, além da mata de Caratinga, esta última uma reserva particular do patrimônio natural (RPPN) de propriedade dos descendentes de Feliciano Miguel Abdala. Carlos Drummond de Andrade chegou a dedicar a ela o poema "A mata de Caratinga":

Karen B. Strier dando continuidade à sua pesquisa de quarenta anos sobre os macacos na mata de Caratinga. Trata-se de um dos mais importantes estudos comportamentais sobre primatas realizados no planeta, no mais significativo centro de treinamento de cientistas para a pesquisa e conservação de símios no Brasil. Foto por João Marcos Rosa, 2022.

> Na mata de Caratinga, tem paca, tem capivara,
> Tem anta e mais jacutinga, tem silêncio tem arara,
> E nas ramarias densas de suas copas imensas,
> Paira um segredo mineiro que dura um século inteiro.

Com cerca de mil hectares, a mata de Caratinga é conhecida por abrigar os muriquis e algumas outras espécies de primatas. A região chamou a atenção da primatologista Karen Strier, presidente da Sociedade Internacional de Primatologia e referência mundial no estudo dos muriquis, que começou a pesquisá-la, em 1980, por incentivo de Adelmar Coimbra Filho e Russell Mittermeier, considerados os fundadores da primatologia brasileira.

De nacionalidade norte-americana, Strier "abrasileirou-se" ao estudar os muriquis. Fala português fluente, gosta de pastel de feira e de jabuticaba. Durante os quarenta anos de pesquisa, realizou o mais completo trabalho sobre esses animais, publicando vários

CAPÍTULO VI · COMO PRESERVAR  **263**

artigos e livros sobre sua fisiologia e seu comportamento. Em resumo, transformou-se em uma muriqui. Trata-se de um documento fantástico e único, cujo único problema é ser ainda desconhecido pela população.

Além de estudar os muriquis, Strier tomou providências para a proteção da mata de Caratinga. Com a ajuda de muitos, incluídos os proprietários da reserva, evitaram o fogo, enfrentaram caçadores e pestes, lidaram com burocracias e outros males. Com isso, a população original, que totalizava cerca de 50 indivíduos em 1980, passou a somar 355 em 2015. Os dois bandos originais se subdividiram em cinco, e a mata ficou mais lotada de muriquis do que um ônibus que circula pela avenida Brasil, no centro do Rio de Janeiro, ao final do expediente.

O trabalho de Karen Strier foi basilar para a formação de um grande número de estudantes que, assim como ela, transformaram-se em estudiosos apaixonados pelos muriquis. Eles se espalharam por diversos estados, fazendo um trabalho muito importante tanto para os muriquis-do-norte como para os do sul. Entre as iniciativas de maior destaque para a identificação desses animais está o uso de drones, que localizam os bandos por meio de ondas de infravermelho que identificam fontes de calor.[44] Desse esforço resultou, também, o primeiro trabalho de reintrodução de muriquis no município de Ibitipoca, junto ao parque estadual de mesmo nome, realizado por iniciativa particular com apoio da equipe de especialistas.

Porém todo esse sucesso resultou em um novo problema. A população da mata de Caratinga não pode mais crescer. Cogita-se até de que não só atingiu o clímax dentro do espaço disponível como alguns indivíduos podem estar morrendo como resultado dessa superpopulação. O jeito de resolver isso é aumentar a área de mata e construir corredores entre ela e outros fragmentos de floresta Atlântica existentes na região. Melhor ainda se esses fragmentos

---

[44] Cabe destacar o trabalho do professor Fabiano de Melo, da Universidade de Viçosa (UFV), que iniciou e vem propagando o trabalho de detecção de primatas por meio de drones com sensores de calor.

também contiverem populações de muriquis, o que afastaria o perigo de decadência da espécie por consanguinidade.

Surgiu então um projeto desenhado com um conjunto de especialistas próximos a Karen e de Caratinga que busca recursos para refazer os corredores ecológicos entre Caratinga, a Serra do Brigadeiro, esta com sete bandos de muriquis e o Parque do Rio Doce. Numa segunda fase esse corredor deverá chegar até o Parque do Caparaó e depois seguir pelo Espírito Santo. Para isso serão necessários, além do trabalho dos cientistas, de iniciativas oficiais, da atuação de organizações não governamentais e da cooperação dos proprietários de terras situadas por onde passarão esses corredores, os quais, ao se engajarem, possam auferir ganhos com o turismo ecológico.

## CORREDORES ECOLÓGICOS

*E ficam essas ilhas de mato [...]. É importante que o mato tenha continuação, que haja corredores onde tudo quanto é bicho possa transitar, achar cada fruta no seu tempo, procurar o que precisa.*
**Tom Jobim**, *Visão do paraíso*

É imediata a necessidade de recuperação de um grande corredor de remanescentes da mata atlântica, que se estenda do Rio Grande do Norte ao Rio Grande do Sul. Esse imenso mosaico de áreas protegidas deve preservar toda a encosta das serras aí existentes, além de abrigar parte da vegetação litorânea e de exemplares da vegetação nativa do planalto. No Nordeste, deve priorizar a interligação dos inúmeros fragmentos de flora natural remanescentes.

Partes significativas das regiões litorâneas e de sua vegetação deveriam estar protegidas, formando corredores marinhos emersos e submersos de praias, costões, manguezais, bancos e recifes de corais, ilhas costeiras e oceânicas e cordilheiras submersas. E essas grandes reservas marinhas deveriam, sempre que possível, ser integradas

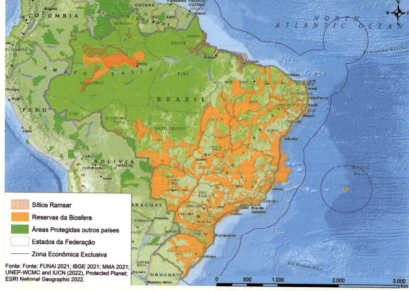

Mapa do Brasil com demarcação das áreas já reconhecidas pelo Programa O Homem e a Biosfera da UNESCO, desde 1990, como reservas da biosfera e regiões já listadas pela Convenção de Ramsar como áreas úmidas de interesse mundial. A Reserva da Biosfera da Mata Atlântica é uma das maiores desse sistema, um modelo indicado como exemplo para esse programa e o Sítio Ramsar do Rio Negro, que é o mais amplo dessa convenção. O conjunto exprime a indicação de corredores ecológicos e serve de base para o aprofundamento do trabalho de interligação de fragmentos florestais. Elaboração: Ricardo Brochado da Silva e Zé Pedro Costa. Fonte: FUNAI, 2021; IBGE, 2021; MMA, 2021; UNEP-WCMC/IUCN, 2022; ESRI National Geographic, 2022.

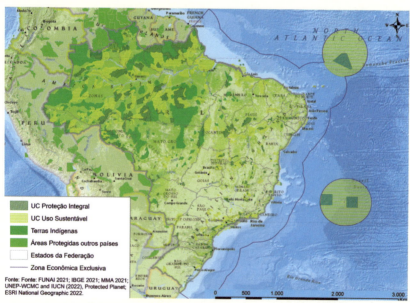

Mapa do Brasil com demarcação das unidades de conservação de proteção integral e daquelas de uso sustentável, além das terras indígenas. O conjunto permite visualizar os corredores de áreas protegidas já existentes no país. Indica, também, áreas protegidas em regiões limítrofes ao Brasil, em países vizinhos, integrando esses corredores ecológicos. Elaboração: Ricardo Brochado da Silva. Fonte: FUNAI, 2021; IBGE, 2021; MMA, 2021; UNEP-WCMC/IUCN, 2022; ESRI National Geographic, 2022.

Mapa do Brasil unindo as informações dos dois mapas anteriores: áreas protegidas existentes, terras indígenas, reservas da biosferas e sítios Ramsar. Em bordô, segmentos que indicam áreas a serem estudadas para a reconstituição de corredores ecológicos no território nacional, recompondo, assim, a interligação de fragmentos necessária para se minimizar os efeitos destrutivos das mudanças climáticas sobre a biodiversidade e garantindo a produção de água e de outros serviços ambientais de grande importância. Elaboração: Ricardo Brochado da Silva e Zé Pedro Costa. Fonte: FUNAI, 2021; IBGE, 2021; MMA, 2021; UNEP-WCMC/IUCN, 2022; ESRI National Geographic, 2022.

ao grande corredor de florestas. Isso forneceria alguns exemplares completos de cobertura vegetal original em diferentes níveis de altitude, desde o fundo do mar até o alto de nossas serranias costeiras. E seria relevante para a pesquisa científica a manutenção das águas, tanto doces quanto salgadas, a pesca, o lazer e o turismo.

As demais regiões de serras do país e as cabeceiras dos rios também devem ser protegidas. A devastação nessas áreas já é tão grande que todas as formas de vegetação primitiva aí remanescentes devem ser contempladas em alguma categoria de área protegida. O mesmo deve ser feito no cerrado e na caatinga. O norte do estado de Goiás apresenta hoje um bom número de áreas protegidas federais e estaduais que precisam ser interligadas com urgência. Em todo o país, as beiras dos cursos d'água, assim como as encostas, são áreas propensas à implantação de corredores ecológicos.

A região situada na intersecção dos estados do Maranhão, Tocantins, Piauí e Bahia, hoje conhecida como MATOPIBA, acrônimo formado com as siglas dos estados, detém importantes remanescentes do cerrado e da caatinga. Lá existem áreas protegidas relevantes e esforços integrados de conservação dessas unidades, trabalho liderado pela fundação Conservação Internacional do Brasil (CI-Brasil). Esses ecótonos, ou áreas de transição entre biomas, são importantes repositórios de biodiversidade.

O pantanal também dispõe de uma reserva da biosfera que indica claramente onde estão situados os principais corredores e áreas a serem preservados. Como já vimos, há uma minuta pronta propondo a criação de um expressivo mosaico de áreas protegidas no entorno do Parque Nacional do Pantanal, que aguarda, há anos, por aprovação do governo federal.

A Amazônia é um caso especial, uma vez que a maior parte de suas florestas originais persiste, apesar de ataques crescentes à sua integridade, não só em território nacional. Comecemos pelo norte da região. A fragilíssima vegetação das escarpas dos Andes, de geologia recente, e dos tepuis têm de ser rigorosamente preservadas. No Brasil, os dois exemplos mais notáveis de tepuis são o Pico da Neblina e o Monte Roraima, felizmente já abrigados por parques nacionais.

No setor situado ao norte do rio Amazonas, a floresta está quase que toda intacta, exceto pelos encraves de assolamento no entorno de Manaus, Boa Vista e Macapá. As unidades de conservação e as terras indígenas aí estabelecidas, *de per si*, formam um imenso corredor de leste a oeste, sendo sua preservação de prioridade máxima para a conservação da biodiversidade na Terra.

Com uma ajeitadinha aqui e um pequeno acréscimo ali, estará completo esse corredor, já oficializado há alguns anos e uma das maiores contribuições brasileiras à preservação do planeta e de sua estabilidade climática. Hoje, além dos desmates, faltam ações para combater os garimpos, a maior ameaça existente na região, especialmente em terras Yanomami.

Mulher indígena Jurupixuna, etnia já extinta. Imagem publicada em *Viagem filosófica pela Amazônia e Centro-Oeste* (1783-1792), de Alexandre Rodrigues Ferreira. Fonte: Reprodução/Wikimedia Commons.

Na primeira década do século XXI, Martín von Hildebrand, um entusiasmado ambientalista de origem teuto-colombiana, formulou a hipótese de um grande corredor internacional que abrangeria áreas dos Andes, da Amazônia e do Atlântico, o qual batizou de "Corredor AΛA". Incorporaria, também, amplos territórios de oito países. A proposta foi acolhida, à época, pelo presidente colombiano, que passou a difundi-la. A ideia é expressiva, mas a possibilidade de executá-la é pequena pois, do modo como foi formulado, o corredor poderia interferir na soberania dos países envolvidos, o que nenhum dos governantes apreciaria, em especial os militares, por envolver áreas sensíveis de fronteira.

O Itamaraty e o Ministério do Meio Ambiente, à época, responderam a essa proposta sugerindo um trabalho de integração e colaboração de esforços de implantação e desenvolvimento sustentável entre os países da região, no que diz respeito às áreas protegidas e terras indígenas já existentes. A solução foi bem aceita pelos países da região, no âmbito do Tratado de Cooperação Amazônica (TCA). O Ministério do Meio Ambiente atualizou então o Programa Corredores Ecológicos, dessa vez envolvendo todos os ministérios interessados. E assim seguimos até 2018, quando a mudança de governo introduziu ideologias ilegítimas e desmontou completamente o projeto.

Além do corredor da calha norte, vários corredores ecológicos já existem ou estão pré-anunciados em nossa Amazônia: o da Reserva da Biosfera da Amazônia Central, o do Parque Indígena do Xingu, o da Terra Indígena de Aripuanã, o dos rios Madeira e Juruá, o da fronteira da Bolívia, o de Porto Velho ao pantanal, ao longo do rio Guaporé, e o que sobe o rio Araguaia, adentrando o cerrado. O rio Guaporé, na divisa com a Bolívia, como já lembrado, forma um segundo pantanal não tão grande quanto o já nosso conhecido, mas de extrema importância biológica e ainda mais preservado. Temos, ainda, o corredor de manguezais da costa dos estados amazônicos, de enorme significado para a manutenção da vida marinha, a maioria deles a necessitar de mais proteção e de alguma restauração.

A integração de esforços entre a gestão das terras indígenas e das unidades de conservação na Amazônia é fundamental para proteger a biodiversidade, consolidar os corredores ecológicos e garantir o livre desenvolvimento das etnias que habitam a região, incluídas as quilombolas. Essa proposta já abarca os dois setores, de forma que a disputa por terras amazônicas que havia no passado, hoje se transformou em colaboração.

As reservas da biosfera já oficialmente estabelecidas pelo governo federal e reconhecidas pela UNESCO para todos os biomas brasileiros, integradas aos comentários aqui expressos, nos dão o panorama de base para a discussão e o aprofundamento de estudos que devem levar ao detalhamento e à implantação desses corredores.

## COMUNICAÇÃO E EDUCAÇÃO AMBIENTAL

> *Não basta abrir a janela*
> *Para ver os campos e o rio.*
> *Não é bastante não ser cego*
> *Para ver as árvores e as flores.*
> **Fernando Pessoa**, "Não basta abrir a janela"

Nada se faz sem um bom sistema de comunicação e com livre acesso a informações confiáveis. Ambos nos faltam, e muito. Educação ambiental é basilar. O contexto atual não admite mais perda de tempo, e é urgente que consideremos e discutamos a implantação de algumas medidas importantes, as quais vão listadas abaixo.

A população brasileira deve ter fácil acesso a informações transparentes sobre o estágio real da devastação das formas primitivas de vegetação. Também deve ser estimulada a plantar árvores e a acompanhar seu crescimento. É transcendente que o significado e a importância da vegetação sejam discutidos nas escolas, em todos os níveis de educação, numa linguagem simples, direta e objetiva.

Um novo Brasil só será possível com informação e conhecimento para todos. Fonte: 123RF/Easypix Brasil.

É preciso aprofundar ao máximo as pesquisas sobre os biomas naturais no território brasileiro. A preservação vegetal também deve ser pensada sob um enfoque regional de serviços ecossistêmicos e de bacias hidrográficas, pois são essas as unidades ambientais geradas pela natureza.

Na década de 1980, os jornalistas Rodrigo Lara Mesquita e Randau de Azevedo Marques tiveram notável atuação em prol da natureza no *Jornal da Tarde*, do grupo O Estado de S.Paulo. À época, Mesquita atuava como diretor, e Marques, como repórter. O estilo aguerrido e o destaque dado aos artigos de Marques, que frequentemente recebiam chamadas de primeira página, marcou época no jornalismo ambiental brasileiro. Coincidiu essa atuação com o período de governança de Franco Montoro em São Paulo, com quem fizeram uma espécie de "dobradinha": o *Jornal da Tarde* fazia uma denúncia, muitas vezes grave, ou uma cobrança, e o governo respondia com as devidas realizações.

Montoro foi o governador de São Paulo que mais deu atenção ao meio ambiente. Logo na primeira semana de governo, em março de 1983, criou o Conselho Estadual do Meio Ambiente (CONSEMA), que contava com a participação da sociedade civil, democratizando a participação social na área. Criou também a Estação Ecológica Jureia-Itatins, atendendo aos anseios para que não se construíssem usinas atômicas no local. Realizou ainda o tombamento da Serra do Mar em todo o território paulista, ensejando seu reconhecimento como reserva da biosfera e patrimônio mundial pela UNESCO, o que serviu de exemplo e incentivo a outros estados. Enfim, sabia como se comunicar e dava grande importância à divulgação de questões do meio ambiente.

Em escala mais abrangente, a cientista teuto-brasileira Maritta Koch-Weser desenvolveu, no Instituto de Estudos Avançados da Universidade de São Paulo (IEA-USP), o programa Amazônia em Transformação, que vem se dedicando a temas de preservação. É dela a proposta de criação da Escola de Negócios da Floresta Tropical, que já iniciou trabalhos junto à Universidade Federal do Amazonas (UFAM) e conta com a colaboração do professor Carlos Nobre, especialista brasileiro em mudanças climáticas. O principal intuito do projeto é disseminar ações econômicas viáveis e suficientes para produzir renda sem que seja necessário destruir a floresta. Nobre defende, também, a recuperação imediata das matas do Arco do Desmatamento.

É essencial realizar cada vez mais estudos científicos sobre a Amazônia. Desde Alexander von Humboldt, que aí baseou grande parte de seu trabalho transformador sobre a visão da natureza, inúmeros pesquisadores têm se debruçado sobre suas matas. No século XIX, vieram os viajantes naturalistas. No século XX, as explorações de Paulo Vanzolini, pesquisador que formulou a teoria dos refúgios do Pleistoceno, período em que a flora e a fauna teriam se protegido das grandes glaciações. Thomas Lovejoy também realizou importante pesquisa sobre os resultados da fragmentação da floresta sobre a biodiversidade nesse período. No século XXI, temos Carlos Nobre, que postulou a possibilidade de a Amazônia se transformar em savana como consequência das mudanças climáticas, o que levaria à extinção em massa de suas espécies.

É de enorme importância, ainda, o apoio de artistas, intelectuais, celebridades, ambientalistas e formadores de opinião em relação à divulgação de ações de conservação da natureza. Cada passo resulta em reflexos políticos que conquistam a simpatia e tornam a pauta popular para os tomadores de decisão, sensibilizando-os para a liberação de recursos. Sim, governantes podem ser extremamente vaidosos. E quando oferecemos a uma pessoa vaidosa um motivo para se vangloriar, a possibilidade de se ganhar a batalha é muito maior. Em contrapartida, as organizações não governamentais de proteção ambiental precisam ser capazes de atuar, ao mesmo tempo, criticando e apontando soluções, sempre se atentando à repercussão positiva e à popularidade resultantes dessas medidas.[45]

Um belo exemplo de educação ambiental é o trabalho que vem sendo desenvolvido, há décadas, pelo fotógrafo Sebastião Salgado e sua esposa, Lélia Wanick Salgado. Sua produção de primeira qualidade, exposta nos cinco continentes, retrata a violência que sofrem as populações reprimidas do planeta e os concomitantes e indiscriminados ataques à natureza. Os livros, as entrevistas e as palestras de Sebastião sobre as mazelas a que estão submetidos os indígenas da Amazônia, vítimas de ataques covardes, também têm sido uma constante denúncia das atrocidades cometidas contra os poucos vestígios existentes dos povos originários.

Sebastião e Lélia realizam ainda, há três décadas, um exitoso trabalho de recuperação da mata nativa da fazenda Aimorés, no vale do rio Doce, em Minas Gerais, próxima à divisa com o estado do Espírito Santo. A fazenda, que pertenceu aos pais de Sebastião, teve suas matas derrubadas para o plantio do café e, depois, convertidas em pastagens para o gado. O trabalho realizado na região é um

---

[45] Notável foi o trabalho do professor Angelo Machado (1934-2020), da Universidade Federal de Minas Gerais (UFMG). Um dos criadores da Fundação Biodiversitas, de grande atuação no estado e no país, Machado sabia, como poucos, se comunicar e também animar uma plateia pelas causas ambientais.

Retrato do geógrafo, naturalista e explorador alemão Alexander von Humboldt, nascido em Berlim em 1769. Fundou a biogeografia, campo científico cujos conhecimentos levaram ao conceito de ecologia. Viajou longamente pelas Américas entre 1799 e 1804, visitando Venezuela, Colômbia, Equador, México, Estados Unidos e Cuba. No Brasil, circulou por território amazônico mesmo sem autorização das autoridades portuguesas. Subiu também os Andes, e a escalada que fez do vulcão Chimborazo é bastante valorizada entre seus descobrimentos. Humboldt foi o primeiro a documentar as zonas climáticas e de vegetação no planeta, tendo demonstrado que as zonas climáticas influenciam o desenvolvimento da vegetação. Foi ele quem detectou, também, que o clima pode ser modificado pela ação do homem. Fonte: Friedrich Georg Weitsch, 1806/ Wikimedia Commons.

O botânico alemão Carl Friedrich Philipp von Martius chegou ao Brasil em 1817, junto da comitiva da imperatriz Leopoldina. Percorreu mais de 10 mil quilômetros de nosso território na companhia do zoólogo Johann Baptist von Spix, com quem pesquisou e registrou milhares de espécies vegetais, dando início à *Flora brasiliensis*, maior coletânea de nossa diversidade botânica. Como relata Júlia Kovensky, coordenadora de iconografia do Instituto Moreira Salles, "a partir da observação das espécies das plantas, Von Martius faz essa divisão em cinco biomas distintos, que são a caatinga, o cerrado, a mata atlântica, a selva amazônica e os pampas". Seus estudos se vinculam aos de Alexander von Humboldt, responsável pela concepção de natureza que perdura até o presente. Von Martius é considerado o patrono dos botânicos brasileiros. Fonte: E. Porrens, 1850/Wikimedia Commons.

dos primeiros grandes exemplos de que restaurar nossas florestas é ecopossível.

A relação de interdependência entre humanidade e natureza já era pautada pelos escritores latinos, que, no geral, caracterizavam bem a distinção entre os conceitos de lei natural e lei civil. Em sua obra *De Natura Deorum* [Sobre a natureza dos deuses], Cícero escreve:

> Gozamos dos frutos das planícies e das montanhas, os rios e lagos nos pertencem, semeamos o trigo, plantamos árvores, fertilizamos o solo através da irrigação, drenamos pântanos, confinamos os rios ou retificamos e desviamos seus cursos. Enfim, por meio de nossas mãos, tentamos criar, como se existisse uma segunda natureza dentro da natureza (LENOBLE, 1969).

A inter-relação entre os seres humanos também pauta a relação destes com a floresta. A maior parte dos desmatamentos provém de ações de grandes proprietários afoitos por aumentar ainda mais seu lucro. A espiral do lucro é viciosa e incontrolável, de velocidade crescente. A cobiça é irmã da soberba. Portanto, é trabalhando com esses ingredientes de que são feitos os seres humanos que alcançaremos resultados mais harmônicos quanto à nossa relação com a natureza.

As Nações Unidas anunciaram, em junho de 2021, a Década de Restauração dos Ecossistemas, uma convocação para trazer o planeta de volta à vida em dez anos. A restauração dos ecossistemas é fundamental para alcançarmos os dezessete objetivos de sustentabilidade elencados pela ONU, principalmente aqueles sobre mudança climática, erradicação da pobreza, segurança alimentar e conservação da água e da biodiversidade, além das vinte Metas de Aichi, definidas pela Convenção sobre Biodiversidade Biológica (CDB).

Rafael Chaves, enquanto presidente da Sociedade Brasileira de Restauração Ecológica (gestão 2018-2021), afirma que "precisamos da ajuda das pessoas para restabelecer um ecossistema que tenha sido degradado – campo, cerrado – ou devastado, como a floresta amazônica". Afinal, a restauração pode mitigar grande parte das emissões do efeito estufa.

A brecada que o planeta deu em decorrência da pandemia de covid-19 foi extremamente didática. Pararam as fábricas, os carros, os navios, os aviões. Como milagre, o céu ficou mais azul, a água do mar clareou. Animais selvagens voltaram a aparecer próximos às cidades. O mundo como que saiu da UTI. Respirou. Mostrou que é possível nos recuperarmos dos malefícios artificiais criados pelo homem.

Restaurar é investir no futuro, é garantir as condições necessárias para a produção de alimentos e a revitalização da Natureza. Reconstruir corredores ecológicos é promover o intercâmbio da biodiversidade nos territórios e criar oportunidades para a geração de empregos e renda, restabelecendo o equilíbrio entre a produção agrícola e a biodiversidade. O Brasil já definiu como meta, em passado recente, junto à Convenção da Biodiversidade, restaurar 12 milhões de hectares para florestas plantadas e 15 milhões de hectares de pastos degradados até 2030.

## QUANTO PRESERVAR

> *A utopia está lá no horizonte.*
> *Me aproximo dois passos, ela se afasta dois passos [...]*
> *Por mais que eu caminhe, jamais a alcançarei. Para que serve a utopia?*
> *Serve para isso: para que eu não deixe de caminhar.*
> **Fernando Birri** citado por
> **Eduardo Galeano**, *Las palabras andantes*

Para nos distanciarmos da extinção das espécies, inclusive da nossa, precisamos mudar radicalmente de rumo e alcançar níveis satisfatórios de preservação da biodiversidade do planeta. Essa é a síntese do pensamento expresso no livro *Half-Earth: Our Planet's Fight for Life* [Metade da Terra: a luta do planeta pela vida] (2016), de autoria do biólogo norte-americano Edward Osborne Wilson, falecido em dezembro de

2021. O argumento, aparentado ao que propus em minha dissertação de mestrado na Califórnia, em 1979, é de que a situação diante de nós é de tal grandiosidade e magnitude que não será resolvida de forma fragmentada. Assim, o autor propõe uma solução compatível com as dimensões do problema: garantir que metade da Terra seja mantida em seu estado natural, protegida da interferência humana.

Wilson advoga que, para levarmos adiante missão tão ambiciosa, primeiro precisamos entender o que é a biosfera, por que ela é essencial à nossa sobrevivência e quais são as inúmeras ameaças que enfrenta. Nossa espécie, em uma mera piscada de olhos no tempo geológico, se transformou em arquiteta e mandatária da nova era em que vivemos, provocando diversas consequências que afetam toda a vida existente no planeta até um futuro distante.

Em *Half-Earth*, Wilson trata da extinção iminente de todos os tipos de seres vivos, sejam eles grandes ou pequenas, conhecidos ou pouco falados, carismáticos ou não. Preocupa-se com os

Vista da Baía de Ubatuba do alto da pedra do Corcovado. Parque Estadual da Serra do Mar na divisa com o Parque Nacional da Serra da Bocaina. Ao fundo, à direita, a Ilha das Couves, que protege a enseada da Picinguaba. Foto por Adriana Mattoso, 2016.

milhões de animais invertebrados e micro-organismos que, apesar de desprezados, compõem as fundações dos ecossistemas da Terra.

Como afirma Wilson (2016), "a biosfera não foi criada para ser controlada por humanos; não nos pertence, nós pertencemos a ela". Combate, assim, a ideia de que a atual extinção das espécies pode ser equilibrada com a introdução de espécies alienígenas num novo ecossistema, ou que espécies extintas possam vir a ser clonadas e devolvidas ao meio ambiente. Critica também os antropocentristas que apostam na salvação da espécie humana através da engenharia e da tecnologia.

Mas Wilson não foi um pessimista fatalista. Munido de uma profunda compreensão darwiniana acerca da fragilidade de nosso planeta, oferece uma meta atingível pela qual podemos lutar em favor de toda a vida: "Acho que a maioria das pessoas na Terra concordaria com as seguintes metas: vida longa e saudável para todos, abundantes recursos sustentáveis, liberdade pessoal, aventura real e virtual disponíveis, *status*, dignidade, pertencer a grupos

Fungos em crescimento no Parque Nacional da Serra dos Órgãos, Rio de Janeiro. São parte dos incontáveis micro-organismos fundamentais para a existência das florestas. Foto por Adriana Mattoso, 2016.

respeitáveis, obediência a regras e leis sabias e sexo com ou sem reprodução". Mas isso só será alcançável, adverte, se nos alçarmos a um patamar acima do nível animal.

Lançado em 2016, *Half-Earth* tornou-se um *best-seller*, ganhou o renomado Prêmio Pulitzer e teve enorme repercussão mundial. Foi com grande alegria que recebi essa publicação, pois partilhando de ideias aparentadas, encontrei finalmente um líder lúcido em quem me inspirar. Quando dei início às pesquisas que embasaram este livro, ao final da década de 1970, já propunha que metade da floresta amazônica permanecesse intocada, meta já próxima de ser atingida se fossem obedecidas as leis e as áreas protegidas criadas nesse bioma.

Mais recentemente, em documento intitulado "Áreas protegidas brasileiras: dinâmica de um processo histórico recente", produzido para a Universidade de São Paulo (USP) em 2009, defendi que esse critério deve ser aplicado a todo o planeta, incluídos aí os oceanos. O texto exato da proposta pode ser visualizado, em resumo, neste trecho:

> Passados todos esses anos e depois de muito refletir parece válido concluir que o tão necessário equilíbrio entre as ações humanas e a natureza requererá uma ação de restauro dos ecossistemas naturais, buscando uma equivalência como essa para todos os ecossistemas: de um terço de toda a área terrestre do planeta, integralmente restaurado e protegido, outro terço com atividades de uso sustentável, correspondendo a áreas protegidas com as qualificações semelhantes dessa categoria na lei do SNUC, e o terço restante com utilização extensiva como cidades, portos, indústrias, rodovias, plantações e outras atividades agropecuárias, também essas subordinadas a um ideário de sustentabilidade.[46]

Esse documento está disponível no site do Instituto de Estudos Avançados da Universidade de São Paulo (IEA-USP). Uma

---

[46] Disponível em: https://bit.ly/34eUIeF. Acesso em: 27 jan. 2022.

proposta como essa não se implementa em um ano, nem em dez; precisa de grandes estudos e logística, além da adesão da maioria dos povos envolvidos.

Mas não é impossível implementar esse sistema. Wilson aponta, inclusive, que muitos países não estão longe dessa meta, e mesmo no Brasil, várias iniciativas de recuperação de vegetação nativa estão sendo adotadas. O conhecimento científico e a prática para a restauração já existem, e os desastres que vêm se acumulando em função das mudanças climáticas trazem o argumento que sustenta o trabalho.

É possível preservar as florestas e, ao mesmo tempo, promover o crescimento econômico. Precisamos aprender a monetizar nossos tesouros com consciência ambiental, ou seja, mantendo a produtividade na agricultura sem avançar mais sobre as matas, e sim preservando-as e gerando valor agregado à sociedade.

## TEORIA DO MACACO

> *Devemos reconhecer que, no meio de uma magnífica diversidade de culturas e formas de vida, somos uma família humana e uma comunidade terrestre com um destino comum.*
> **Ministério do Meio Ambiente**, "Carta da Terra"

Não podia terminar este livro sem falar sobre a "Teoria do Macaco", de minha autoria, que preconiza o seguinte: ao se deparar com um problema relacionado à conservação da natureza – por exemplo, definir um cronograma de ações para restaurar determinado ecossistema ameaçado, ou listar essas ações em ordem de prioridade –, você deve se imaginar como uma macaca ou um macaco instalado no alto de uma árvore, no meio da área em que vai atuar, e imaginar, como um primata que é, o que considera mais importante para a sua vida.

*Deus Thoth dos egípcios*, por Zé Pedro de Oliveira Costa, 2022. Relacionado à sabedoria, esse babuíno, condutor da barca de Rá, o deus do sol, ensinou a escrita aos homens, sendo o patrono dos escribas. É representado com o círculo solar sobre a cabeça, neste caso cravado com o *ankh*, símbolo da vida, referindo-se principalmente a proteção, energia, luz, fé e fertilidade. Nas mãos, carrega o olho de Hórus, que representa força, poder, coragem, proteção, clarividência e saúde.

O que fazer primeiro, restaurar determinado pedaço de mata que segue até o riacho ou providenciar o plantio de espécies vegetais comestíveis? Sem dúvida será urgente reprimir caçadores, certo? Continue pensando e sonhando sobre quais ações podem melhorar sua existência. Seria interessante trazer mais indivíduos da sua espécie para garantir a variabilidade genética do bando? A construção de um corredor para integrar sua mata à mata vizinha ampliaria essa possibilidade? Ao considerar essas ideias com sensibilidade e empatia, seguindo as instruções da macaca ou do macaco que existe dentro de cada um de nós, você terá uma visão mais clara do que deve fazer com mais urgência e, antes que perceba, sua lista de tarefas estará terminada.

Não se trata de uma tarefa difícil; basta se propor a tentar. Lembra-se do personagem de Franz Kafka que acordou metamorfoseado num grande inseto, que alguns dizem ser uma barata? Ao ler a história sob esse ponto de vista, compreendemos uma série de problemas enfrentados pelos insetos que passam despercebidos à humanidade. E esse mesmo autor tem um conto muito especial, intitulado "Um relatório para uma academia", em que ocorre o contrário: o personagem é um macaco que vai se transformando em humano. Aliás, o próprio Darwin conta uma história parecida.

No conto de Kafka, um macaco chamado Peter Vermelho é capturado em uma floresta africana e passa a realizar tarefas que agradam às pessoas para garantir uma sobrevivência mais digna, até que resolve se transformar em um ser humano. Entre várias explanações, há em seu relato alguns dos pensamentos que o rondavam quando estava preso numa jaula:

> Não tinha saída e precisava de uma, não era possível viver sem uma saída: encostado dentro daquele cubículo da jaula ia acabar estourando. Mas os macacos de Hagenbeck são destinados justamente a viver atrás das grades [...]. Pois bem, eu deixaria então de ser macaco. Não sei se compreendem bem o que entendo por "uma saída". Propositadamente evito falar em "liberdade" [...]. Com ela, diga-se de passagem, é que os homens muitas vezes trapaceiam [...]. Como macaco eu bem a conhecia e vi homens que por esse sentimento ansiavam [...]. Como a liberdade se encontra entre os mais sublimes ideais, o logro que se lhe corresponde passa também por sublime (KAFKA, 1961).

Não tinha nada de bobo, esse macaco. Mais complicado ainda seria virar uma onça-pintada, o que Guimarães Rosa bem descreveu no conto "Meu tio o Iauaretê":

> [...] fiquei com vontade... Vontade doida de virar onça, eu, eu, onça grande. Sair de onça, no escurinho da madrugada... Tava urrando calado dentro de mim... Eu tava com as unhas... Tinha sororoca sem dono, de jaguaretê-pinima...
>
> Eh, agora cê sabe; será? Há-há. Nhem? Aã, pois eu saí caminhando de mão no chão, fui indo. Deu em mim uma raiva grande, vontade de matar tudo, cortar na unha, no dente... Urrei. Eh, eu esturrei! No outro dia, cavalo branco meu, que eu trouxe, me deram, cavalo tava estraçalhado meio comido, morto, eu 'manheci todo breado de sangue seco...

Mecê tá ouvindo, nhem? Tá aperceiando... Eu sou onça, não falei? Axi. Não falei – eu viro onça? Onça grande, tubixaba. Ói unha minha: mecê olha – unhão preto, unha dura... Cê vem, me cheira: tenho catinga de onça? (Rosa, 2017).

Definitivamente, é bem mais fácil e menos perigoso virar macaco.

Leitor e leitora que não se cansou de acompanhar estas linhas até este ponto, preste atenção, pois já são muitos, e de bom tamanho, os moinhos que vão se instalando nos nossos matos e clareiras. Lembre-se de que, se Dom Quixote não tivesse investido sozinho contra os moinhos, se Sancho o tivesse acompanhado e, se em vez de dois, eles fossem vinte ou dois mil, teriam com certeza vencido a batalha contra os gigantes.

Peter, o Vermelho, despedindo-se e agradecendo os aplausos após apresentar seu relatório para a Academia. Gravura de Thomas Landseer, século XIX.

Escultura idealizada de Plínio, "o Velho", na fachada da Catedral de Como, na Itália, onde nasceu o historiador, no ano 23 d.C. Em 340 a.C., Aristóteles escreveu sua *História dos animais*, primeira organização sistematizada de espécies, abrangendo aquelas conhecidas na Grécia. Em 77 d.C., Caio Plínio Segundo, conhecido como "o Velho" para se distinguir de seu sobrinho escritor, também Plínio, com a alcunha de "o Moço", deu a conhecer sua *História natural* em 37 volumes, que abrangem um vasto panorama de geografia, zoologia e botânica da Antiguidade. Plínio foi oficial e procurador no governo de Nero. Sua obra é uma compilação do conhecimento existente em todo o império romano que se beneficiou do período conhecido como *pax romana*, uma era de tranquilidade política que possibilitou a coleta dessas informações. Mesmo contendo imprecisões técnicas, seu compêndio de mais de 2.000 anos foi, até o século XVIII, considerado o texto mais importante sobre a natureza, sobrepujado somente no Século das Luzes, quando do grande avanço da ciência europeia.

Incêndio nas matas do Parque Indígena do Xingu, no Mato Grosso. Criado em 1961 por iniciativa dos irmãos Villas Boas, o parque tem 2,6 milhões de hectares e abriga quatorze etnias diferentes, sendo constantemente invadido por madeireiros. Fonte: Bruno Kelly/Amazônia Real via Wikimedia Commons.

# Posfácio

> *O sol há de brilhar mais uma vez*
> *A luz há de chegar aos corações*
> *Do mal será queimada a semente*
> *O amor será eterno novamente [...]*
> *Quero ter olhos pra ver*
> *A maldade desaparecer.*
> **Nelson Cavaquinho**, "Juízo final"

Uma nuvem escura paira sobre a Terra desde 2016. A eleição de Donald Trump à presidência dos Estados Unidos e, dois anos depois, a de Bolsonaro no Brasil tiveram consequências desastrosas para ambos os países, e a política retrógrada que representam passou a prevalecer em várias outras nações.

No Brasil, esforços de mais de trinta anos para a proteção da biodiversidade se transformaram em letra morta. Leis de conservação da natureza foram vilipendiadas, e a Constituição, desrespeitada. Os sistemas de proteção da natureza foram desmantelados, os poucos recursos que havia foram desperdiçados. Com soberba inaudita, o governo Bolsonaro rejeitou a doação de mais de 2 bilhões de euros, oferecidos principalmente pela Noruega e Alemanha, para o recém-criado Fundo Amazônico, além de ter destratado esses dois países.

Fogo, fogo e mais fogo na Amazônia, no pantanal e nos demais biomas. Delegou-se ao Exército o controle das queimadas da floresta, desprezando-se a *expertise* dos especialistas. O resultado foi mais destruição, com apoio de parte de empresários do agronegócio e de milícias. Garimpos clandestinos e milicianos devastam matas, poluem rios e massacram indígenas.

O governo recebe apoio incondicional de lideranças oportunistas, e enquanto os índices de desmatamento da mata atlântica crescem, a desorientação impera. Para se ter uma ideia, foi proposta a extinção do órgão responsável pelos parques nacionais e das outras áreas de proteção federal.

Seguindo o mau exemplo, Rondônia extinguiu várias reservas florestais, cujas terras foram leiloadas a preços irrisórios. O governador de São Paulo rebaixou, em 2019, a Secretaria de Estado do Meio Ambiente a um departamento do setor de infraestrutura, além de ter tentado eliminar a fundação responsável pelas áreas protegidas do estado.

As atuações diplomáticas do Brasil no setor ambiental não têm sido menos vergonhosas. De protagonistas de liderança mundial, passamos a marginais do planeta. As advertências internacionais sobre o mal que nosso país causa à humanidade são constantes, mas devemos resistir e seguir lutando por mais ações de conservação, de integração e de responsabilidade ambiental. Afinal, tudo passa. Até Calígula passou.

Este livro não termina aqui: ele continua numa série enorme de trabalhos que precisam ser realizados. Como não poderia deixar de ser, me ative às histórias que me são mais próximas, sem detrimento de muitas outras ações relevantes para a proteção de nossas florestas que estão acontecendo ou ainda vão acontecer. Agradeço assim, de coração, a todos que trabalham tendo como horizonte esse mesmo ideal.

# ANEXOS

# ANEXO A: CONVENÇÕES INTERNACIONAIS

■ Convenção para a Proteção da Flora, da Fauna e das Belezas Cênicas Naturais dos Países da América (1948)

Aprovada em 1940, foi ratificada pelo Congresso brasileiro em 1948. É resultado do espírito de integração pan-americana reinante durante a Segunda Grande Guerra. Seus dispositivos estavam voltados, como o próprio nome anuncia, à proteção de nossa biodiversidade e à criação de parques nacionais.

■ Programa O Homem e a Biosfera (1971)

Reservas da biosfera são áreas de ecossistemas terrestres ou marinhos reconhecidas pelo Programa O Homem e a Biosfera da UNESCO. É um instrumento de planejamento que visa promover a conservação da biodiversidade, o desenvolvimento sustentável, a pesquisa científica e a educação ambiental de áreas qualificadas para alcançar essas metas.

Cada reserva deve dispor de uma clara definição quanto à sua localização, além de um zoneamento em que estarão distinguidas três áreas: a zona núcleo, destinada primordialmente à proteção da biodiversidade e que usualmente coincide com áreas naturais já protegidas; a zona de amortecimento, que deve envolver por completo a zona núcleo, como a clara de um ovo frito envolve a gema; e a zona de transição, que, no exemplo do ovo, seria a frigideira, destinada a propiciar as diretrizes para a acomodação das duas áreas anteriores com seu entorno. Tem particular expressão a zona de amortecimento, cuja principal função é garantir a integridade da zona núcleo, forjando alianças e promovendo a cooperação entre as diversas atividades sustentáveis que abriga.

O Brasil dispõe, desde o início deste século, de um complexo sistema de reservas da biosfera, reconhecidas pela UNESCO, que abarcam parte significativa de nossos principais biomas. A Reserva da Biosfera da Mata Atlântica, por exemplo, teve sua primeira fase reconhecida em 1991 e serviu de base para a criação das demais. Todas foram concebidas como corredores ecológicos que se tangenciam, no intuito de servir de base para um zoneamento ecológico do país.

## ▪ Declaração de Estocolmo sobre o Meio Ambiente Humano (1972)

Resultado da Conferência das Nações Unidas sobre o Meio Ambiente Humano, realizada em Estocolmo, capital da Suécia, em 1972, este notável documento inspirado na Carta dos Direitos do Homem prevê que:

> O homem tem o direito fundamental à liberdade, à igualdade e ao desfrute de condições de vida adequadas, em um meio ambiente de qualidade tal que lhe permita levar uma vida digna, gozar de bem-estar e é portador solene da obrigação de proteger e melhorar o meio ambiente, para as gerações presentes e futuras. A esse respeito, as políticas que promovem ou perpetuam o *apartheid*, a segregação racial, a discriminação, a opressão colonial e outras formas de opressão e de dominação estrangeira permanecem condenadas e devem ser eliminadas [...]. Os recursos naturais da Terra, incluídos o ar, a água, a terra, a flora e a fauna e, especialmente, parcelas representativas dos

ecossistemas naturais, devem ser preservados em benefício das gerações atuais e futuras, mediante um cuidadoso planejamento ou administração adequada.[47]

A declaração segue definindo as responsabilidades humanas sobre a preservação do meio ambiente, a preocupação com o esgotamento de seus recursos, a necessidade de cuidados para diminuir a poluição e preservar florestas e mares, a urgência de verbas para tratar as questões ambientais e a necessidade de cooperação entre os países para que essas ações sejam colocadas em prática, entre outros princípios. Trata-se de um documento realmente excepcional, motivo de orgulho para aqueles que o elaboraram e para a toda a humanidade.

O problema é que essas louváveis diretrizes, aprovadas com entusiasmo pelo plenário das Nações Unidas e cruciais para a sobrevivência da Terra e dos homens, logo viraram letra morta. Continuou-se a destruir bens naturais, e a poluição continuou a aumentar sem causar qualquer vergonha aos responsáveis por perpetrá-la.

## ■ Convenção do Patrimônio Mundial Natural e Cultural (1972)

Adotada em 1972, mesmo ano em que se realizou a Conferência de Estocolmo, e sob sua influência, essa convenção reconhece às nações a competência de identificar, proteger, valorizar e transmitir às gerações futuras os patrimônios culturais e naturais situados em seu território. Trata-se de um esforço internacional de valorização de bens que, por suas excepcionais qualidades, servem como referência e identidade das nações, podendo ser considerados como patrimônio de toda a humanidade.

O Brasil aderiu à essa convenção desde muito cedo, mas, à exceção do Parque Nacional do Iguaçu, não inscreveu novos sítios naturais até o final do século passado. O setor cultural, este sim se empenhou e

---

[47] Disponível em: https://bit.ly/3d3E3zd. Acesso em: 27 jan. 2022.

conseguiu inscrever diversos sítios culturais nessa lista, a começar pela cidade de Ouro Preto, em Minas Gerais. Foi somente em 1999 que se buscou e alcançou a listagem de pelo menos um sítio do patrimônio mundial para cada um dos principais biomas brasileiros.

A classificação de patrimônio mundial, sejam eles culturais, naturais ou mistos, é de grande importância para as nações, pois somente sítios realmente significativos são acolhidos pela UNESCO. A medida valoriza muito as áreas inscritas, fator que ajuda a granjear a atenção e dos governantes, incentivando a preservação e, consequentemente, atraindo mais visitantes. A listagem do centro histórico de São Luís do Maranhão como patrimônio mundial cultural promoveu, por si só, a duplicação dos turistas a partir do ano de sua designação.

Os sítios do patrimônio natural brasileiro já listados pela UNESCO são: o Parque Nacional do Iguaçu; as reservas de mata atlântica do Sudeste e da Costa do Descobrimento; as áreas de conservação do pantanal; o Complexo de Conservação da Amazônia Central; as áreas protegidas do cerrado: parques nacionais das Emas e da Chapada dos Veadeiros; e as ilhas atlânticas brasileiras: Fernando de Noronha e Atol das Rocas. Listados como sítio misto, cultural e paisagem cultural estão: a cidade de Paraty; a baía de Ilha Grande; o Parque Nacional da Serra da Capivara; e a paisagem cultural do Rio de Janeiro.

## ■ Convenção sobre Zonas Úmidas de Importância Internacional – Ramsar (1971-1975)

Mais conhecida como Convenção de Ramsar, referência à cidade iraniana que a sediou, em 1971, entrou em vigor em 1975. Dedica-se principalmente à conservação e ao uso racional de áreas úmidas necessárias para a sobrevivência de aves migratórias, que necessitam de locais de pouso e alimentação durante seus longos deslocamentos anuais.

Sua abordagem é ampla. Os parques nacionais de Anavilhanas e do Jaú, por exemplo, localizados no Amazonas, compõem o maior sítio Ramsar existente, integrando essa lista a área total que protegem, e não apenas as bordas junto ao rio Negro. O Sítio Ramsar do Rio Negro abrange também uma série de terras indígenas que aceitaram fazer parte da convenção.

## ■ Convenção das Nações Unidas sobre o Direito do Mar – CNUDM (1982)

Realizada em Montego Bay, na Jamaica, em 1982, é resultante de um contínuo esforço de negociação da comunidade internacional com o propósito de equacionar, sob o espírito de compreensão e cooperação mútuas, as questões relativas ao direito do mar.

A CNUDM, como ficou conhecida, estabelece o conceito de linhas de base, a partir das quais passam a ser contados: o mar territorial (até 12 milhas náuticas ou 22 quilômetros), sobre o qual se estende a soberania do Estado costeiro; a zona contígua (até 24 milhas náuticas), dentro da qual o Estado costeiro pode exercer jurisdição a respeito de certas atividades, como contrabando e imigração ilegal; e a zona econômica exclusiva (200 milhas náuticas ou 370,4 quilômetros), na qual o Estado costeiro tem soberania no que diz respeito à exploração dos recursos naturais na água, no leito do mar e no seu subsolo, exercendo também jurisdição sobre a zona em matéria de preservação do meio marinho, investigação científica e instalação de ilhas artificiais. Estabelece, ainda, o limite exterior da plataforma continental além das 200 milhas, como zona econômica exclusiva, bem como os critérios para o delineamento do limite exterior dessa plataforma.

Assim, os limites das águas jurisdicionais brasileiras, consagrados em tratados multilaterais, garantem-nos direitos econômicos e, em contrapartida, deveres e responsabilidades de natureza política, ambiental e de segurança pública sobre uma área de cerca de 4,5 milhões de quilômetros quadrados, que equivalem à metade do território nacional.

## Comissão Mundial sobre Meio Ambiente e Desenvolvimento (1983)

Também conhecida como Comissão Brundtland, homenagem à ex-chanceler norueguesa e líder ambientalista Gro Harlem Brundtland, que a presidiu, foi criada pelas Organizações das Nações Unidas, em 1983, com o objetivo de reexaminar questões críticas relativas ao meio ambiente e formular propostas realísticas para abordá-las. Em 1985, foi sediada em São Paulo sua reunião latino-americana, desempenhando papel importante no rejuvenescimento do movimento ambientalista nacional, que exercitava seus músculos já nos estertores da ditadura.

A Comissão Brundtland aprovou, por unanimidade, o conceito de desenvolvimento sustentável, que passou a valer como parâmetro para as questões ambientais planetárias. Em seu relatório final, intitulado "Nosso Futuro Comum", o desenvolvimento sustentável é definido como aquele que "satisfaz as necessidades presentes, sem comprometer a capacidade das gerações futuras de suprir suas próprias necessidades".

## Convenção Sobre a Diversidade Biológica (1992)

Diversidade biológica, ou biodiversidade, é o conjunto de todos os seres vivos que compõem nosso planeta, incluindo a variedade de espécies dos reinos animal e vegetal. Aprovada durante a Conferência das Nações Unidas sobre Meio Ambiente e Desenvolvimento de 1992, realizada no Rio de Janeiro e conhecida como Rio-92, foi ratificada pela maioria dos países que a ela aderiram nos anos que se seguiram. Como o próprio nome sugere, trata da proteção e do uso da diversidade biológica nos países signatários.

Trata-se do documento internacional mais importante para a conservação das espécies existentes. Entre seus principais objetivos, a serem cumpridos de acordo com as disposições pertinentes, estão a conservação da diversidade biológica, a utilização sustentável de seus componentes e a repartição justa e equitativa dos benefícios derivados da utilização de recursos genéticos, mediante, o acesso adequado aos recursos genéticos e a transferência adequada de tecnologias pertinentes, levando em conta todos os direitos sobre tais recursos e tecnologias, e mediante financiamento adequado.

A convenção opera por meio de reuniões anuais de seus membros, nas quais são definidos critérios e metas a serem seguidos ou alcançados com vistas aos seus objetivos. Teve grande destaque a edição de 2010, realizada na cidade de Nagoia, no estado de Aichi, no Japão, que determinou metas de grande significado para a proteção das florestas e de outras formas de vida.

As 20 Metas de Aichi, como vieram a ser chamadas, dizem respeito à proteção das florestas tropicais e à criação, manutenção e bom gerenciamento das áreas protegidas, reconhecidas como um instrumento eficaz para a proteção da biodiversidade. Referem-se também à necessidade de se criar corredores ecológicos e promover cuidados especiais para a conservação das espécies em decorrência das mudanças climáticas.

É interessante conhecer a definição de alguns dos principais termos contidos nessa convenção:

- Área protegida: região definida geograficamente que é destinada, ou regulamentada e administrada para alcançar objetivos específicos de conservação.

- Biotecnologia: qualquer aplicação tecnológica que utilize sistemas biológicos, organismos vivos ou seus derivados para fabricar ou modificar produtos ou processos para utilização específica.

- Conservação *in situ*: refere-se à conservação de ecossistemas e habitats naturais e à manutenção e recuperação de populações viáveis de espécies em seus meios naturais e, no caso de espécies domesticadas ou cultivadas, nos meios onde tenham desenvolvido suas propriedades características.

- Conservação *ex situ*: refere-se à conservação de componentes da diversidade biológica fora de seus habitats naturais.

- Diversidade biológica: como é chamada a variedade de organismos vivos de todas as origens, compreendendo, dentre outros, os ecossistemas terrestres, marinhos e demais ecossistemas aquáticos, além dos complexos ecológicos dos quais fazem parte. Compreende, ainda, a diversidade dentro de espécies, entre espécies e de ecossistemas.

- Ecossistema: complexo dinâmico de comunidades vegetais, animais e de microrganismos, incluindo seu meio inorgânico, que interagem como uma unidade funcional.

- Utilização sustentável: refere-se à utilização de componentes da diversidade biológica de modo e em ritmo tais que não levem, no longo prazo, à diminuição da diversidade biológica, mantendo assim seu potencial para atender as necessidades e aspirações das gerações presentes e futuras.

## ■ Convenção-Quadro das Nações Unidas sobre Mudanças do Clima (1992)

Assim como a Convenção da Biodiversidade, a Convenção sobre Mudanças do Clima foi aprovada durante a Rio-92. Tem foco nas decorrências negativas que já estão atingindo os seres vivos pelo aumento crescente da temperatura da Terra, que, segundo as previsões, ameaça a sobrevivência de metade da biodiversidade do planeta.

A gravidade dessa situação é de tal ordem que, somada à destruição dos ecossistemas nativos realizada pelo homem, levou os cientistas a chamar o período da história que estamos vivendo de Antropoceno. Essa nova era vem causando mais danos à biodiversidade do que as glaciações passadas, ou mesmo as catástrofes climáticas, como a que levou à extinção dos dinossauros. O pior é que, dessa vez, está sendo acarretada por uma das espécies que aqui se desenvolveu.

# ANEXO B: LEGISLAÇÃO BRASILEIRA

## ■ Primeiro Código Florestal de 1934

Decretado durante o governo de Getúlio Vargas, que se consolidava como uma ditadura nacionalista, modernizante e tecnocrata, as disposições do primeiro Código Florestal brasileiro vão perdurar até o decreto de uma nova legislação, em 1965, que, por sua vez, será reformulado no início do XXI. Ainda em 1934 foram aprovados o Código de Caça e o Código de Águas, que retirava dos donos das terras o controle dos rios que fluíssem por suas propriedades.

Do primeiro Código Florestal brasileiro, é importante nos atentarmos para as seguintes disposições:

- as florestas existentes no país constituem bens de interesse comum a todos os seus habitantes;
- dispositivos de proteção podem ser aplicados às demais formas de vegetação quando reconhecida sua utilidade;
- as florestas classificam-se em quatro tipos: protetoras, quando servem para conservar o regime das águas, parar a erosão, fixar dunas, assegurar a defesa das fronteiras, garantir a salubridade, proteger sítios de beleza natural marcante e espécimes raros da fauna e flora; remanescentes, como os parques nacionais, estaduais e municipais; modelo, como as artificiais para futura disseminação; e de rendimentos;

- compete ao Ministério da Agricultura classificar as várias regiões de acordo com o Código Florestal e para seu efeito;

- as florestas particulares consideradas remanescentes serão desapropriadas;

- qualquer árvore pode, por sua característica excepcional, ser declarada imune de corte, sendo o proprietário indenizado;

- as florestas são isentas de imposto, não aumentando o valor da terra em que se encontram;

- as florestas protetoras determinam a isenção de imposto da terra que ocupam;

- os prédios urbanos em que houver árvores excepcionais, quando convenientemente tratadas, terão razoável redução de impostos;

- fica proibido derrubar, em regiões de vegetação escassa, as matas existentes às margens dos rios, lagos e estradas, assim como devastar a vegetação das encostas de morros que sirvam de moldura a sítios e paisagens pitorescas dos centros urbanos e seus arredores;

- nenhum proprietário de terra coberta por matas poderá abater mais de três quartos da vegetação existente;

- as indústrias siderúrgicas e de transporte que funcionam à base de carvão vegetal são obrigadas a manter as florestas indispensáveis ao seu suprimento;

- no Nordeste, é proibida a derrubada de qualquer vegetação dentro do raio de seis quilômetros das cabeceiras dos cursos d'água;

- é proibido o corte de árvores em uma faixa de 20 metros de cada lado, ao longo das estradas de rodagem, salvo para a preservação da estrada ou escrutínio do panorama.

Além das disposições listadas, o código determinava a criação da Polícia Florestal, responsável por garantir a aplicação das leis e a emissão de multas e sanções, e do Conselho Florestal, que tinha como incumbência difundir em todo o país a educação florestal e a proteção à natureza.

Como se vê, trata-se de uma legislação bastante evoluída e complexa, assim como os demais códigos nacionais. O principal problema é que quase nada dela se cumpriu, o que aponta para uma desconexão das normas com a realidade. Não há aqui a intenção de atacar a lei, mas sim de criticar o seu não cumprimento. Um ponto positivo promovido pelo código foi a conscientização da população quanto à necessidade de se preservar a natureza, e embora muitos não o obedecessem totalmente, havia os que o obedecia ao menos em parte.

Outro grande problema é que a classificação e demarcação das florestas protetoras e remanescentes nunca foi realizada pelo Ministério de Agricultura. Apenas alguns parques nacionais foram criados, e três ou quatro deles, realmente instalados. Inúmeros outros decretos nesse sentido foram solenemente ignorados pela burocracia, desconhecidos pelo povo e inexistentes para a realidade.

Em 1950, continuávamos a receber queixas sobre a erosão e a exaustão das terras. Todos vivíamos o drama das terras cansadas e esgotadas, e os mais velhos podiam testemunhar a diferença no clima nas áreas onde passaram sua juventude.

Em 1952, presenciamos em São Paulo a criação da Associação de Defesa da Flora e Fauna (ADEFLOFA), sob a direção de Paulo Nogueira-Neto e José Carlos Reis de Magalhães, entre outros. Hoje, é conhecida como Associação de Defesa do Meio Ambiente (ANAMA-SP).

Em 1958, nasce no Rio de Janeiro a Fundação Brasileira para a Conservação da Natureza (FBCN), que passa a somar os esforços preservacionistas de então. Tanto a FBCN quanto a ANAMA-SP desenvolveram diversos trabalhos de conservação e serviram de modelo para outras instituições similares que viriam a ser criadas.

## ■ Código Florestal de 1965

O Código Florestal de 1965 aprimorou a legislação ambiental, listando, entre seus principais termos: a obrigatoriedade de proteção a todas as encostas de mais de 25% de inclinação, que só podem ser desmatadas com autorização; a proibição total do desmatamento das encostas de mais de 45% de inclinação e dos terrenos de altitude superior a 1800 metros; o aperfeiçoamento da proteção de todas as matas ciliares em largura proporcional a dos rios que margeiam; o aumento do percentual de proteção das áreas de floresta virgem em propriedades particulares, que passou a ser de 50%.

No entanto, o resultado foi escasso mais uma vez. Uma das mais graves contravenções foi a manutenção de 25% de florestas em terrenos particulares. Alguns proprietários, quando se preocupavam com o código, desmembravam a propriedade, deixando metade das terras sem mata nenhuma. Supostamente teriam que replantá-la, o que não acontecia. E a outra metade dessas terras, que possuía 25% originalmente, passava a ter 50% de mata, podendo reduzir suas reservas pela metade. Pior ainda: quando havia fiscalização, os baixos salários dos fiscais sempre facilitavam a corrupção.

O Código de 1965 também previa, na Amazônia e em outras áreas de mata virgem, a regra da preservação de 50% por propriedade. Historicamente, porém, essa medida tem se demonstrado ineficiente, mesmo que já se contasse com a possibilidade de controle através das fotos de satélite.

De acordo com a Constituição, as ilhas fluviais e marinhas também pertencem ao Estado brasileiro, assim como todas as águas territoriais e marinhas até 200 milhas náuticas. No entanto, essas áreas não vêm recebendo a devida atenção, e os efeitos da lei foram tão fortuitos e superficiais que o resultado foi praticamente o mesmo que teria produzido uma política de *laissez-faire*.

## ◼ Constituição Cidadã de 1988

A Constituição Brasileira de 1988, aprovada depois da queda do regime militar, dispõe de todo um capítulo voltado ao meio ambiente, que determina ser obrigação do Estado garantir o direito ao meio ambiente ecologicamente equilibrado, de uso comum do povo, impondo-se ao Poder Público e à coletividade o dever de defendê-lo e preservá-lo para as presentes e futuras gerações.

Para assegurar a efetividade desse direito, incumbe ao Poder Público:

- preservar e restaurar os processos ecológicos essenciais;

- preservar a diversidade e a integridade do patrimônio genético do país;

- definir, em todas as unidades da Federação, espaços territoriais e seus componentes a serem especialmente protegidos. Qualquer alteração e supressão serão permitidas somente através de lei;

- proteger a fauna e a flora, vedadas, na forma da lei, as práticas que coloquem em risco sua função ecológica, provoquem a extinção de espécies ou submetam os animais à crueldade.

O documento também dispõe que a floresta amazônica brasileira, a mata atlântica, a Serra do Mar, o pantanal mato-grossense e a zona costeira são patrimônio nacional, e sua utilização deverá respeitar a forma da lei, dentro de condições que assegurem a preservação do meio ambiente, inclusive quanto ao uso dos recursos naturais.

Nossa Constituição até hoje é considerada uma das mais modernas do mundo, tendo sido a primeira a dispor de um capítulo específico sobre o meio ambiente. A construção desse capítulo ensejou uma Frente Parlamentar Ambientalista suprapartidária que, entre outras ações, dialogou com os mais variados setores da sociedade interessados na temática ambiental. Outro ponto importante do documento foi a consolidação do conceito de função social da propriedade.

## Novo Código Florestal de 2012

No final do século XX, quando os porcentuais de destruição da Amazônia ascenderam para além do alarmante, o governo federal decidiu intervir, modificando o Código Florestal por meio de uma medida provisória.

Desde então, um longo e intenso debate sobre o tema se desenvolveu no Congresso Nacional, até que, em 2012, o novo código foi aprovado, regulamentando essas questões. Apesar de algumas perdas importantes referentes à proteção de áreas de preservação permanente, uma mudança positiva foi a consolidação do Cadastro Ambiental Rural (CAR) e a previsão de implantação do Programa de Regularização Ambiental (PRA).

O CAR exige que os proprietários rurais apresentem documentação georreferenciada de cada imóvel rural e a localização de suas áreas de reserva legal – ou seja, o percentual de área de vegetação nativa que cada propriedade deve preservar, ou áreas de preservação permanente, aquelas que obrigatoriamente devem ser protegidas, como beiras de rios ou encostas mais declivosas.

Já o PRA determina que o Estado acompanhe e oriente os proprietários rurais na implementação de ações que corrijam falhas em suas propriedades. As que estão fora dos parâmetros definidos devem ser recuperadas e, assim, adequadas às disposições da lei.

À época, acreditava-se que ambos os sistemas seriam implementados, e o prazo disposto pelo novo Código Florestal era de um ano. Logo foi postergado para 2014 e, em 2015, novamente adiado para 2016. Até que, em 2019, a necessidade de se cumprir o prazo foi excluída do Código Florestal.

Um dos principais problemas acarretados por essa medida é a falta de informação confiável, ou de qualquer informação sobre essas questões. É urgente que as instituições agreguem esforços para definir uma política de preservação para o país, de preferência divulgando-a amplamente para que a população possa participar e aproveitar desses recursos. Se não agirmos depressa, eles serão cada vez mais delapidados.

Folhas, flor e botão da vitória-régia. Fonte: Peripitus, 2008/Wikimedia Commons.

# Agradecimentos

Agradeço aos professores Paulo Nogueira-Neto e Garrett Eckbo, que corroboraram para minha aceitação como mestrando na Universidade da Califórnia, em Berkeley. A Jorge Wilheim e Maria Adélia Aparecida de Souza, que viabilizaram minha estadia nessa universidade. A Joe McBride, meu professor orientador; a Paul Zinke, por ser uma fonte de encorajamento; e a Maria Cristina de Toledo Piza, que incentivou minha entrada nos estudos de Planejamento Ambiental em Berkeley. A Mozart Victor Serra, companheiro de jornada na Califórnia e que deu grande apoio à realização deste trabalho. A Chip Downs, que discutiu e verteu para o inglês minha dissertação. A Fany Baratz, Heide Hopkins, Maria Tereza Fernandes Serra e Richard Ingersol, que revisaram o texto original, e a Margarida Yin, que colaborou no desenho de mapas. Um agradecimento especial a Renée Amazonas Castelo Branco, pela colaboração com ideias e revisão do texto original de minha dissertação, e Vera Maria Aranha Severo, que contribuiu com *expertise* digital, na revisão de textos e na escolha de imagens. A Sylvia Caiuby Novaes e Maria Cristina Mineiro Scatamacchia, distinguidas professoras da Universidade de São Paulo que contribuíram para este texto em trechos referentes às suas áreas de trabalho. A Ricardo Brochado Alves da Silva, que colaborou com a revisão e a construção de tabelas e mapas. A José Guthierres Cavalcante, que se encarregou do escaneamento das imagens. A Ana Beatriz Franco Brisola, Antonieta Maria Coimbra de Andrade,

Eduardo Augusto Muylaert Antunes, Fábio Feldmann, Fredmar Correa, Karen Stricr e Maria Stockler Carvalhosa, que revisaram este texto e contribuíram com sugestões importantes. Ao governador Franco Montoro e ao ministro José Sarney Filho, que confiaram a mim tarefas de responsabilidade que possibilitaram a realização de algumas das atividades mencionadas neste trabalho. A meu inspirador e amigo Warren Dean, a Edward Wilson e Luiz Felipe Gonzaga de Campos, por seus trabalhos exemplares. A todos os leais companheiros de jornada, ambientalistas dedicados que me ensinaram bastante do que pude apresentar neste livro. Agradeço também às críticas, complementações e correções que puderem ser apresentadas para o aperfeiçoamento deste texto.

Agradeço especialmente a Drauzio Varella, Fernando Gabeira, Fábio Feldmann, Karen B. Strier e Sonia Braga, que gentilmente responderam ao convite para escrever textos de apresentação deste livro. Também a Adriana Mattoso, Carla Possamai, Clayton F. Lino, Gustavo Canale, João Marcos Rosa, Sebastião Salgado e Lélia Wanick Salgado, por cederem fotos que ilustram estas linhas.

Por fim, agradeço à Editora Autêntica e sua equipe, em especial a Rejane Dias, Samira Vilela e Diogo Droschi, e também a Julia Sousa, Guilherme Fagundes e Maria Eduarda Oliveira, que revisaram, diagramaram e viabilizaram a publicação deste livro.

# Referências

ABREU, Casimiro J. M. de. *Obras completas*. Rio de Janeiro: Garnier, s.d.

ALIGHIERI, Dante. *La divina commedia*. Milão: Francesco Pagnone, 1869.

ANCHIETA, José de. *Poesia*. Rio de Janeiro: Abril, 1959.

ANDRADE, Carlos D. de. *Mata atlântica*. Rio de Janeiro: AC&M, 1997.

ANDRADE, Mário de. *Aspectos da música brasileira*. São Paulo: Martins, 1965.

ANDRADE, Mário de. *Ensaio sobre a música brasileira*. São Paulo: Martins/MAC, 1972.

ANDRADE, Mário de. *Macunaíma*. São Paulo: Martins/MAC, 1974.

ANTONIL, André J. *Cultura e opulência do Brasil*. São Paulo: Companhia Editora Nacional, 1967.

AYROSA, Plínio. *Estudos tupinológicos*. São Paulo: Instituto de Estudos Brasileiros, 1967.

BARRETT, Suzanne W. *The Creation and Development of National Parks in the Lower Amazon Region of Brazil*. Berkeley: UC Berkeley, 1965. Tese (Mestrado em Arquitetura e Paisagismo) – Programa de Pós-Graduação em Arquitetura e Paisagismo, Faculdade de Arquitetura, Universidade da Califórnia, Berkeley, Califórnia, 1965.

BILAC, Olavo. *Poesia*. Rio de Janeiro: Agir, 1957.

BOLETIM do Museu Nacional. Comemoração do II Centenário do Cafeeiro no Brasil. Rio de Janeiro: Museu Nacional, v. 3, n. 6, dez. 1946.

BOPP, Raul. *Cobra Norato*. Rio de Janeiro: José Olympio, 2008.

BOXER, C. R. *The Golden Age of Brazil 1695-1750: Growing Pains of a Colonial Society*. Berkeley: University of California Press, 1969.

BRUNEAU, Michel; CABAUSSEL, Gilbert. *La dynamique des paysages en zone tropicale*. Bordeaux: Centre d'Études de Géographie Tropicale, 1973.

CAMINHA, Pero V. de. *Carta de Pero Vaz de Caminha a El-Rei D. Manuel*. São Paulo: Melhoramentos, 1976.

CAMPOS, Luiz F. G. de. *Mappa florestal do Brasil*. Rio de Janeiro: Tipografia do Ministério da Agricultura, Indústria e Comércio, 1912.

CARDIM, Ricardo. *Remanescentes da mata atlântica: as grandes árvores da floresta original e seus vestígios*. São Paulo: MCB, 2018.

CARDOSO, Fernando H.; MÜLLER, Geraldo. *Amazônia: expansão do capitalismo*. São Paulo: Brasiliense, 1977.

CARVAJAL, Gaspar de; ROJAS, Alonso de; ACUÑA, Cristóbal de. *Descobrimentos do rio Amazonas*. São Paulo: Companhia Editora Nacional, 1941.

CASCUDO, Luís da C. *História da alimentação no Brasil*. São Paulo: Companhia Editora Nacional, 1967.

CASTELNAU, Francis de. *Expédition dans les parties centrales de l'Amérique du Sud, de Rio de Janeiro à Lima, et de Lima au Para*. Paris: Chez P. Bertrand, 1850-59.

CASTRO, Ferreira de. *A selva*. Lisboa: Editora Guimarães, 1960.

CASTRO, Josué de. *Documentário do Nordeste*. São Paulo: Brasiliense, 1965.

CERVANTES, Miguel de. *Don Quijote de la Mancha*. Barcelona: Editorial Juventud, 1975.

CÍCERO. *Entretiens sur la Nature des Dieux*. Paris: Veuve Gandouin, 1749.

BRASIL. Lei nº 4.771, de 15 de setembro de 1965. Institui o novo Código Florestal brasileiro. *Diário Oficial da União*, Brasília, DF, v. 5, 16 set. 1965. Disponível em: https://bit.ly/35tvSIS. Acesso em: 26 jan. 2022.

COOK, Moses. *The Manner of Raising, Ordering and Improving Forest-Trees*. Londres: s.e., 1724.

COSTA, Cláudio M. da. *Poemas*. Disponível em: www.dominiopublico.gov.br. Acesso em: 26 jan. 2022.

COSTA, José Pedro de O. *Aiuruoca, Matutu e Pedra do Papagaio: um estudo de conservação do ambiente natural e cultural*. São Paulo: EDUSP, 1994.

COUTINHO, Leopoldo M. *Contribuição ao conhecimento da ecologia da mata pluvial tropical*. São Paulo: Edusp, 1962.

CUNHA, Euclides da. *Os sertões*. Rio de Janeiro: Tecnoprint, 1947.

DANNER, Leno F.; DORRICO, Julie. O xamanismo na literatura indígena brasileira. *Graphos*, n. 1, v. 20, 2018.

DANSEREAU, Pierre. A distribuição e a estrutura das florestas brasileiras. *The Forestry Chronicle*, Oshawa, v. 23, n. 4, dez. 1948, p. 34. Disponível em: https://bit.ly/3zEgRyI. Acesso em: 09 jan. 2022.

DARWIN, Charles. *The Origin of the Species*. Nova York: Mentor Books, 1958.

DARWIN, Charles. *The Voyage of the Beagle*. Nova York: Bantam, 1972.

DEAN, Warren. *Rio Claro: A Brazilian Plantations System (1820-1920)*. Palo Alto: Stanford University Press, 1976.

DEAN, Warren. *A ferro e fogo: a história e a devastação da mata atlântica brasileira*. São Paulo: Companhia das Letras, 1996.

DESCARTES, René. *Discurso do método*. Rio de Janeiro: Ediouro, 1969.

DIAS, Antônio G. *Poesias*. Rio de Janeiro: Anuário do Brasil, 1928.

DIEGUES, Antonio C. (Org.). *Enciclopédia Caiçara: o olhar do pesquisador*. Vol. I. São Paulo: Hucitec, 2004.

DIÉGUES JR., Manuel. *Regiões culturais do Brasil*. Rio de Janeiro: Centro Brasileiro de Pesquisas Educacionais, 1960.

DIENER, Pablo; COSTA, Maria de F. *Martius*. Rio de Janeiro: Capivara, 2018.

ECKBO, Garrett. *Urban Landscape Design*. Nova York: McGraw Hill, 1964.

EVELIN, Jonh. *Sylva, or A Discourse of Forest-Trees and the Propagation of Timber in His Majesty's Dominion*. Londres: Royal Society, 1974.

FAO – Food and Agriculture Organization of the United Nations. *Planning Interpretive Programs in National Parks*. Roma: s.e., 1976.

FELDMANN, Fábio; ROCHA, Ana A. *A mata atlântica é aqui, e daí?* São Paulo: Terra Virgem, 2006.

FERREIRA, Alexandre R. *Viagem filosófica: pelas capitanias do Grão-Pará, rio Negro, Mato Grosso e Cuiabá*. Manaus: Valer, 2007.

FREYRE, Gilberto. *Casa-grande & senzala*. Rio de Janeiro: José Olympio, 1973.

FREYRE, Gilberto. *Nordeste*. Recife: Fundação Joaquim Nabuco/MEC, 1967.

FURTADO, Celso. *Formação econômica do Brasil*. São Paulo: Companhia Editora Nacional, 1972.

GANDAVO, Pero de M. *História da província de Santa Cruz*. Lisboa: Antonio Gonsalvez, 1576.

GLACKEN, Clarence J. *Traces on the Rhodian Shore: Nature and Culture in Western Thought from Ancient Times to the End of the Eighteenth Century*. Berkeley: University of California Press, 1967.

GRANDIN, Greg. *Fordlândia: ascensão e queda da cidade esquecida de Henry Ford na selva*. Rio de Janeiro: Rocco, 2010.

HALPERIN, Daniel. *Jari*. Berkeley: University of California Press, 1978.

HAMILTON, Lawrence S. *et al*. *Conservacion de los bosques húmedos de Venezuela*. Caracas: Sierra Club – Consejo de Bienestar Rural, 1976.

HOLANDA, Sergio B. de. *Raízes do Brasil*. Rio de Janeiro: José Olympio/MEC, 1971.

HOLANDA, Sergio B. de. *Visão do paraíso*. São Paulo: Companhia Editora Nacional/Secretaria de Cultura, 1977.

HUMBOLDT, Alexander von; BONDPLAND, Aimé. *Essay on the Geography of Plants*. Chicago: University of Chicago Press, 2013.

JAMES, Preston E. *Latin America*. Indianápolis: Odyssey, 1942.

JOLY, Aylthon B. *Botânica*. São Paulo: Companhia Editora Nacional, 1976.

KAFKA, Franz. *Parables and Paradoxes*. Nova York: Schocken Books, 1961.

KIDDER, Daniel P. *Sketches of Residence and Travels in Brazil: Embracing Historical and Geographical Notices of the Empire and Its Several Provinces*. Filadélfia: Sorin & Ball, 1845.

KITTREDGE, Joseph. *Forest Influences*. Nova York: Dover, 1973.

KRENAK, Ailton; MAIA, Bruno (Org.). *Caminhos para a cultura do bem viver*. Publicação digital, 2020. Disponível em: https://bit.ly/3Hr8U3j. Acesso em: 28 jan. 2022.

LEITE, Marcelo (Org.). *Nos caminhos da biodiversidade paulista*. São Paulo: Imprensa Oficial, 2007.

LEITE, Serafim (Org.). *Cartas dos primeiros jesuítas do Brasil – Vol. 1*. São Paulo: Comissão do IV Centenário da Cidade de São Paulo, 1954.

LEMOS, Carlos A. C. *Cozinhas, etc*. São Paulo: Perspectiva, 1976.

LENOBLE, Robert. *Histoire de l'idée de nature*. Paris: Albin Michel, 1969.

LÉRY, Jean de. *Viagem à Terra do Brasil*. São Paulo: Martins/USP, 1972.

LOBATO, Monteiro. *Ideias de Jeca Tatu*. São Paulo: Brasiliense, 1946.

LÖEFGREN, Alberto *et al*. *O corte das matas e a exportação de madeiras brasileiras*. Rio de Janeiro: Tipografia do Jornal do Comércio, 1917.

LOVEJOY, Thomas E; GUIMARÃES, André. Reflorestar a Amazônia: ação em áreas agrícolas abandonadas pode restaurar o ciclo hidrológico. *Folha de S.Paulo*, 16 set. 2021. Disponível em: https://bit.ly/3LD5xZc. Acesso em: 15 fev. 2022.

MAGALHÃES, Basílio de. *Expansão geográfica do Brasil colonial.* São Paulo: Companhia Editora Nacional, 1935.

MAINIERI, Calvino. *Estudo macro e microscópico de madeiras conhecidas por pau-brasil.* São Paulo: IPT, 1960.

MARTINS, Wilson. *História da inteligência brasileira.* Vol. I. São Paulo: Cultrix, 1977.

MEIRELES, Cecília. *Romanceiro da Inconfidência.* Rio de Janeiro: Livros de Portugal, 1953.

MELO NETO, João C. de. *Antologia poética.* Rio de Janeiro: José Olympio/Sabiá, 1973.

MENDONÇA, Marcos C. de. *Raízes da formação administrativa do Brasil.* Vol. I e II. Rio de Janeiro: Instituto Histórico e Geográfico Brasileiro/MEC, 1972.

MILLIET, Sergio. *Roteiro do café e outros ensaios.* São Paulo: Departamento de Cultura, 1939.

MITTERMEIER, Russell A. *et al. Wilderness: Earth's Last Wild Places.* San Pedro Garza García: CEMEX, 2003.

MONTEIRO, Salvador; KAZ, Leonel (Coord.). *Caatinga: sertão, sertanejos.* Rio de Janeiro: Alumbramento, 1994.

OLIVEIRA, Elizabeth. *Biodiversidade em pauta: um guia para comunicadores.* Disponível em: https://bit.ly/3zzSKTx. Acesso em: 26 jul. 2022.

OLIVEIRA, Franklin de. *Morte da memória nacional.* Rio de Janeiro: Civilização Brasileira, 1967.

ORICO, Osvaldo. *Mitos ameríndios e crendices amazônicas.* Rio de Janeiro: Civilização Brasileira, 1975.

PESSOA, Fernando. *Obra poética.* Rio de Janeiro: Aguilar, 1960.

PLÍNIO. *Historiae Naturalis.* Roma: Lugduni Batavorum, 1635.

POR DENTRO dos acervos: patrono dos cinco biomas. São Paulo, *Instituto Moreira Salles*, 02 fev. 2017. Disponível em: https://bit.ly/3oMeZzp. Acesso em: 02 jun. 2022.

PRADO JR., Caio P. *História econômica do Brasil.* São Paulo: Brasiliense, 2012.

PRATES, Ana P. L.; GONÇALVES, Marco A.; ROSA, Marcos R. *Panorama da conservação dos ecossistemas costeiros e marinhos no Brasil*. Brasília: MMA, 2012.

QUEIROZ, Maria I. P. de. *Bairros rurais paulistas*. São Paulo: Duas Cidades, 1973.

RALEIGH, Walter. *The Discovery of the Large and Beautiful Empire of Guiana*. Londres: Argonaut, 1928.

REFLORESTAR a Amazônia. São Paulo, *Folha de S.Paulo*, 16 set. 2021. Disponível em: https://bit.ly/3PVuEIB. Acesso em: 02 jun. 2022.

RIBEIRO, Vera P. *Qualidade do ambiente e seus reflexos econômicos e sociais*. Brasília: Ministério do Interior, 1977.

ROMARIZ, Dora de A. A vegetação. In: AZEVEDO, Aroldo de. *Brasil, a terra e o homem*. São Paulo: Companhia Editora Nacional, 1968.

ROSA, João G. *Grande sertão: veredas*. Rio de Janeiro: José Olympio, 1963.

ROSA, João G. Meu tio o Iauaretê. In: ROSA, João G. *Estas estórias*. Rio de Janeiro: Nova Fronteira, 2017.

SAINT-HILAIRE, Auguste de. *Viagem à província de São Paulo*. São Paulo: Martins, 1954.

SALVADOR, Vicente do. *História do Brasil*. São Paulo: Melhoramentos, 1931.

SANTOS, Lindalvo B. dos. Aspecto geral da vegetação do Brasil. *Boletim Geográfico*, n. 5, ago. 1943. Disponível em: https://bit.ly/3GrQ23n. Acesso em: 13 jan. 2022.

SANTOS, Milton. *Relações espaço-temporais no mundo subdesenvolvido*. São Paulo: AGB, 1975.

SCHMIDT, Alfred. *The Concept of Nature in Marx*. Londres: NLB, 1973.

SECULLY, William. *Brazil: Its Provinces and Chief Cities; the Manners & Customs of the People; Agricultural, Commercial, and Other Statistics Taken From the Latest Official Documents*. Londres: Murray & Co., 1866.

SEMA – Secretaria Especial do Meio Ambiente. *Programa de estações ecológicas*. Brasília: Minter, 1977.

SERENI, Emilio. *Storia del paesaggio agrario italiano*. Bari: Laterza, 1976.

SHOUMATOFF, Alex. *The River Amazon*. São Francisco: Sierra Club, 1978.

SIMONSEN, Roberto C. *História econômica do Brasil: 1500-1820*. São Paulo: Companhia Editora Nacional, 1957.

SOARES, Lucio de C. As ilhas oceânicas. In: AZEVEDO, Aroldo de. *Brasil, e terra e o homem*. São Paulo: Companhia Editora Nacional, 1968.

SOUSA, Gabriel Soares de. *Notícias do Brasil*. São Paulo: Martins, 1948.

SOUZA, Bernardino J. de. *O pau-brasil na história nacional*. São Paulo: Companhia Editora Nacional/MEC, 1978a.

SOUZA, Márcio. *A expressão amazonense: do colonialismo ao neocolonialismo*. São Paulo: Alfa Omega, 1978b.

SOUZA, Márcio. *História da Amazônia: do período pré-colombiano aos desafios do século XXI*. Rio de Janeiro: Record, 2019.

SOUZA, Tomaz O. M. de. *Américo Vespúcio e suas viagens*. São Paulo: Instituto Cultural Ítalo-Brasileiro, 1954.

SPIX, Johan B.; MARTIUS, Carl F. P. *Viagens pelo Brasil*. Rio de Janeiro: Instituto Histórico e Geográfico Brasileiro, 1938.

STADEN, Hans. *Viagem ao Brasil*. Bahia: Processos, 1955.

STRIER, Karen B. *Primate Behavioral Ecology*. Abingdon: Routledge, 2021.

THEVET, André. *Singularidades da França antártica*. São Paulo: Companhia Editora Nacional, 1944.

VACA, Alvar N. C. de. *Naufragios y comentarios*. Madri: Espasa-Calpe, 1922.

VELOSO, Henrique P. *Classificação das diversas formações vegetais brasileiras*. Rio de Janeiro: Ministério da Agricultura, 1966.

VICTOR, Mauro A. M. (Cord.) *et al. Cem anos de devastação: revisitada 30 anos depois*. Brasília: Ministério do Meio Ambiente, 2005.

VIEIRA, Antonio. *Sermões*. Rio de Janeiro: Agir, 1963.

VON MARTIUS, Carl F. P.; EICHLER, August W.; URBAN, Ignatz. *Flora brasiliensis*. s.l.: 1840-1906.

WILSON, Edward O. *Half-Earth: Our Planet's Fight for Life*. Nova York: Liveright Publishing Corporation, 2016.

WULF, Andrea. *A invenção da natureza: a vida e as descobertas de Alexander von Humboldt*. São Paulo: Crítica, 2019.

Este livro foi composto com tipografia Adobe Garamond Pro e impresso em papel Offset 90 g/m² na Gráfica Santa Marta.